解析力学から見た建築構造力学

㈱国際確認検査センター

植田 邦男

梅田出版

はじめに

　建築物の構造設計は、一般的に保有水平耐力計算を使って設計されている。このなかででてくる構造特性係数（Ds）にエネルギー一定則の考え方が取り入れられていて、そこで規定されている Ds は構造物の変形性能に応じて段階的な数字が提示されている。

　建物の Ds を考慮した保有水平耐力が法律が要求する地震時水平力を上回ることが必要条件となる。従って、力の釣り合いで考えていることになる。

　この考え方は、2000（平成12）年に制定された限界耐力計算も手法の違いはあるが同様である。

　一方2005（平成17）年に制定されたエネルギーの釣り合いに基づく耐震計算等の構造計算（通称エネルギー法）は建物が崩壊に至るまで保有するエネルギーが外力である地震エネルギーを上回ることを確認する検証法である。

　この手法は力と変形の積分形で考えていることになる。

　常日頃、力の釣り合い計算に慣れきっている構造設計者にとって、エネルギーで建物を考えることは戸惑うことが多いと思われる。

　そこで、エネルギー最小問題を考える手段としてまず前半の解析力学や変分法を理解し、さらに後半の各種例題を通して、思考訓練するテキストとして利用していただくことが本書の目的である。

2021年　春

植田　邦男

目　次

§7 変分原理の力学への応用

§8 ハミルトン原理の質点系（非減衰）への適用

§9 ハミルトン原理の質点系（減衰考慮）への適用

§10 剛体の回転

§1　エネルギーの考え方

まず、符号を次のように定める。

　　y：変位（displacement）

　　$\dot{y}$：速度（velocity）　$\left(= v = \dfrac{dy}{dt}\right)$

　　$\ddot{y}$：加速度（acceleration）　$\left(= a = \dfrac{d^2 y}{dt^2}\right)$

　　m：質量（mass）

　　F：物体に働く力（force）

ここで時間関数あるいはパラメータ関数 t で微分する時のみドット表現とする。

ニュートンの第2法則により

　　$m\ddot{y} = F$ ・・・・・・・・・・・・・・・・・・　（1.1）

であるから両辺を時間で積分すると

　　$\int_0^t m\ddot{y}\,dt = \int_0^t F\,dt$

ここで F は時間 $0 \sim t$ の間一定であるとすると

　　$m\dot{y} - m\dot{y}_0 = Ft$　　$(t = 0$ の時速度 $\dot{y}_0 = v_0$ とする。$)$

すなわち

　　$mv - mv_0 = Ft$ ・・・・・・・・・・・・・・・・・・　（1.2）

であるから運動量の変化が力積（impulse）であるという物理の法則となる。

また、（1.1）式を変位 y で積分すると

$$\int_{y_0}^{y} m\ddot{y}dy = \int_{y_0}^{y} Fdy$$

ここで

$$dy = \frac{dy}{dt}dt = \dot{y}dt$$

であるから

$$\int_{0}^{t} m\ddot{y}\dot{y}dt = \int_{0}^{t} F\dot{y}dt$$

左辺の被積分関数は

$$m\ddot{y}\dot{y} = \frac{d}{dt}(\frac{1}{2}m\dot{y}^2)$$

と変形できるので F は位置 y_0 から y まで一定であるとすると

$$\frac{1}{2}m\dot{y}^2 - \frac{1}{2}m\dot{y}_0^2 = F(y - y_0) \qquad (t = 0 \text{のとき} y_0 \text{とする。})$$

すなわち

$$\frac{1}{2}mv^2 - \frac{1}{2}mv_0^2 = F(y - y_0) \quad \cdots\cdots\cdots\cdots\cdots\cdots \quad (1.3)$$

右辺は力 F が距離 $y - y_0$ だけ移動させた仕事であるから、左辺は運動エネルギーの増加分であることが分かる。

ここで（1.2）式はベクトル（vector）であり方向性がある。

しかし（1.3）式はベクトルの内積（inner product）であるからスカラー（scaler）である。すなわちエネルギー量には方向性はない。この性質があるため、エネルギーレベルで考えると後々の計算が簡単になる要因でもある。

次に運動エネルギーは速度 $\dot{y}$ の関数であり、位置エネルギー及び歪みエネルギーは変位 y の関

数である。そこでエネルギーを関数として考えると独立変数を時間関数 t として

$$J\{y(t)\} \;=\; \int_{t_0}^{t_1} F\{t, y(t), \dot{y}(t)\}\, dt$$

と表現される。この関数を汎関数（functional）と呼ぶ。すなわち関数を変数に持つような関数と言える。端的に言えば関数の関数ということになる。

よってエネルギーの最小問題を考えるということは、汎関数の極値問題を扱うということに帰着される。数学的には変分法（calculus of variations）と呼ばれる手法である。

そして、変分法を使ってさまざまな物理現象を説明、あるいは証明していくのが解析力学（analytical of mechanics）である。

そこで変分法の基本定理であるオイラー・ラグランジュの微分方程式の成り立ちについて次章で説明する。

§2　変分原理(variational principle)

2.1　オイラー・ラグランジュの微分方程式の誘導

汎関数 $J\{y(x)\}$ の値を最小にするような関数 $y = y(x)$ を探し出すための必要条件を求めてみる。まず、汎関数を

$$J\{y(x)\} = \int_{x_0}^{x_1} F\{x, y(x), y'(x)\}\, dx \quad \cdots\cdots\cdots\cdots\cdots\cdots \quad (2.1.1)$$

とし、境界条件は $y(x_0) = y_0$，$y(x_1) = y_1$ とする。

ここで独立変数を x とすると $y'(x) = \dfrac{dy}{dx}$ である。

求める関数 $y = y(x)$ を停留関数（stationary function）と呼び、それによって表される曲線は停留曲線（stationary curve）という。

そこで $y(x)$ を求めるため、$y(x)$ の近傍の関数（neighbor hood）として

$$Y(x,\ \alpha) = y(x) + \alpha\eta(x)$$

$$\cdots\cdots\cdots\cdots\cdots\cdots \quad (2.1.2)$$

という関数族を考える。

ここで α は微小な実数とする。

$\eta(x)$ は境界条件（boundary condition）として

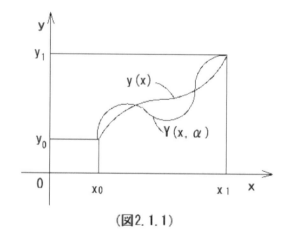

（図2.1.1）

$$\eta(x_0) = \eta(x_1) = 0$$

を満足する任意の関数である。

$Y(x, \alpha)$ を $y(x)$ の比較関数（comparison）と呼ぶ。

（2.1.2）式を x で微分して

$$Y'(x, \alpha) = y'(x) + \alpha\eta'(x) \quad \cdots\cdots\cdots\cdots\cdots\cdots \quad (2.1.3)$$

（2.1.1）式を $y(x) \rightarrow Y(x, \alpha)$, $y'(x) \rightarrow Y'(x, \alpha)$ に置き換えると

$$J\{Y(x, \alpha)\} = \int_{x_0}^{x_1} F\{x, Y(x, \alpha), Y'(x, \alpha)\} dx \quad \cdots\cdots\cdots\cdots\cdots \quad (2.1.4)$$

となり（2.1.4）式に（2.1.2）式と（2.1.3）式を当てはめると

$$J\{y + \alpha\eta\} = \int_{x_0}^{x_1} F(x, y + \alpha\eta, y' + \alpha\eta')\} dx \quad \cdots\cdots\cdots\cdots\cdots \quad (2.1.5)$$

ここで α については汎関数ではなく、パラメータ α の普通の関数である。

（2.1.5）式の汎関数に極値を与える $y(x)$ を求めるためには

$$\frac{\partial J(y + \alpha\eta)}{\partial \alpha}\Big|_{\alpha=0} = 0$$

とすればよい。

$$\frac{\partial J(y + \alpha\eta)}{\partial \alpha} = \frac{\partial}{\partial \alpha}\int_{x_0}^{x_1} F(x, y + \alpha\eta, y' + \alpha\eta') dx$$

ここで微分と積分の順序を変えて

$$\frac{\partial J(y + \alpha\eta)}{\partial \alpha} = \int_{x_0}^{x_1} \frac{\partial}{\partial \alpha} F(x, y + \alpha\eta, y' + \alpha\eta') dx$$

（2.1.2）式と（2.1.3）式より

$$\frac{\partial J(y + \alpha\eta)}{\partial \alpha} = \int_{x_0}^{x_1} \frac{\partial}{\partial \alpha} F(x, Y, Y') dx = \int_{x_0}^{x_1} \left(\frac{\partial F}{\partial Y}\frac{\partial Y}{\partial \alpha} + \frac{\partial F}{\partial Y'}\frac{\partial Y'}{\partial \alpha}\right) dx$$

次に $\alpha = 0$ と置くと（2.1.2）式と（2.1.3）式より

$Y = Y, \ y' = Y', \ \dfrac{\partial Y}{\partial \alpha} = \eta, \ \dfrac{\partial Y'}{\partial \alpha} = \eta'$ であるから

$$\frac{\partial J(y + \alpha\eta)}{\partial \alpha}\Big|_{\alpha=0} = \int_{x_0}^{x_1}\left(\frac{\partial F}{\partial y}\eta + \frac{\partial F}{\partial y'}\eta'\right)dx$$

になる。そこで右辺の2項目を部分積分して

$$\frac{\partial J(y + \alpha\eta)}{\partial \alpha}\Big|_{\alpha=0} = \int_{x_0}^{x_1}\frac{\partial F}{\partial y}\eta dx + \left[\frac{\partial F}{\partial y'}\eta\right]_{x_0}^{x_1} - \int_{x_0}^{x_1}\frac{d}{dx}\left(\frac{\partial F}{\partial y'}\right)\eta dx$$

$$= \int_{x_0}^{x_1}\left\{\frac{\partial F}{\partial y} - \frac{d}{dx}\left(\frac{\partial F}{\partial y'}\right)\right\}\eta dx + \left[\frac{\partial F}{\partial y'}\eta\right]_{x_0}^{x_1}$$

境界条件 $\eta(x_0) = \eta(x_1) = 0$ より2項目は0となり

$$\frac{\partial J(y + \alpha\eta)}{\partial \alpha}\Big|_{\alpha=0} = \int_{x_0}^{x_1}\left\{\frac{\partial F}{\partial y} - \frac{d}{dx}\left(\frac{\partial F}{\partial y'}\right)\right\}\eta \ dx = 0$$

よって変分学の基本補助定理より（次ページで説明する。）

$$\frac{\partial F}{\partial y} - \frac{d}{dx}\left(\frac{\partial F}{\partial y'}\right) = 0 \quad \cdots\cdots\cdots\cdots\cdots\cdots\cdots \quad (2.1.6)$$

が導かれる。（2.1.6）式をオイラー・ラグランジュの微分方程式（Euler-Lagurange equation）

と言い、変分法の基本となる方程式である。

ここで（2.1.6）式の2項目を微分すると

$$\frac{d}{dx}\left(\frac{\partial F}{\partial y'}\right) = \frac{\partial}{\partial x}\left(\frac{\partial F}{\partial y'}\right) + \frac{\partial}{\partial y}\left(\frac{\partial F}{\partial y'}\right)\frac{\partial y}{\partial x} + \frac{\partial}{\partial y'}\left(\frac{\partial F}{\partial y'}\right)\frac{\partial y'}{\partial x}$$

$$= \frac{\partial^2 F}{\partial x \partial y'} + \frac{\partial^2 F}{\partial y \partial y'}y' + \frac{\partial^2 F}{\partial y'^2}y''$$

よって（2.1.6）式は次式（2.1.7）のようにも表現できる。

$$\frac{\partial F}{\partial y} - \frac{\partial^2 F}{\partial x \partial y'} - \frac{\partial^2 F}{\partial y \partial y'}y' - \frac{\partial^2 F}{\partial y'^2}y'' = 0 \quad \cdots\cdots\cdots\cdots\cdots\cdots \quad (2.1.7)$$

【 変分学の基本補助定理 】

「$f(x)$ は $x_0 \leq x \leq x_1$ において連続な関数とし、$\eta(x)$ は $x_0 \leq x \leq x_1$ において2回微分可能で、

かつ、$\eta(x_0) = \eta(x_1) = 0$ となる任意の関数とする。このとき

$$\int_{x_0}^{x_1} f(x)\,\eta(x)\,dx = 0$$

ならば $f(x)$ は $x_0 \leq x \leq x_1$ において恒久的に $f(x) = 0$ である。」

オイラー・ラグランジュの微分方程式は $y = y(x)$ が最大（または最小）値を与えるための必要条件であるが、十分条件ではない。これは極値（停留値）が最大（または最小）になるとは限らないからである。（極値と停留値の問題は 4.1 節の**例題 8 を参照**）

2.2　被積分関数 F が独立変数 x を陽に含まない場合

F が x を含まず、y と y' だけの式のときは $F = F(y, y')$ と置け、$\frac{\partial^2 F}{\partial x \partial y'} = 0$ であるから、

（2.1.7）式より

$$\frac{\partial F}{\partial y} - \frac{\partial^2 F}{\partial y \partial y'} y' - \frac{\partial^2 F}{\partial y'^2} y'' = 0 \quad \cdots\cdots\cdots\cdots\cdots \quad (2.2.1)$$

一方で

$$\frac{d}{dx}\left(F - y' \frac{\partial F}{\partial y'} \right)$$

$$= \frac{\partial F}{\partial y} y' + \frac{\partial F}{\partial y'} y'' - y'' \frac{\partial F}{\partial y'} - y'^2 \frac{\partial^2 F}{\partial y \partial y'} - y' y'' \frac{\partial^2 F}{\partial y'^2}$$

$$= y' \left(\frac{\partial F}{\partial y} - y' \frac{\partial^2 F}{\partial y \partial y'} - y'' \frac{\partial^2 F}{\partial y'^2} \right)$$

（2.2.1）式より（　）の中は 0 であるから

$$\frac{d}{dx}\left(F - y' \frac{\partial F}{\partial y'} \right) = 0$$

となる。従って

$$F - y' \frac{\partial F}{\partial y'} = C \quad \cdots\cdots\cdots\cdots\cdots \quad (2.2.2)$$

ここで C は任意の定数とする。

（2.2.2）式が、F が y と y' だけの式の場合のオイラー・ラグランジュの微分方程式である。

別名ベルトラミの公式（Beltrami identity）と呼ばれている。

2.3 パラメータ表示による変分問題の解法

平面上（あるいは立面上）の曲線を取り扱う場合、問題によっては停留曲線をパラメータ

（parameter）表示の形で求める方が便利な場合がある。

また、閉曲線のようにパラメータを使わないと表示できない関数もある。（**6.2 節参照**）

今、x、y がパラメータ t の関数であると考えて $x = x(t)$, $y = y(t)$ とする。このとき

$$dx = \dot{x}dt \qquad y'(x) = \frac{dy}{dx} = \frac{\frac{dy}{dt}}{\frac{dx}{dt}} = \frac{\dot{y}(t)}{\dot{x}(t)} \quad \cdots\cdots\cdots\cdots\cdots\cdots \quad (2.3.1)$$

であるから、汎関数（2.1.1）式に（2.3.1）式を代入すると、次式のようにパラメータ表示に

変換される。

$$J\{x(t), y(t)\} = \int_{t_0}^{t_1} F\left\{x(t),\ y(t),\ \frac{\dot{y}(t)}{\dot{x}(t)}\right\} \dot{x}(t)\, dt \quad \cdots\cdots\cdots\cdots\cdots \quad (2.3.2)$$

ここで境界条件

$$x_0 = x(t_0),\ y_0 = y(t_0),\ x_1 = x(t_1),\ y_1 = y(t_1)$$

はそれぞれ曲線の始点と終点の座標を表す。

（2.3.2）式は 3.1 節で述べる 2 変数を持つ場合の変分問題に適用される。

パラメータ表示によるオイラー・ラグランジュの微分方程式は

$$\left.\begin{array}{l} \dfrac{\partial F}{\partial x} - \dfrac{d}{dt}\left(\dfrac{\partial F}{\partial \dot{x}}\right) = 0 \\[2mm] \dfrac{\partial F}{\partial y} - \dfrac{d}{dt}\left(\dfrac{\partial F}{\partial \dot{y}}\right) = 0 \end{array}\right) \quad \cdots\cdots\cdots\cdots\cdots \quad (2.3.3)$$

と表される。

2.4　2次元の座標の変換

オイラー・ラグランジュの微分方程式がニュートンの運動方程式と比べて優れている点は、座標の変換を行っても同じ形式で表すことができるということにある。

実感するために、2次元の直交座標から極座標（paler coordinates）に変換してみる。まず

$$\left.\begin{array}{l} x = r\cos\theta \\ y = r\sin\theta \end{array}\right) \quad \cdots\cdots\cdots\cdots\cdots\cdots\cdots \quad (2.4.1)$$

であるから任意方向の速度 v を考えると、**図 2.4.2** より

$$\left.\begin{array}{l} v_r = v_x\cos\theta + v_y\sin\theta \\ v_\theta = -v_x\sin\theta + v_y\cos\theta \end{array}\right)$$

$$\cdots\cdots\cdots\cdots\cdots\cdots\cdots \quad (2.4.2)$$

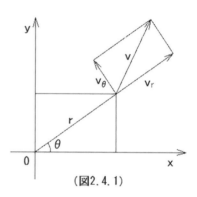

（図2.4.1）

である。また、（2.4.1）式を時間で微分して

$$\left.\begin{array}{l} v_x = \dot{x} = \dot{r}\cos\theta - r\dot{\theta}\sin\theta \\ v_y = \dot{y} = \dot{r}\sin\theta + r\dot{\theta}\cos\theta \end{array}\right) \quad \cdots\cdots\cdots\cdots\cdots\cdots \quad (2.4.3)$$

（2.4.3）式を（2.4.2）式に代入すると

$$v_r = (\dot{r}\cos\theta - r\dot{\theta}\sin\theta)\cos\theta + (\dot{r}\sin\theta + r\dot{\theta}\cos\theta)\sin\theta$$

$$= \dot{r}(\cos^2\theta + \sin^2\theta)$$

$$= \dot{r}$$

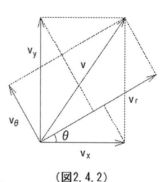

（図2.4.2）

$$v_\theta = -(\dot{r}\cos\theta - r\dot{\theta}\sin\theta)\sin\theta + (\dot{r}\sin\theta + r\dot{\theta}\cos\theta)\cos\theta$$

$$= r\dot{\theta}(\sin^2\theta + \cos^2\theta)$$

$$= r\dot{\theta}$$

従って $(v_r, \; v_\theta) = (\dot{r}, \; r\dot{\theta})$ となる。

次に任意方向の加速度を考えると、速度のときと同様に

$$
\left.
\begin{aligned}
a_r &= a_x \cos\theta + a_y \sin\theta \\
a_\theta &= -a_x \sin\theta + a_y \cos\theta
\end{aligned}
\right\} \quad \dots\dots\dots\dots\dots\dots \quad (2.4.4)
$$

である。

（2.4.3）式を時間で微分して

$$
\begin{aligned}
a_x &= \dot{v}_x \\
&= \ddot{r}\cos\theta - \dot{r}\dot{\theta}\sin\theta - \dot{r}\dot{\theta}\sin\theta - r\ddot{\theta}\sin\theta - r\dot{\theta}^2\cos\theta \\
&= (\ddot{r} - r\dot{\theta}^2)\cos\theta - (2\dot{r}\dot{\theta} + r\ddot{\theta})\sin\theta
\end{aligned}
$$

$$
\begin{aligned}
a_y &= \dot{v}_y \\
&= \ddot{r}\sin\theta + \dot{r}\dot{\theta}\cos\theta + \dot{r}\dot{\theta}\cos\theta + r\ddot{\theta}\cos\theta - r\dot{\theta}^2\sin\theta \\
&= (\ddot{r} - r\dot{\theta}^2)\sin\theta + (2\dot{r}\dot{\theta} + r\ddot{\theta})\cos\theta
\end{aligned}
$$

よって

$$
\left.
\begin{aligned}
a_x &= (\ddot{r} - r\dot{\theta}^2)\cos\theta - (2\dot{r}\dot{\theta} + r\ddot{\theta})\sin\theta \\
a_y &= (\ddot{r} - r\dot{\theta}^2)\sin\theta + (2\dot{r}\dot{\theta} + r\ddot{\theta})\cos\theta
\end{aligned}
\right\} \quad \dots\dots\dots\dots\dots\dots \quad (2.4.5)
$$

（2.4.5）式を（2.4.4）式に代入すると

$$
\begin{aligned}
a_r &= \{(\ddot{r} - r\dot{\theta}^2)\cos\theta - (2\dot{r}\dot{\theta} + r\ddot{\theta})\sin\theta\}\cos\theta + \{(\ddot{r} - r\dot{\theta}^2)\sin\theta + (2\dot{r}\dot{\theta} + r\ddot{\theta})\cos\theta\}\sin\theta \\
&= (\ddot{r} - r\dot{\theta}^2)(\cos^2\theta + \sin^2\theta) \\
&= \ddot{r} - r\dot{\theta}^2
\end{aligned}
$$

$$
a_\theta = -\{(\ddot{r} - r\dot{\theta}^2)\cos\theta - (2\dot{r}\dot{\theta} + r\ddot{\theta})\sin\theta\}\sin\theta + \{(\ddot{r} - r\dot{\theta}^2)\sin\theta + (2\dot{r}\dot{\theta} + \ddot{\theta})\cos\theta\}\cos\theta
$$

$$= (2\dot{r}\dot{\theta} + r\ddot{\theta})(\sin^2\theta + \cos^2\theta)$$

$$= 2\dot{r}\dot{\theta} + r\ddot{\theta}$$

従って $(a_r, a_\theta) = (\ddot{r} - r\dot{\theta}^2,\ 2\dot{r}\dot{\theta} + r\ddot{\theta})$ となる。

別解としてマトリックス形式を利用した解法を示す。

まず（2.4.1）式をマトリックスで表現すると

$$\begin{Bmatrix} x \\ y \end{Bmatrix} = r\begin{Bmatrix} \cos\theta \\ \sin\theta \end{Bmatrix} \quad \cdots\cdots\cdots\cdots\cdots \quad (2.4.1a)$$

速度は (2.4.2) 式より

$$\begin{Bmatrix} v_r \\ v_\theta \end{Bmatrix} = \begin{bmatrix} \cos\theta & \sin\theta \\ -\sin\theta & \cos\theta \end{bmatrix}\begin{Bmatrix} v_x \\ v_y \end{Bmatrix} \quad \cdots\cdots\cdots\cdots\cdots \quad (2.4.2a)$$

（2.4.1a）式を時間で微分して

$$\begin{Bmatrix} v_x \\ v_y \end{Bmatrix} = \begin{Bmatrix} \dot{x} \\ \dot{y} \end{Bmatrix}$$

$$= \dot{r}\begin{Bmatrix} \cos\theta \\ \sin\theta \end{Bmatrix} + r\dot{\theta}\begin{Bmatrix} -\sin\theta \\ \cos\theta \end{Bmatrix}$$

$$= \begin{bmatrix} \cos\theta & -\sin\theta \\ \sin\theta & \cos\theta \end{bmatrix}\begin{Bmatrix} \dot{r} \\ r\dot{\theta} \end{Bmatrix} \quad \cdots\cdots\cdots\cdots\cdots \quad (2.4.3a)$$

（2.4.3a）式を（2.4.2a）式に代入すると

$$\begin{Bmatrix} v_r \\ v_\theta \end{Bmatrix} = \begin{bmatrix} \cos\theta & \sin\theta \\ -\sin\theta & \cos\theta \end{bmatrix}\begin{bmatrix} \cos\theta & -\sin\theta \\ \sin\theta & \cos\theta \end{bmatrix}\begin{Bmatrix} \dot{r} \\ r\dot{\theta} \end{Bmatrix}$$

$$= \begin{bmatrix} 1 & 0 \\ 0 & 1 \end{bmatrix}\begin{Bmatrix} \dot{r} \\ r\dot{\theta} \end{Bmatrix}$$

$$= \begin{Bmatrix} \dot{r} \\ r\dot{\theta} \end{Bmatrix}$$

次に加速度は（2.4.4）式より

$$\begin{Bmatrix} a_r \\ a_\theta \end{Bmatrix} = \begin{bmatrix} \cos\theta & \sin\theta \\ -\sin\theta & \cos\theta \end{bmatrix}\begin{Bmatrix} a_x \\ a_y \end{Bmatrix} \quad \cdots\cdots\cdots\cdots\cdots \quad (2.4.4a)$$

（2.4.3a）式を時間で微分すると

$$\begin{Bmatrix} a_x \\ a_y \end{Bmatrix} = \begin{Bmatrix} \dot{v}_x \\ \dot{v}_y \end{Bmatrix}$$

$$= \begin{bmatrix} -\sin\theta & -\cos\theta \\ \cos\theta & -\sin\theta \end{bmatrix} \begin{Bmatrix} \dot{r}\dot{\theta} \\ r\dot{\theta}^2 \end{Bmatrix} + \begin{bmatrix} \cos\theta & -\sin\theta \\ \sin\theta & \cos\theta \end{bmatrix} \begin{Bmatrix} \ddot{r} \\ \dot{r}\dot{\theta}+r\ddot{\theta} \end{Bmatrix}$$

$$= \begin{bmatrix} \cos\theta & -\sin\theta \\ \sin\theta & \cos\theta \end{bmatrix} \begin{Bmatrix} -r\dot{\theta}^2 \\ \dot{r}\dot{\theta} \end{Bmatrix} + \begin{bmatrix} \cos\theta & -\sin\theta \\ \sin\theta & \cos\theta \end{bmatrix} \begin{Bmatrix} \ddot{r} \\ \dot{r}\dot{\theta} + r\ddot{\theta} \end{Bmatrix}$$

$$= \begin{bmatrix} \cos\theta & -\sin\theta \\ \sin\theta & \cos\theta \end{bmatrix} \begin{Bmatrix} \ddot{r} - r\dot{\theta}^2 \\ 2\dot{r}\dot{\theta} + r\ddot{\theta} \end{Bmatrix} \quad \cdots\cdots\cdots\cdots\cdots \quad (2.4.5a)$$

（2.4.5a）式を（2.4.4a）式に代入して

$$\begin{Bmatrix} a_r \\ a_\theta \end{Bmatrix} = \begin{bmatrix} \cos\theta & \sin\theta \\ -\sin\theta & \cos\theta \end{bmatrix} \begin{bmatrix} \cos\theta & -\sin\theta \\ \sin\theta & \cos\theta \end{bmatrix} \begin{Bmatrix} \ddot{r} - r\dot{\theta}^2 \\ 2\dot{r}\dot{\theta} + r\ddot{\theta} \end{Bmatrix}$$

$$= \begin{bmatrix} 1 & 0 \\ 0 & 1 \end{bmatrix} \begin{Bmatrix} \ddot{r} - r\dot{\theta}^2 \\ 2\dot{r}\dot{\theta} + r\ddot{\theta} \end{Bmatrix}$$

$$= \begin{Bmatrix} \ddot{r} - r\dot{\theta}^2 \\ 2\dot{r}\dot{\theta} + r\ddot{\theta} \end{Bmatrix}$$

従って、マトリックスによる方法でも同じ解が得られる。

ニュートンの運動方程式を、座標系を変えて表現してみると、直交座標では

$$m\ddot{x} = F_x$$

$$m\ddot{y} = F_y$$

極座標では

$$\left.\begin{aligned} m(\ddot{r} - r\dot{\theta}^2) &= F_r \\ m(2\dot{r}\dot{\theta} + r\ddot{\theta}) &= F_\theta \end{aligned}\right\} \quad \cdots\cdots\cdots\cdots\cdots \quad (2.4.6)$$

と、このように複雑な式になっていることが分かる。これはニュートンの運動方程式がベクトルであることに起因している。すなわち方向性があるということである。

これに対して、オイラー・ラグランジュの微分方程式はスカラー量であるので方向性に関係なく座標系を変換しても表現式は変わらないと言う利点がある。

具体的に直交座標と極座標の場合のオイラー・ラグランジュの微分方程式を比較してみると、

13

直交座標の場合は（2.3.3）式を再掲して

$$\left.\begin{array}{l} \dfrac{\partial F}{\partial x} - \dfrac{d}{dt}\left(\dfrac{\partial F}{\partial \dot{x}}\right) = 0 \\[3mm] \dfrac{\partial F}{\partial y} - \dfrac{d}{dt}\left(\dfrac{\partial F}{\partial \dot{y}}\right) = 0 \end{array}\right)$$ ・・・・・・・・・・・・・・・・・・（2.3.3 再掲）

極座標の場合は

$$\left.\begin{array}{l} \dfrac{\partial F}{\partial r} - \dfrac{d}{dt}\left(\dfrac{\partial F}{\partial \dot{r}}\right) = 0 \\[3mm] \dfrac{\partial F}{\partial \theta} - \dfrac{d}{dt}\left(\dfrac{\partial F}{\partial \dot{\theta}}\right) = 0 \end{array}\right)$$ ・・・・・・・・・・・・・・・・・・（2.4.7）

このように、$(x,\ y)$ を $(r,\ \theta)$ に入れ替えただけでまったく同じ形となる。

そこで（2.3.3）式が成立した場合（2.4.7）式が成立することを実際に計算して確認してみる。

$$\left.\begin{array}{l} x = r\cos\theta \\ y = r\sin\theta \end{array}\right)$$ ・・・・・・・・・・・・・・・・・・（2.4.1 再掲）

より各々偏微分して

$$\frac{\partial x}{\partial r} = \cos\theta$$

$$\frac{\partial x}{\partial \dot{r}} = 0$$

$$\frac{\partial y}{\partial r} = \sin\theta$$

$$\frac{\partial Y}{\partial \dot{r}} = 0$$

$$\frac{\partial x}{\partial \theta} = -r\sin\theta$$

$$\frac{\partial x}{\partial \dot{\theta}} = 0$$

$$\frac{\partial y}{\partial \theta} = r\cos\theta$$

$$\frac{\partial y}{\partial \dot{\theta}} = 0$$

次に（2.4.1）式を時間で微分して

$$\left.\begin{array}{l} \dot{x} = \dot{r}\cos\theta - r\dot{\theta}\sin\theta \\ \dot{y} = \dot{r}\sin\theta + r\dot{\theta}\cos\theta \end{array}\right) \quad \cdots\cdots\cdots\cdots\cdots\cdots\cdots\cdots \quad （2.4.3 再掲）$$

よりそれぞれ偏微分して

$$\frac{\partial\dot{x}}{\partial r} = -\dot{\theta}\sin\theta$$

$$\frac{\partial\dot{x}}{\partial\dot{r}} = \cos\theta$$

$$\frac{\partial\dot{y}}{\partial r} = \dot{\theta}\cos\theta$$

$$\frac{\partial\dot{y}}{\partial\dot{r}} = \sin\theta$$

$$\frac{\partial\dot{x}}{\partial\theta} = -\dot{r}\sin\theta - r\dot{\theta}\cos\theta$$

$$\frac{\partial\dot{x}}{\partial\dot{\theta}} = -r\sin\theta$$

$$\frac{\partial\dot{y}}{\partial\theta} = \dot{r}\cos\theta + r\dot{\theta}\sin\theta$$

$$\frac{\partial\dot{y}}{\partial\dot{\theta}} = r\cos\theta$$

以上の準備をしておいて、計算してみる。

$$\frac{\partial F}{\partial r} - \frac{d}{dt}\left(\frac{\partial F}{\partial\dot{r}}\right)$$

$$= \frac{\partial F}{\partial x}\frac{\partial x}{\partial r} + \frac{\partial F}{\partial\dot{x}}\frac{\partial\dot{x}}{\partial r} + \frac{\partial F}{\partial y}\frac{\partial y}{\partial r} + \frac{\partial F}{\partial\dot{y}}\frac{\partial\dot{y}}{\partial r} - \frac{d}{dt}\left(\frac{\partial F}{\partial x}\frac{\partial x}{\partial\dot{r}} + \frac{\partial F}{\partial\dot{x}}\frac{\partial\dot{x}}{\partial\dot{r}} + \frac{\partial F}{\partial y}\frac{\partial y}{\partial\dot{r}} + \frac{\partial F}{\partial\dot{y}}\frac{\partial\dot{y}}{\partial\dot{r}}\right)$$

$$= \frac{\partial F}{\partial x}\cos\theta - \frac{\partial F}{\partial\dot{x}}\dot{\theta}\sin\theta + \frac{\partial F}{\partial y}\sin\theta + \frac{\partial F}{\partial\dot{y}}\dot{\theta}\cos\theta - \frac{d}{dt}\left(\frac{\partial F}{\partial\dot{x}}\cos\theta + \frac{\partial F}{\partial\dot{y}}\sin\theta\right)$$

$$= \frac{\partial F}{\partial x}\cos\theta - \frac{\partial F}{\partial\dot{x}}\dot{\theta}\sin\theta + \frac{\partial F}{\partial y}\sin\theta + \frac{\partial F}{\partial\dot{y}}\dot{\theta}\cos\theta$$

$$\quad - \frac{d}{dt}\left(\frac{\partial F}{\partial\dot{x}}\right)\cos\theta + \frac{\partial F}{\partial\dot{x}}\dot{\theta}\sin\theta - \frac{d}{dt}\left(\frac{\partial F}{\partial\dot{y}}\right)\sin\theta - \frac{\partial F}{\partial\dot{y}}\dot{\theta}\cos\theta$$

$$= \left\{\frac{\partial F}{\partial x} - \frac{d}{dt}\left(\frac{\partial F}{\partial\dot{x}}\right)\right\}\cos\theta + \left\{\frac{\partial F}{\partial y} - \frac{d}{dt}\left(\frac{\partial F}{\partial\dot{y}}\right)\right\}\sin\theta$$

$$= 0$$

同様にして

$$\frac{\partial F}{\partial \theta} - \frac{d}{dt}\left(\frac{\partial F}{\partial \dot{\theta}}\right)$$

$$= \frac{\partial F}{\partial x}\frac{\partial x}{\partial \theta} + \frac{\partial F}{\partial \dot{x}}\frac{\partial \dot{x}}{\partial \theta} + \frac{\partial F}{\partial y}\frac{\partial y}{\partial \theta} + \frac{\partial F}{\partial \dot{y}}\frac{\partial \dot{y}}{\partial \theta} - \frac{d}{dt}\left(\frac{\partial F}{\partial x}\frac{\partial x}{\partial \dot{\theta}} + \frac{\partial F}{\partial \dot{x}}\frac{\partial \dot{x}}{\partial \dot{\theta}} + \frac{\partial F}{\partial y}\frac{\partial y}{\partial \dot{\theta}} + \frac{\partial F}{\partial \dot{y}}\frac{\partial \dot{y}}{\partial \dot{\theta}}\right)$$

$$= -\frac{\partial F}{\partial x}r\sin\theta - \frac{\partial F}{\partial \dot{x}}(\dot{r}\sin\theta + r\dot{\theta}\cos\theta) + \frac{\partial F}{\partial y}r\cos\theta + \frac{\partial F}{\partial \dot{y}}(\dot{r}\cos\theta - r\dot{\theta}\sin\theta)$$

$$- \frac{d}{dt}\left(-\frac{\partial F}{\partial \dot{x}}r\sin\theta + \frac{\partial F}{\partial \dot{y}}r\cos\theta\right)$$

$$= -\frac{\partial F}{\partial x}r\sin\theta - \frac{\partial F}{\partial \dot{x}}(\dot{r}\sin\theta + r\dot{\theta}\cos\theta) + \frac{\partial F}{\partial y}r\cos\theta + \frac{\partial F}{\partial \dot{y}}(\dot{r}\cos\theta - r\dot{\theta}\sin\theta)$$

$$+ \frac{d}{dt}\left(\frac{\partial F}{\partial \dot{x}}\right)r\sin\theta + \frac{\partial F}{\partial \dot{x}}\frac{d}{dt}(r\sin\theta) - \frac{d}{dt}\left(\frac{\partial F}{\partial \dot{y}}\right)r\cos\theta - \frac{\partial F}{\partial \dot{y}}\frac{d}{dt}(r\cos\theta)$$

$$= -\left\{\frac{\partial F}{\partial x} - \frac{d}{dt}\left(\frac{\partial F}{\partial \dot{x}}\right)\right\}r\sin\theta + \left\{\frac{\partial F}{\partial y} - \frac{d}{dt}\left(\frac{\partial F}{\partial \dot{y}}\right)\right\}r\cos\theta$$

$$- \frac{\partial F}{\partial \dot{x}}\left\{\dot{r}\sin\theta + r\dot{\theta}\cos\theta - \frac{d}{dt}(r\sin\theta)\right\} + \frac{\partial F}{\partial \dot{y}}\left\{\dot{r}\cos\theta - r\dot{\theta}\sin\theta - \frac{d}{dt}(r\cos\theta)\right\}$$

$$= -\frac{\partial F}{\partial \dot{x}}(\dot{r}\sin\theta + r\dot{\theta}\cos\theta - \dot{r}\sin\theta - r\dot{\theta}\cos\theta) - \frac{\partial F}{\partial \dot{y}}(\dot{r}\cos\theta - r\dot{\theta}\sin\theta - \dot{r}\cos\theta + r\dot{\theta}\sin\theta)$$

$$= 0$$

従って（2.4.7）式も成立する。

2.5　2次元の場合の変分問題

変分法を使って解を求める例題を示す。

まず、例題1は最短曲線問題として平面上の2点を定めて、その2点を結ぶ曲線の内で最短となる曲線を求める。その解は当然ではあるが、直線である。

次に、例題2は重力場において上部の定点から下部の定点へ最短時間で到達点に達する曲線を求める最速降下問題を取り上げる。この問題は 1696 年にヨハン・ベルヌーイが解を発見し、その後変分法の発展に大いに寄与した有名な問題である。この解はサイクロイド曲線と呼ばれる。

さらに、例題3はポテンシャルエネルギー最小問題として2定点を決めてロープが垂れ下がる形の曲線を求める。この問題もヨハンの兄のヤコブ・ベルヌーイが研究した歴史的に有名な問題である。この解は懸垂線となる。

最後に例題4は2点を結ぶ曲線の回転体の表面積を最小にする曲線を求める問題である。この解は懸垂面と呼ばれる。

〔例題1〕 最短曲線問題（その1）

x、y 平面上の2点を結ぶ曲線の内で最短となる曲線を求める。

直感で直線と分かるが、変分法を使って解いてみる。まず、点 A と B を結ぶ長さは

$$\ell\{y(x)\} = \int_{x_0}^{x_1} \sqrt{dx^2 + dy^2}$$

$$= \int_{x_0}^{x_1} \sqrt{1 + \left(\frac{dy}{dx}\right)^2}\, dx$$

$$= \int_{x_0}^{x_1} \sqrt{1 + y'^2}\, dx$$

距離 ℓ を最小にする停留曲線 $y = y(x)$ を求める

と（2.1.1）式より

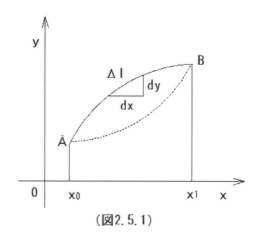

（図2.5.1）

$$F = \sqrt{1 + y'^2}$$

$$\frac{\partial F}{\partial y'} = \frac{y'}{\sqrt{1 + y'^2}}$$

となり、F には x を含まないので（2.2.2）式に当てはめると

$$\sqrt{1 + y'^2} - \frac{y'^2}{\sqrt{1 + y'^2}} = C$$

$$\frac{1}{\sqrt{1 + y'^2}} = C$$

従って、$y' = $ 一定　となるから $y = C_1 x + C_2$ の一次関数の解が得られる。

C_1、C_2 は点 A, B を通ることにより定まる。よって、解は直線である。

同じ問題を極座標で計算してみると

$$\ell\{r(\theta)\} = \int_{r_0 \theta_0}^{r_1 \theta_1} \sqrt{(r d\theta)^2 + dr^2}$$

$$= \int_{\theta_0}^{\theta_1} \sqrt{r^2 + \left(\frac{dr}{d\theta}\right)^2}\, d\theta$$

$$= \int_{\theta_0}^{\theta_1} \sqrt{r^2 + r'^2}\, d\theta$$

ここで　$r' = \frac{dr}{d\theta}$ である。（2.1.1）式より

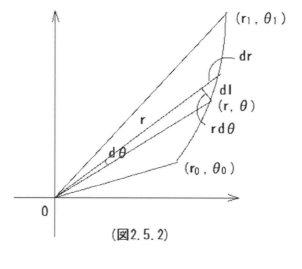

（図2.5.2）

$$F = \sqrt{r^2 + r'^2}$$

$$\frac{\partial F}{\partial r'} = \frac{r'}{\sqrt{r^2 + r'^2}}$$

となり、F には θ を含まないため（2.2.2）式の極座標形式で表現された式

18

$$F - r'\frac{\partial F}{\partial r'} = C_0 \quad \text{に当てはめて}$$

$$\sqrt{r^2 + r'^2} - \frac{r'^2}{\sqrt{r^2 + r'^2}} = C_0$$

$$\frac{r^2}{\sqrt{r^2 + r'^2}} = C_0$$

$$r' = \frac{r}{C_0}\sqrt{r^2 - C_0^2}$$

$$\frac{dr}{r\sqrt{r^2 - C_0^2}} = \frac{d\theta}{C_0} \quad \cdots\cdots\cdots\cdots\cdots\cdots \quad (2.5.1)$$

ここで $\dfrac{C_0}{r} = \sin\varphi$ と置くと**図 2.5.3** より

$$\frac{C_0}{\sqrt{r^2 - C_0^2}} = \tan\varphi \quad \text{である。}$$

また、$r = \dfrac{C_0}{\sin\varphi}$ であるので微分して

$$dr = -\frac{C_0\cos\varphi}{\sin^2\varphi}\,d\varphi$$

従って、θ を φ に置き換えると

$$\frac{dr}{r\sqrt{r^2 - C_0^2}} = \frac{\sin\varphi}{C_0}\frac{\tan\varphi}{C_0}\left(-\frac{C_0\cos\varphi}{\sin^2\varphi}\right)d\varphi$$

$$= -\frac{1}{C_0}\,d\varphi \quad \cdots\cdots\cdots\cdots\cdots\cdots \quad (2.5.2)$$

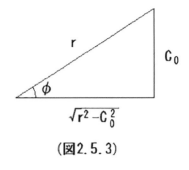

（図 2.5.3）

(2.5.1) 式と (2.5.2) 式より

$$-\frac{1}{C_0}d\varphi = \frac{1}{C_0}\,d\theta$$

$$d\varphi = -\,d\theta$$

積分して

$$\varphi = -\theta - \theta_0 \quad (\theta_0 = \text{一定})$$

$$\sin\varphi = -\sin(\theta + \theta_0) = \frac{C_0}{r}$$

$$-C_0 = r\sin(\theta + \theta_0)$$

$-\ C_0$ を r_0 に置き換えて

$$r_0 = r \sin(\theta + \theta_0)$$

が解となる。この解を変形すると

$$r_0 = r \cos\left(\frac{\pi}{2} - \theta - \theta_0\right)$$

$$= r \cos\left\{\theta - \left(\frac{\pi}{2} - \theta_0\right)\right\}$$

図 2.5.4 より

$$OP \cos\left\{\theta - \left(\frac{\pi}{2} - \theta_0\right)\right\} = OH \;(一定)$$

なので式 $r_0 = r \sin(\theta + \theta_0)$ は直線を表す。

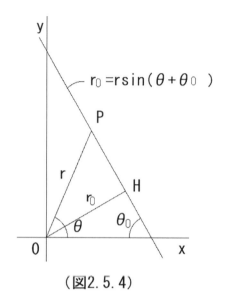

（図2.5.4）

〔例題2〕最速降下問題

重力が y 方向下向きに加わっている状態で点 A から点 B まで最短時間で滑り落ちる曲線経路を求める。

まず、エネルギー保存の法則より

$$\frac{1}{2} mv^2 - mgy = 0$$

$$v = \sqrt{2gy}$$

$$d\ell = \sqrt{dx^2 + dy^2} = \sqrt{1 + y'^2}\, dx$$

$v = \dfrac{d\ell}{dt}$ であるから

$$dt = \frac{d\ell}{v} = \frac{1}{\sqrt{2gy}}\sqrt{1 + y'^2}\, dx$$

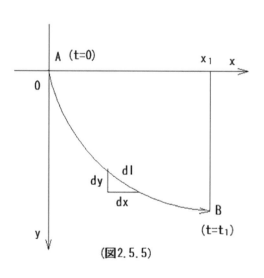

（図2.5.5）

点 A から点 B に至る時間を $t\{y(t)\}$ とすると

$$t\{y(t)\} = \int_0^{t_1} dt = \int_A^B \frac{d\ell}{v}$$

$$= \int_0^{x_1} \frac{1}{\sqrt{2gy}} \sqrt{1 + y'^2} dx$$

$$= \frac{1}{\sqrt{2g}} \int_0^{x_1} \frac{\sqrt{1 + y'^2}}{\sqrt{y}} dx$$

時間を最小にする停留曲線 $y = y(x)$ を求めると

$$F = \frac{\sqrt{1 + y'^2}}{\sqrt{y}}$$

$$\frac{\partial F}{\partial y'} = \frac{1}{\sqrt{y}} \frac{y'}{\sqrt{1 + y'^2}}$$

となり，F には x を含まないため（2.2.2）式に当てはめると

$$\frac{\sqrt{1 + y'^2}}{\sqrt{y}} - \frac{1}{\sqrt{y}} \frac{y'^2}{\sqrt{1 + y'^2}} = C_0$$

$$\frac{1}{\sqrt{y}} \frac{1}{\sqrt{1 + y'^2}} = C_0$$

従って $y(1 + y'^2) = C_1$ となる。

ここで $y' = \frac{dy}{dx} = \cot\theta$ と置くと

$$y = \frac{C_1}{1 + y'^2} = \frac{C_1}{1 + \cot^2\theta} = C_1 \sin^2\theta = \frac{C_1}{2}(1 - \cos 2\theta)$$

$$dy = C_1 \sin 2\theta \, d\theta = 2C_1 \sin\theta \cos\theta \, d\theta$$

$$dx = \frac{dy}{\cot\theta} = \frac{2C_1 \sin\theta \cos\theta}{\cot\theta} d\theta = 2C_1 \sin^2\theta \, d\theta = C_1(1 - \cos 2\theta) \, d\theta$$

積分して

$$x = C_1(\theta - \frac{\sin 2\theta}{2}) + C_2$$

ここで $\theta = 0$ のときは $x = 0$ なので、$C_2 = 0$ である。従って、

21

$$x = \frac{C_1}{2}(2\theta - \sin 2\theta)$$

$$y = \frac{C_1}{2}(1 - \cos 2\theta)$$

ここで $2\theta \to \varphi,\ \frac{C_1}{2} \to C$

と置き換えると、解は

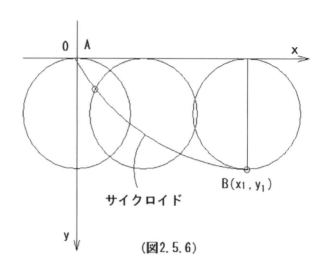

$$x = C(\varphi - \sin\varphi)$$

$$y = C(1 - \cos\varphi)$$

（図2.5.6）

となる。

上式が、C が転がる円の半径となるサイクロイド曲線（cycloid）である。定数 C はサイクロイドが点Bを通る条件によって決定される。

この条件を満足する曲線を最速降下曲線（brachistochrone）と呼ぶ。

〔例題3〕懸垂線

重力が y 方向下向きに加わっている状況で、両端を点Aと点Bと定めてロープが垂れ下がる曲線を求める。

$$d\ell = \sqrt{dx^2 + dy^2} = \sqrt{1 + y'^2}\,dx$$

$d\ell$ の質量を dm また、ρ を線密度とすると

$$dm = \rho d\ell$$

ロープのポテンシャルエネルギーを $V\{y(x)\}$ とすると

22

$$V\{y(x)\} = \int_A^B gydm$$

$$= \int_A^B \rho gyd\ell$$

$$= \rho g \int_{x_0}^{x_1} y\sqrt{1 + y'^2}dx$$

ポテンシャルエネルギーを最小にする $y = y(x)$ を求めると

$$F = y\sqrt{1 + y'^2}$$

$$\frac{\partial F}{\partial y'} = \frac{yy'}{\sqrt{1 + y'^2}}$$

となり F には x を含まないので（2.2.2）式に当てはめると

$$y\sqrt{1 + y'^2} - \frac{yy'^2}{\sqrt{1 + y'^2}} = C_1$$

$$\frac{y}{\sqrt{1 + y'^2}} = C_1$$

$$y = C_1\sqrt{1 + y'^2}$$

ここで、双曲線関数（hyperboric function）を

$$\cos hu = \frac{e^u + e^{-u}}{2}$$

$$\sin hu = \frac{e^u - e^{-u}}{2}$$

と定義して、

$$y' = \frac{dy}{dx} = \sin hu$$

と置くと

$$y = C_1\sqrt{1 + y'^2} = C_1\sqrt{1 + \sin h^2 u} = C_1\cos hu$$

$$dy = C_1\sin hu\ du$$

$$dx = \frac{dy}{\sin hu} = \frac{C_1\sin hu\ du}{\sin hu} = C_1 du$$

積分して

$$x = C_1 u + C_2 \quad \rightarrow \quad u = \frac{x - C_2}{c_1}$$

$$y = C_1 \cosh\frac{x - C_2}{c_1} = \frac{C_1}{2}(e^{\frac{x - C_2}{c_1}} + e^{-\frac{x - C_2}{c_1}})$$

が解となる。この曲線は懸垂線（catenary）と呼ばれる。

また、C_1, C_2は次式の境界条件により決定される

$$y_0 = C_1 \cosh\frac{x_0 - C_2}{c_1}$$

$$y_1 = C_1 \cosh\frac{x_1 - C_2}{c_1}$$

〔例題4〕表面積最小問題

両端を点Aと点Bと定め、点Aと点Bを結ぶ曲線を、x軸を中心に回転させて、その回転面の表面積を最小にする曲線を求める。

$$d\ell = \sqrt{dx^2 + dy^2}$$

$$= \sqrt{1 + y'^2}dx$$

$$ds = 2\pi y d\ell$$

$$= 2\pi y\sqrt{1 + y'^2}dx$$

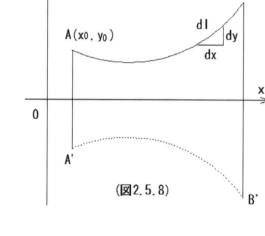

(図2.5.8)

回転面の表面積は

$$S\{y(x)\} = \int_A^B ds$$

$$= 2\pi \int_{x_0}^{x_1} y\sqrt{1 + y'^2}dx$$

従って、

$$F = y\sqrt{1 + y'^2}$$

25

$$\frac{\partial F}{\partial y'} = \frac{yy'}{\sqrt{1 + y'^2}}$$

となり以下例題 3 の問題に帰着するので解は懸垂線である。

その回転体となる曲面は懸垂面（catenoid）となる。

このような極小曲面を求める問題はプラトー問題（Platea's problem）と呼ばれている。

6.4 節のシャボン玉の表面積を最小にする形状を求める問題もプラトー問題である。

§3 未知関数が多数個ある場合の変分原理

3.1 未知関数が２個ある場合

２個の関数を $y = y(x)$, $z = z(x)$ とすると、その汎関数は

$$J\{y(x), z(x)\} = \int_{x_0}^{x_1} F(x, y, y', z, z') \, dx \quad \cdots\cdots\cdots\cdots\cdots\cdots\cdots \quad (3.1.1)$$

と置ける。ここで、２個の関数の境界条件はそれぞれ

$$y(x_0) = y_0, \ y(x_1) = y_1, \ z(x_0) = z_0, \ z(x_1) = z_1$$

とする。そして $y = y(x)$, $z = z(x)$ の比較関数を

$$\left.\begin{array}{l} Y(x, \alpha) = y(x) + \alpha\eta(x) \\ Z(x, \beta) = z(x) + \beta\zeta(x) \end{array}\right\} \quad \cdots\cdots\cdots\cdots\cdots\cdots \quad (3.1.2)$$

と置く。ここで α, β はそれぞれ正で微小な実数とする。

また、$\eta(x)$, $\zeta(x)$ の境界条件はそれぞれ

$$\eta(x_0) = \eta(x_1) = 0, \ \zeta(x_0) = \zeta(x_1) = 0$$

を満足する任意の関数である。

（3.1.2）式を x で微分して

$$\left.\begin{array}{l} Y'(x, \alpha) = y'(x) + \alpha\eta'(x) \\ Z'(x, \beta) = z'(x) + \beta\zeta'(x) \end{array}\right\} \quad \cdots\cdots\cdots\cdots\cdots \quad (3.1.3)$$

（3.1.1）式に（3.1.2）式と（3.1.3）式を代入すると

$$J\{y \ + \ \alpha\eta, z \ + \ \beta\zeta\} \ = \ \int_{x_0}^{x_1} F\left(x, y \ + \ \alpha\eta, y' \ + \ \alpha\eta', z \ + \ \beta\zeta, z' \ + \ \beta\zeta'\right) dx$$

$$\cdots\cdots\cdots\cdots\cdots\cdots\cdots \quad (3.1.4)$$

（3.1.4）式の汎関数に極値を与える $y(x), z(x)$ を求めるためには

$$\frac{\partial J\{y(x), z(x)\}}{\partial u}\Big|_{\alpha=0} \ = \ 0$$

かつ $\dfrac{\partial J\{y(x), z(x)\}}{\partial \beta}\Big|_{\beta=0} \ = \ 0$

とすればよい。

まず、α に対して計算すると

$$\frac{\partial J\{y + \alpha\eta, z + \beta\zeta\}}{\partial \alpha} \ = \ \frac{\partial}{\partial \alpha} \int_{x_0}^{x_1} F\left(x, y \ + \ \alpha\eta, y' \ + \ \alpha\eta', z \ + \ \beta\zeta, z' \ + \ \beta\zeta'\right) dx$$

$$= \ \int_{x_0}^{x_1} \frac{\partial}{\partial \alpha} F\left(x, y \ + \ \alpha\eta, y' \ + \ \alpha\eta', z \ + \ \beta\zeta, z' \ + \ \beta\zeta'\right) dx$$

$$= \ \int_{x_0}^{x_1} \frac{\partial}{\partial \alpha} F\left(x, Y, Y', Z, Z'\right) dx$$

$$= \ \int_{x_0}^{x_1} \left(\frac{\partial F}{\partial Y} \frac{\partial Y}{\partial \alpha} \ + \ \frac{\partial F}{\partial Y'} \frac{\partial Y'}{\partial \alpha}\right) dx \qquad \left(\frac{\partial Z}{\partial \alpha} = \frac{\partial Z'}{\partial \alpha} = 0\right)$$

以下、2.1 節と同様の計算をして

$$\frac{\partial J\{y + \alpha\eta, z + \beta\zeta\}}{\partial \alpha} = \int_{x_0}^{x_1} \left\{\frac{\partial F}{\partial y} - \frac{d}{dx}\left(\frac{\partial F}{\partial y'}\right)\right\} \eta\, dx \ = \ 0$$

を得る。変分学の基本補助定理より

$$\frac{\partial F}{\partial y} - \frac{d}{dx}\left(\frac{\partial F}{\partial y'}\right) \ = \ 0 \quad \cdots\cdots\cdots\cdots\cdots\cdots \quad (3.1.5)$$

また、β に対しても同様に計算して

$$\frac{\partial J\{y + \alpha\eta, z + \beta\zeta\}}{\partial \beta} = \int_{x_0}^{x_1} \left\{\frac{\partial F}{\partial z} - \frac{d}{dx}\left(\frac{\partial F}{\partial z'}\right)\right\} \zeta\, dx \ = \ 0$$

従って $\dfrac{\partial F}{\partial z} \ - \ \dfrac{d}{dx}\left(\dfrac{\partial F}{\partial z'}\right) \ = \ 0 \quad \cdots\cdots\cdots\cdots\cdots\cdots \quad (3.1.6)$

（3.1.5）式と（3.1.6）式を合わせて

$$\left.\begin{array}{l} \dfrac{\partial F}{\partial y} - \dfrac{d}{dx}\left(\dfrac{\partial F}{\partial y'}\right) = 0 \\[3mm] \dfrac{\partial F}{\partial z} - \dfrac{d}{dx}\left(\dfrac{\partial F}{\partial z'}\right) = 0 \end{array}\right\} \quad \cdots\cdots\cdots\cdots\cdots\cdots \quad (3.1.7)$$

（3.1.7）式が、未知関数が2個ある場合のオイラー・ラグランジュの微分方程式である。

今、2個の関数を $x = x(z), y = y(z)$ と置き換えると（3.1.7）式は以下の式のように変換される。

$$\left.\begin{array}{l} \dfrac{\partial F}{\partial x} - \dfrac{d}{dz}\left(\dfrac{\partial F}{\partial x'}\right) = 0 \\[3mm] \dfrac{\partial F}{\partial y} - \dfrac{d}{dz}\left(\dfrac{\partial F}{\partial y'}\right) = 0 \end{array}\right\} \quad \cdots\cdots\cdots\cdots\cdots\cdots \quad (3.1.8)$$

この変換は F が x, y を含まない関数で $F = F(x', y', z)$ と表現されるときは

$$\frac{\partial F}{\partial x} = \frac{\partial F}{\partial y} = 0$$

となるので、計算がより簡単になる。3.4節の例題7によって、確認してみる。

（3.1.8）式を、パラメータ t を使用して表現すると2次元の（2.3.3）式と同様にして

$$\left.\begin{array}{l} \dfrac{\partial F}{\partial x} - \dfrac{d}{dt}\left(\dfrac{\partial F}{\partial x'}\right) = 0 \\[3mm] \dfrac{\partial F}{\partial y} - \dfrac{d}{dt}\left(\dfrac{\partial F}{\partial y'}\right) = 0 \\[3mm] \dfrac{\partial F}{\partial z} - \dfrac{d}{dt}\left(\dfrac{\partial F}{\partial z'}\right) = 0 \end{array}\right\} \quad \cdots\cdots\cdots\cdots\cdots\cdots \quad (3.1.9)$$

となる。

3.2 未知関数が多数個ある場合

多数個の関数を $y = y(x)$, $z = z(x)$, $w = w(x)$ ・・・とすると、その汎関数は

$$J\{y(x), z(x), w(x), \cdots\} = \int_{x_0}^{x_1} F(x, y, y', z, z', w, w', \cdots) \, dx$$

$$\cdots\cdots\cdots\cdots\cdots\cdots \quad (3.2.1)$$

と置ける。ここで、多数個の関数の境界条件はそれぞれ

$$y(x_0) = y_0, \; y(x_1) = y_1, \; z(x_0) = z_0, \; z(x_1) = z_1, \; w(x_0) = w_0, \; w(x_1) = w_1 \quad \cdots$$

とする。そして $y = y(x)$, $z = z(x)$, $w = w(x)$ ・・・の比較関数を

$$Y(x, \alpha) = y(x) + \alpha\eta(x)$$

$$Z(x, \beta) = z(x) + \beta\zeta(x)$$

$$W(x, \gamma) = w(x) + \gamma\varepsilon(x)$$

$$\cdot\cdot\cdot\cdot\cdot\cdot\cdot\cdot\cdot\cdot\cdot$$

と置く。

ここで $\alpha, \beta, \gamma, \cdots$ はそれぞれ正で微小な実数とする。

また、$\eta(x), \zeta(x), \varepsilon(x), \cdots$ の境界条件はそれぞれ

$$\eta(x_0) = \eta(x_1) = 0, \; \zeta(x_0) = \zeta(x_1) = 0, \; \varepsilon(x_0) = \varepsilon(x_1) = 0 \quad \cdots$$

を満足する任意の関数である。

（3.2.1）式の汎関数に極値を与える $y(x), z(x), w(x), \cdots$ を求めるためには

$$\frac{\partial J\{y(x), z(x), w(x), \cdots\}}{\partial \alpha}\bigg|_{\alpha=0} = 0$$

かつ　$\dfrac{\partial J\{y(x), z(x), w(x), \cdot\cdot\cdot\}}{\partial \beta}\Big|_{\beta=0} = 0$

かつ　$\dfrac{\partial J\{y(x), z(x), w(x), \cdot\cdot\cdot\}}{\partial \gamma}\Big|_{\gamma=0} = 0$

かつ　$\cdot\cdot\cdot\cdot\cdot\cdot\cdot\cdot\cdot\cdot\cdot\cdot\cdot\cdot = 0$

とすればよい。

以下、未知関数が２個ある場合と同様にして

$$
\left.
\begin{aligned}
\frac{\partial F}{\partial y} - \frac{d}{dx}\left(\frac{\partial F}{\partial y'}\right) &= 0 \\
\frac{\partial F}{\partial z} - \frac{d}{dx}\left(\frac{\partial F}{\partial z'}\right) &= 0 \\
\frac{\partial F}{\partial w} - \frac{d}{dx}\left(\frac{\partial F}{\partial w'}\right) &= 0 \\
\cdot\cdot\cdot\cdot\cdot\cdot\quad &= 0
\end{aligned}
\right\}
\quad \cdot\cdot\cdot\cdot\cdot\cdot\cdot\cdot\cdot\cdot\cdot\cdot\cdot\cdot\cdot\cdot\cdot\cdot \quad (3.2.2)
$$

（3.2.2）式が、未知関数が多数個ある場合のオイラー・ラグランジュの微分方程式である。

3.3 3次元の座標の変換

(1) 円筒座標の場合

3次元での直交座標から円筒座標（cylindrical coordinates）に変換してみる。

まず、円筒座標を

$$x = r\cos\theta$$

$$y = r\sin\theta$$

$$z = z$$

と定義すると、

x, y は2次元の極座標と同じなので

$$(v_r, v_\theta, v_z) = (\dot{r}, r\dot{\theta}, \dot{z})$$

$$(a_r, a_\theta, a_z) = (\ddot{r} - r\dot{\theta}^2, 2\dot{r}\dot{\theta} + r\ddot{\theta}, \ddot{z})$$

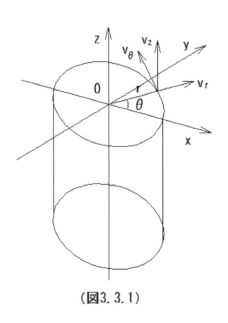

（図3.3.1）

となる。

また、オイラー・ラグランジュの微分方程式は円筒座標の場合

$$\frac{\partial F}{\partial r} - \frac{d}{dt}\left(\frac{\partial F}{\partial \dot{r}}\right) = 0$$

$$\frac{\partial F}{\partial \theta} - \frac{d}{dt}\left(\frac{\partial F}{\partial \dot{\theta}}\right) = 0$$

$$\frac{\partial F}{\partial z} - \frac{d}{dt}\left(\frac{\partial F}{\partial \dot{z}}\right) = 0$$

となる。

(2) 球座標（3次元の極座標）の場合

3次元の場合の直交座標から、球座標（spherical coordinates）に変換してみる。

まず、球座標を

$$x = r\sin\theta\cos\varphi$$
$$y = r\sin\theta\sin\varphi$$
$$z = r\cos\theta$$

$$\cdots\cdots\cdots\cdots\cdots\cdots\quad (3.3.1)$$

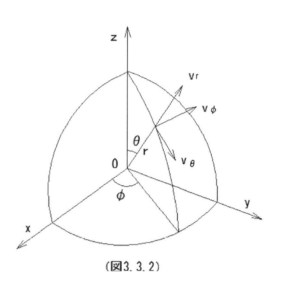

（図3.3.2）

と定義し、$r,\ \theta,\ \varphi$ は図3.3.2のように定める。

任意方向の速度 v を r 方向、θ 方向、φ 方向に分

解して v_r, v_θ, v_φ とすると

$$\vec{v} = \vec{v_r} + \vec{v_\theta} + \vec{v_\varphi}$$

である。そこで、

v_r, v_θ, v_φ を順次求めてみる。

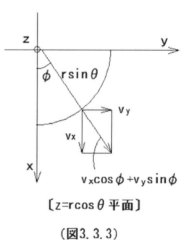

［z=rcosθ 平面］

（図3.3.3）

図3.3.3と図3.3.4より

$$v_r = (v_x\cos\varphi + v_y\sin\varphi)\sin\theta + v_z\cos\theta$$

$$= v_x\sin\theta\cos\varphi + v_y\sin\theta\sin\varphi + v_z\cos\theta$$

$$\cdots\cdots\cdots\cdots\cdots\cdots\quad (3.3.2)$$

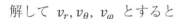

（図3.3.4）

図3.3.3と図3.3.5より

$$v_\theta = (v_x\cos\varphi + v_y\sin\varphi)\cos\theta - v_z\sin\theta$$

$$= v_x\cos\theta\cos\varphi + v_y\cos\theta\sin\varphi - v_z\sin\theta \quad\cdots\cdots\cdots\cdots\quad (3.3.3)$$

図3.3.6 より

$$v_\varphi = -v_x \sin\varphi + v_y \cos\varphi$$

$$\cdots\cdots\cdots\cdots\cdots\cdots \quad (3.3.4)$$

(3.3.2) 式と (3.3.3) 式と (3.3.4) 式をまとめて

$$v_r = v_x \sin\theta \cos\varphi + v_y \sin\theta \sin\varphi + v_z \cos\theta$$
$$v_\theta = v_x \cos\theta \cos\varphi + v_y \cos\theta \sin\varphi - v_z \sin\theta$$
$$v_\varphi = -v_x \sin\varphi + v_y \cos\varphi$$

$$\cdots\cdots\cdots\cdots\cdots\cdots \quad (3.3.5)$$

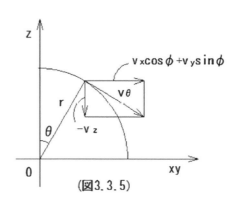

(図3.3.5)

(3.3.1) 式を時間で微分すると

$$v_x = \dot{x} = \dot{r}\sin\theta \cos\varphi + r\dot\theta \cos\theta \cos\varphi - r\dot\varphi \sin\theta \sin\varphi$$
$$v_y = \dot{y} = \dot{r}\sin\theta \sin\varphi + r\dot\theta \cos\theta \sin\varphi + r\dot\varphi \sin\theta \cos\varphi$$
$$v_z = \dot{z} = \dot{r}\cos\theta - r\dot\theta \sin\theta$$

$$\cdots\cdots\cdots\cdots\cdots\cdots \quad (3.3.6)$$

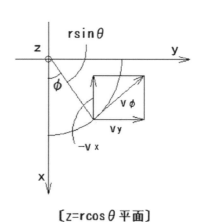

[z=rcosθ 平面]

(図3.3.6)

(3.3.6) 式を (3.3.5) 式に代入して

$$v_r = (\dot{r}\sin\theta \cos\varphi + r\dot\theta \cos\theta \cos\varphi - r\dot\varphi \sin\theta \sin\varphi)\, \sin\theta \cos\varphi$$

$$+ (\dot{r}\sin\theta \sin\varphi + r\dot\theta \cos\theta \sin\varphi + r\dot\varphi \sin\theta \cos\varphi)\sin\theta \sin\varphi + (\dot{r}\cos\theta - r\dot\theta \sin\theta)\cos\theta$$

$$= \dot{r}\,(\sin^2\theta \cos^2\varphi + \sin^2\theta \sin^2\varphi + \cos^2\theta)$$

$$+ r\dot\theta\,(\sin\theta \cos\theta \cos^2\varphi + \sin\theta \cos\theta \sin^2\varphi - \sin\theta \cos\theta)$$

$$- r\dot\varphi\,(\sin^2\theta \sin\varphi \cos\varphi - \sin^2\theta \sin\varphi \cos\varphi)$$

$$= \dot{r}\,(\sin^2\theta + \cos^2\theta) + r\dot\theta \sin\theta \cos\theta\,(\cos^2\varphi + \sin^2\varphi - 1)$$

$$= \dot{r}$$

$$v_\theta = (\dot{r}\sin\theta\cos\varphi + r\dot{\theta}\cos\theta\cos\varphi - r\dot{\varphi}\sin\theta\sin\varphi)\cos\theta\cos\varphi$$

$$+ (\dot{r}\sin\theta\sin\varphi + r\dot{\theta}\cos\theta\sin\varphi + r\dot{\varphi}\sin\theta\cos\varphi)\,\cos\theta\sin\varphi$$

$$- (\dot{r}\cos\theta - r\dot{\theta}\sin\theta)\sin\theta$$

$$= \dot{r}\,(\sin\theta\cos\theta\cos^2\varphi + \sin\theta\cos\theta\sin^2\varphi - \sin\theta\cos\theta)$$

$$+ r\dot{\theta}\,(\cos^2\theta\cos^2\varphi + \cos^2\theta\sin^2\varphi + \sin^2\theta)$$

$$- r\dot{\varphi}\,(\sin\theta\cos\theta\sin\varphi\cos\varphi - \sin\theta\cos\theta\sin\varphi\cos\varphi)$$

$$= \dot{r}\sin\theta\cos\theta\,(\cos^2\varphi + \sin^2\varphi - 1) + r\dot{\theta}\,(\cos^2\theta + \sin^2\theta)$$

$$= r\dot{\theta}$$

$$v_\varphi = - (\dot{r}\sin\theta\cos\varphi + r\dot{\theta}\cos\theta\cos\varphi - r\dot{\varphi}\sin\theta\sin\varphi)\sin\varphi$$

$$+ (\dot{r}\sin\theta\sin\varphi + r\dot{\theta}\cos\theta\sin\varphi + r\dot{\varphi}\sin\theta\cos\varphi)\,\cos\varphi$$

$$= - \dot{r}\,(\sin\theta\sin\varphi\cos\varphi - \sin\theta\sin\varphi\cos\varphi)$$

$$- r\dot{\theta}\,(\cos\theta\sin\varphi\cos\varphi - \cos\theta\sin\varphi\cos\varphi)$$

$$+ r\dot{\varphi}\,(\sin\theta\sin^2\varphi + \sin\theta\cos^2\varphi)$$

$$= r\dot{\varphi}\sin\theta\,(\sin^2\varphi + \cos^2\varphi)$$

$$= r\dot{\varphi}\sin\theta$$

従って

$$\left.\begin{array}{l} v_r = \dot{r} \\ v_\theta = r\dot{\theta} \\ v_\psi = r\dot{\varphi}\sin\theta \end{array}\right) \quad \cdots\cdots\cdots\cdots\cdots\cdots \quad (3.3.7)$$

となる。

次に任意方向の加速度を a として r 方向、θ 方向、φ 方向に分解して各方向を $a_r,\ a_\vartheta,\ a_\varphi$ とすると

$$\vec{a} \ = \ \overrightarrow{a_r} \ + \ \overrightarrow{a_\theta} \ + \ \overrightarrow{a_\varphi}$$

である。

ベクトルの方向は速度も加速度も変わらないので（3.3.5）式の v を a に置き換えて

$$\left.\begin{aligned}
a_r &= a_x\sin\theta\cos\varphi + a_y\sin\theta\sin\varphi + a_z\cos\theta \\
a_\theta &= a_x\cos\theta\cos\varphi + a_y\cos\theta\sin\varphi - a_z\sin\theta \\
a_\varphi &= -a_x\sin\varphi + a_y\cos\varphi
\end{aligned}\right\} \quad \cdots\cdots\cdots\cdots\cdots\cdots \quad (3.3.8)$$

（3.3.6）式を時間で微分すると

$$a_x = \dot{v}_x$$

$$= \ddot{r}\sin\theta\cos\varphi \ + \ \dot{r}\dot{\theta}\cos\theta\cos\varphi \ - \ \dot{r}\dot{\varphi}\sin\theta\sin\varphi$$

$$+ \ (\dot{r}\dot{\theta} \ + \ r\ddot{\theta})\cos\theta\cos\varphi \ - \ r\dot{\theta}^2\sin\theta\cos\varphi \ - \ r\dot{\theta}\dot{\varphi}\cos\theta\sin\varphi$$

$$- \ (\dot{r}\dot{\varphi} \ + \ r\ddot{\varphi})\sin\theta\sin\varphi \ - \ r\dot{\theta}\dot{\varphi}\cos\theta\sin\varphi \ - \ r\dot{\varphi}^2\sin\theta\cos\varphi$$

$$= \ (\ddot{r} \ - \ r\dot{\theta}^2 \ - \ r\dot{\varphi}^2)\sin\theta\cos\varphi \ - \ 2r\dot{\theta}\dot{\varphi}\cos\theta\sin\varphi$$

$$+ \ (2\dot{r}\dot{\theta} \ + \ r\ddot{\theta})\cos\theta\cos\varphi \ - \ (2\dot{r}\dot{\varphi} \ + \ r\ddot{\varphi})\sin\theta\sin\varphi \quad \cdots\cdots\cdots\cdots\cdots \quad (3.3.9)$$

$$a_y = \dot{v}_y$$

$$= \ddot{r}\sin\theta\sin\varphi \ + \ \dot{r}\dot{\theta}\cos\theta\sin\varphi \ + \ \dot{r}\dot{\varphi}\sin\theta\cos\varphi$$

$$+ \ (\dot{r}\dot{\theta} \ + \ r\ddot{\theta})\cos\theta\sin\varphi \ - \ r\dot{\theta}^2\sin\theta\sin\varphi \ + \ r\dot{\theta}\dot{\varphi}\cos\theta\cos\varphi$$

$$+ \ (\dot{r}\dot{\theta} \ + \ r\ddot{\varphi})\sin\theta\cos\varphi \ + \ r\dot{\theta}\dot{\varphi}\cos\theta\cos\varphi \ - \ r\dot{\varphi}^2\sin\theta\sin\varphi$$

$$= \ (\ddot{r} \ - \ r\dot{\theta}^2 \ - \ r\dot{\varphi}^2)\sin\theta\sin\varphi \ + \ 2r\dot{\theta}\dot{\varphi}\cos\theta\cos\varphi$$

$$+ (2\dot{r}\dot{\theta} + r\ddot{\theta})\cos\theta\sin\varphi + (2\dot{r}\dot{\varphi} + r\ddot{\varphi})\sin\theta\cos\varphi \quad \cdots\cdots\cdots\cdots\cdots\cdots\cdots \quad (3.3.10)$$

$$a_z = \dot{v}_z$$

$$= \ddot{r}\cos\theta - \dot{r}\dot{\theta}\sin\theta - \dot{r}\dot{\theta}\sin\theta - r\ddot{\theta}\sin\theta - r\dot{\theta}^2\cos\theta$$

$$= (\ddot{r} - r\dot{\theta}^2)\cos\theta - (2\dot{r}\dot{\theta} + r\ddot{\theta})\sin\theta \quad \cdots\cdots\cdots\cdots\cdots\cdots\cdots \quad (3.3.11)$$

（3.3.9）式と（3.3.10）式と（3.3.11）式をまとめて

$$a_x = (\ddot{r} - r\dot{\theta}^2 - r\dot{\varphi}^2)\sin\theta\cos\varphi - 2r\dot{\theta}\dot{\varphi}\cos\theta\sin\varphi$$
$$\qquad + (2\dot{r}\dot{\theta} + r\ddot{\theta})\cos\theta\cos\varphi - (2\dot{r}\dot{\varphi} + r\ddot{\varphi})\sin\theta\sin\varphi$$
$$a_y = (\ddot{r} - r\dot{\theta}^2 - r\dot{\varphi}^2)\sin\theta\sin\varphi + 2r\dot{\theta}\dot{\varphi}\cos\theta\cos\varphi \qquad \cdots\cdots\cdots\cdots\cdots\cdots \quad (3.3.12)$$
$$\qquad + (2\dot{r}\dot{\theta} + r\ddot{\theta})\cos\theta\sin\varphi + (2\dot{r}\dot{\varphi} + r\ddot{\varphi})\sin\theta\cos\varphi$$
$$a_z = (\ddot{r} - r\dot{\theta}^2)\cos\theta - (2\dot{r}\dot{\theta} + r\ddot{\theta})\sin\theta$$

そこで（3.3.12）式を（3.3.8）式に代入すると

$$a_r = \{(\ddot{r} - r\dot{\theta}^2 - r\dot{\varphi}^2)\sin\theta\cos\varphi - 2r\dot{\theta}\dot{\varphi}\cos\theta\sin\varphi$$

$$+ (2\dot{r}\dot{\theta} + r\ddot{\theta})\cos\theta\cos\varphi - (2\dot{r}\dot{\varphi} + r\ddot{\varphi})\sin\theta\sin\varphi\}\sin\theta\cos\varphi$$

$$+ \{(\ddot{r} - r\dot{\theta}^2 - r\dot{\varphi}^2)\sin\theta\sin\varphi + 2r\dot{\theta}\dot{\varphi}\cos\theta\cos\varphi$$

$$+ (2\dot{r}\dot{\theta} + r\ddot{\theta})\cos\theta\sin\varphi + (2\dot{r}\dot{\varphi} + r\ddot{\varphi})\sin\theta\cos\varphi\}\sin\theta\sin\varphi$$

$$+ \{(\ddot{r} - r\dot{\theta}^2)\cos\theta - (2\dot{r}\dot{\theta} + r\ddot{\theta})\sin\theta\}\cos\theta$$

$$= (\ddot{r} - r\dot{\theta}^2 - r\dot{\varphi}^2)\sin^2\theta(\cos^2\varphi + \sin^2\varphi)$$

$$+ (2\dot{r}\dot{\theta} + r\ddot{\theta})\sin\theta\cos\theta(\cos^2\varphi + \sin^2\varphi)$$

$$+ (\ddot{r} - r\dot{\theta}^2)\cos^2\theta - (2\dot{r}\dot{\theta} + r\ddot{\theta})\sin\theta\cos\theta$$

$$= (\ddot{r} - r\dot{\theta}^2 - r\dot{\varphi}^2)\sin^2\theta + (2\dot{r}\dot{\theta} + r\ddot{\theta})\sin\theta\cos\theta$$

$$+ (\ddot{r} - r\dot{\theta}^2)\cos^2\theta - (2\dot{r}\dot{\theta} + r\ddot{\theta})\sin\theta\cos\theta$$

$$= \ddot{r} - r\dot{\theta}^2 - r\dot{\varphi}^2\sin^2\theta \quad\cdots\cdots\cdots\cdots\cdots\cdots \quad (3.\,3.\,13)$$

$$a_\theta = \{(\ddot{r} - r\dot{\theta}^2 - r\dot{\varphi}^2)\sin\theta\cos\varphi - 2r\dot{\theta}\dot{\varphi}\cos\theta\sin\varphi$$

$$+ (2\dot{r}\dot{\theta} + r\ddot{\theta})\cos\theta\cos\varphi - (2\dot{r}\dot{\varphi} + r\ddot{\varphi})\sin\theta\sin\varphi\}\cos\theta\cos\varphi$$

$$+ \{(\ddot{r} - r\dot{\theta}^2 - r\dot{\varphi}^2)\sin\theta\sin\varphi + 2r\dot{\theta}\dot{\varphi}\cos\theta\cos\varphi$$

$$+ (2\dot{r}\dot{\theta} + r\ddot{\theta})\cos\theta\sin\varphi + (2\dot{r}\dot{\varphi} + r\ddot{\varphi})\sin\theta\cos\varphi\}\cos\theta\sin\varphi$$

$$- \{(\ddot{r} - r\dot{\theta}^2)\cos\theta - (2\dot{r}\dot{\varphi} + r\ddot{\theta})\sin\theta\}\sin\theta$$

$$= (\ddot{r} - r\dot{\theta}^2 - r\dot{\varphi}^2)\sin\theta\cos\theta(\cos^2\varphi + \sin^2\varphi)$$

$$+ (2\dot{r}\dot{\theta} + r\ddot{\theta})\cos^2\theta(\cos^2\varphi + \sin^2\varphi)$$

$$- (\ddot{r} - r\dot{\theta}^2)\sin\theta\cos\theta + (2\dot{r}\dot{\theta} + r\ddot{\theta})\sin^2\theta$$

$$= (\ddot{r} - r\dot{\theta}^2 - r\dot{\varphi}^2)\sin\theta\cos\theta + (2\dot{r}\dot{\theta} + r\ddot{\theta})\cos^2\theta$$

$$- (\ddot{r} - r\dot{\theta}^2)\sin\theta\cos\theta + (2\dot{r}\dot{\theta} + r\ddot{\theta})\sin^2\theta$$

$$= 2\dot{r}\dot{\theta} + r\ddot{\theta} - r\dot{\varphi}^2\sin\theta\cos\theta \quad\cdots\cdots\cdots\cdots\cdots\cdots \quad (3.\,3.\,14)$$

$$a_\varphi = - \{(\ddot{r} - r\dot{\theta}^2 - r\dot{\varphi}^2)\sin\theta\cos\varphi - 2r\dot{\theta}\dot{\varphi}\cos\theta\sin\varphi$$

$$+ (2\dot{r}\dot{\theta} + r\ddot{\theta})\cos\theta\cos\varphi - (2\dot{r}\dot{\varphi} + r\ddot{\varphi})\sin\theta\sin\varphi\}\sin\varphi$$

$$+ \{(\ddot{r} - r\dot{\theta}^2 - r\dot{\varphi}^2)\sin\theta\sin\varphi + 2r\dot{\theta}\dot{\varphi}\cos\theta\cos\varphi$$

$$+ (2\dot{r}\dot{\theta} + r\ddot{\theta})\cos\theta\sin\varphi + (2\dot{r}\dot{\varphi} + r\ddot{\varphi})\sin\theta\cos\varphi\}\cos\varphi$$

$$= (2\dot{r}\dot{\varphi} + r\ddot{\varphi})\sin\theta(\sin^2\varphi + \cos^2\varphi) + 2r\dot{\theta}\dot{\varphi}\cos\theta(\sin^2\varphi + \cos^2\varphi)$$

$$= (2\dot{r}\dot{\varphi} + r\ddot{\varphi})\sin\theta + 2r\dot{\theta}\dot{\varphi}\cos\theta \quad \cdots\cdots\cdots\cdots\cdots\cdots \quad (3.3.15)$$

（3.3.13）式と（3.3.14）式と（3.3.15）式をまとめて

$$\left.\begin{array}{l} a_r = \ddot{r} - r\dot{\theta}^2 - r\dot{\varphi}^2\sin^2\theta \\ a_\theta = 2\dot{r}\dot{\theta} + r\ddot{\theta} - r\dot{\varphi}^2\sin\theta\cos\theta \\ a_\varphi = (2\dot{r}\dot{\varphi} + r\ddot{\varphi})\sin\theta + 2r\dot{\theta}\dot{\varphi}\cos\theta \end{array}\right\} \quad \cdots\cdots\cdots\cdots\cdots\cdots \quad (3.3.16)$$

２次元の極座標の場合と比較するため $\theta = \dfrac{\pi}{2}$ と固定すると

$\dot{\theta} = \ddot{\theta} = 0,\ \sin\dfrac{\pi}{2} = 1,\ \cos\dfrac{\pi}{2} = 0$ となるので（3.3.16）式は

$$a_r = \ddot{r} - r\dot{\varphi}^2$$

$$a_\varphi = 2\dot{r}\dot{\varphi} + r\ddot{\varphi}$$

となり、ここで $\varphi \dashrightarrow \theta$ と置き換えると

$$a_r = \ddot{r} - r\dot{\theta}^2$$

$$a_\theta = 2\dot{r}\dot{\theta} + r\ddot{\theta}$$

と、このように２次元極座標の加速度になることが確認できる。

また、$\varphi = \dfrac{\pi}{2}$ としても $\dot{\varphi} = \ddot{\varphi} = 0$ となり同じ結果を得る。

別解としてマトリックスを利用して解いてみる。

まず、（3.3.1）式マトリックス形式で表現して

$$\begin{Bmatrix} x \\ y \\ z \end{Bmatrix} = r \begin{Bmatrix} \sin\theta\cos\varphi \\ \sin\theta\sin\varphi \\ \cos\theta \end{Bmatrix} \quad \cdots\cdots\cdots\cdots\cdots\cdots \quad (3.3.1a)$$

速度は（3.3.5）式より

$$\begin{Bmatrix} v_r \\ v_\theta \\ v_\varphi \end{Bmatrix} = \begin{bmatrix} \sin\theta\cos\varphi & \sin\theta\sin\varphi & \cos\theta \\ \cos\theta\cos\varphi & \cos\theta\sin\varphi & -\sin\theta \\ -\sin\varphi & \cos\varphi & 0 \end{bmatrix} \begin{Bmatrix} v_x \\ v_y \\ v_z \end{Bmatrix} \quad \cdots\cdots\cdots\cdots\cdots\cdots \quad (3.3.5a)$$

以後、式が長くなるのでここで

$$[A] = \begin{bmatrix} \sin\theta\cos\varphi & \sin\theta\sin\varphi & \cos\theta \\ \cos\theta\cos\varphi & \cos\theta\sin\varphi & -\sin\theta \\ -\sin\varphi & \cos\varphi & 0 \end{bmatrix}$$

と置くと

$$\begin{Bmatrix} v_r \\ v_\theta \\ v_\varphi \end{Bmatrix} = [A] \begin{Bmatrix} v_x \\ v_y \\ v_z \end{Bmatrix} \cdots\cdots\cdots\cdots\cdots\cdots \quad (3.3.5b)$$

（3.3.1a）式を時間で微分すると

$$\begin{Bmatrix} v_x \\ v_y \\ v_z \end{Bmatrix} = \begin{Bmatrix} \dot{x} \\ \dot{y} \\ \dot{z} \end{Bmatrix}$$

$$= \dot{r}\begin{Bmatrix} \sin\theta\cos\varphi \\ \sin\theta\sin\varphi \\ \cos\theta \end{Bmatrix} + r\dot{\theta}\begin{Bmatrix} \cos\theta\cos\varphi \\ \cos\theta\sin\varphi \\ -\sin\theta \end{Bmatrix} + r\dot{\varphi}\begin{Bmatrix} -\sin\theta\sin\varphi \\ \sin\theta\cos\varphi \\ 0 \end{Bmatrix}$$

$$= \begin{bmatrix} \sin\theta\cos\varphi & \cos\theta\cos\varphi & -\sin\theta\sin\varphi \\ \sin\theta\sin\varphi & \cos\theta\sin\varphi & \sin\theta\cos\varphi \\ \cos\theta & -\sin\theta & 0 \end{bmatrix} \begin{Bmatrix} \dot{r} \\ r\dot{\theta} \\ r\dot{\varphi} \end{Bmatrix} \cdots\cdots\cdots\cdots\cdots \quad (3.3.6a)$$

ここで

$$[B] = \begin{bmatrix} \sin\theta\cos\varphi & \cos\theta\cos\varphi & -\sin\theta\sin\varphi \\ \sin\theta\sin\varphi & \cos\theta\sin\varphi & \sin\theta\cos\varphi \\ \cos\theta & -\sin\theta & 0 \end{bmatrix}$$

と置くと

$$\begin{Bmatrix} v_x \\ v_y \\ v_z \end{Bmatrix} = [B] \begin{Bmatrix} \dot{r} \\ r\dot{\theta} \\ r\dot{\varphi} \end{Bmatrix} \cdots\cdots\cdots\cdots\cdots\cdots \quad (3.3.6b)$$

$$[A][B] = \begin{bmatrix} 1 & 0 & 0 \\ 0 & 1 & 0 \\ 0 & 0 & \sin\theta \end{bmatrix}$$

であるので（3.3.5b）式と（3.3.6b）式より

$$\begin{Bmatrix} v_r \\ v_\theta \\ v_\varphi \end{Bmatrix} = [A][B] \begin{Bmatrix} \dot{r} \\ r\dot{\theta} \\ r\dot{\varphi} \end{Bmatrix}$$

$$= \begin{bmatrix} 1 & 0 & 0 \\ 0 & 1 & 0 \\ 0 & 0 & \sin\theta \end{bmatrix} \begin{Bmatrix} \dot{r} \\ r\dot{\theta} \\ r\dot{\varphi} \end{Bmatrix}$$

$$
= \begin{Bmatrix} \dot{r} \\ r\dot{\theta} \\ r\dot{\varphi}\sin\theta \end{Bmatrix} \quad \cdots\cdots\cdots\cdots\cdots\cdots \quad \text{(3.3.7再掲)}
$$

次に加速度は (3.3.8)式をマトリックス形式で表現して

$$
\begin{Bmatrix} a_r \\ a_\theta \\ a_\varphi \end{Bmatrix} = \begin{bmatrix} \sin\theta\cos\varphi & \sin\theta\sin\varphi & \cos\theta \\ \cos\theta\cos\varphi & \cos\theta\sin\varphi & -\sin\theta \\ -\sin\varphi & \cos\varphi & 0 \end{bmatrix} \begin{Bmatrix} a_x \\ a_y \\ a_z \end{Bmatrix} \quad \cdots\cdots\cdots\cdots\cdots \quad \text{(3.3.8a)}
$$

$$
\begin{Bmatrix} a_r \\ a_\theta \\ a_\varphi \end{Bmatrix} = [A] \begin{Bmatrix} a_x \\ a_y \\ a_z \end{Bmatrix} \quad \cdots\cdots\cdots\cdots\cdots\cdots \quad \text{(3.3.8b)}
$$

（3.3.6b）式を時間で微分すると

$$
\begin{Bmatrix} a_x \\ a_y \\ a_z \end{Bmatrix} = \begin{Bmatrix} \dot{v}_x \\ \dot{v}_y \\ \dot{v}_z \end{Bmatrix}
$$

$$
= \frac{d}{dt}\left[[B] \begin{Bmatrix} \dot{r} \\ r\dot{\theta} \\ r\dot{\varphi} \end{Bmatrix} \right]
$$

$$
= \frac{\partial[B]}{\partial\theta} \begin{Bmatrix} \dot{r}\dot{\theta} \\ r\dot{\theta}^2 \\ r\dot{\theta}\dot{\varphi} \end{Bmatrix} + \frac{\partial[B]}{\partial\varphi} \begin{Bmatrix} \dot{r}\dot{\varphi} \\ r\dot{\theta}\dot{\varphi} \\ r\dot{\varphi}^2 \end{Bmatrix} + [B] \begin{Bmatrix} \ddot{r} \\ \dot{r}\dot{\theta} + r\ddot{\theta} \\ \dot{r}\dot{\varphi} + r\ddot{\varphi} \end{Bmatrix} \quad \cdots\cdots\cdots\cdots\cdots \quad \text{(3.3.12b)}
$$

ここで

$$
\frac{\partial[B]}{\partial\theta} = \begin{bmatrix} \cos\theta\cos\varphi & -\sin\theta\cos\varphi & -\cos\theta\sin\varphi \\ \cos\theta\sin\varphi & -\sin\theta\sin\varphi & \cos\theta\cos\varphi \\ -\sin\varphi & -\cos\varphi & 0 \end{bmatrix}
$$

$$
\frac{\partial[B]}{\partial\varphi} = \begin{bmatrix} -\sin\theta\sin\varphi & -\cos\theta\sin\varphi & -\sin\theta\cos\varphi \\ \sin\theta\cos\varphi & \cos\theta\cos\varphi & -\sin\theta\sin\varphi \\ 0 & 0 & 0 \end{bmatrix}
$$

である。従って

$$
[A]\frac{\partial[B]}{\partial\theta} = \begin{bmatrix} 0 & -1 & 0 \\ 1 & 0 & 0 \\ 0 & 0 & \cos\theta \end{bmatrix}
$$

$$
[A]\frac{\partial[B]}{\partial\varphi} = \begin{bmatrix} 0 & 0 & -\sin^2\theta \\ 0 & 0 & -\sin\theta\cos\theta \\ \sin\theta & \cos\theta & 0 \end{bmatrix}
$$

となる。また (3.3.8b) 式と (3.3.12b) 式より

$$
\begin{Bmatrix} a_r \\ a_\theta \\ a_\varphi \end{Bmatrix} = [A]\frac{\partial[B]}{\partial\theta} \begin{Bmatrix} \dot{r}\dot{\theta} \\ r\dot{\theta}^2 \\ r\dot{\theta}\dot{\varphi} \end{Bmatrix} + [A]\frac{\partial[B]}{\partial\varphi} \begin{Bmatrix} \dot{r}\dot{\varphi} \\ r\dot{\theta}\dot{\varphi} \\ r\dot{\varphi}^2 \end{Bmatrix} + [A][B] \begin{Bmatrix} \ddot{r} \\ \dot{r}\dot{\theta} + r\ddot{\theta} \\ \dot{r}\dot{\varphi} + r\ddot{\varphi} \end{Bmatrix}
$$

$$= \begin{bmatrix} 0 & -1 & 0 \\ 1 & 0 & 0 \\ 0 & 0 & \cos\theta \end{bmatrix} \begin{Bmatrix} \dot{r}\dot{\theta} \\ r\dot{\theta}^2 \\ r\dot{\theta}\dot{\varphi} \end{Bmatrix} + \begin{bmatrix} 0 & 0 & -\sin^2\theta \\ 0 & 0 & -\sin\theta\cos\theta \\ \sin\theta & \cos\theta & 0 \end{bmatrix} \begin{Bmatrix} \dot{r}\dot{\varphi} \\ r\dot{\theta}\dot{\varphi} \\ r\dot{\varphi}^2 \end{Bmatrix}$$

$$+ \begin{bmatrix} 1 & 0 & 0 \\ 0 & 1 & 0 \\ 0 & 0 & \sin\theta \end{bmatrix} \begin{Bmatrix} \ddot{r} \\ \dot{r}\dot{\theta} + r\ddot{\theta} \\ \dot{r}\dot{\varphi} + r\ddot{\varphi} \end{Bmatrix}$$

$$= \begin{Bmatrix} \ddot{r} & r\dot{\theta}^2 & r\dot{\varphi}^2\sin^2\theta \\ 2\dot{r}\dot{\theta} + r\ddot{\theta} - r\dot{\varphi}^2\sin\theta\cos\theta \\ (2\dot{r}\dot{\varphi} + r\ddot{\varphi})\sin\theta + 2r\dot{\theta}\dot{\varphi}\cos\theta \end{Bmatrix} \quad \cdots\cdots\cdots\cdots\cdots\cdots \text{（3.3.16再掲）}$$

よって、マトリックス形式による方法でも同じ解が得られる。

ニュートンの３次元の運動方程式は、直交座標では

$$m\ddot{x} = F_x$$

$$m\ddot{y} = F_y$$

$$m\ddot{z} = F_z$$

とシンプルな式であるが、球座標では

$$\left.\begin{aligned} m(\ddot{r} - r\dot{\theta}^2 - r\dot{\varphi}^2\sin^2\theta) &= F_r \\ m(2\dot{r}\dot{\theta} + r\ddot{\theta} - r\dot{\varphi}^2\sin\theta\cos\theta) &= F_\theta \\ m\{(2\dot{r}\dot{\varphi} + r\ddot{\varphi})\sin\theta + 2r\dot{\theta}\dot{\varphi}\cos\theta\} &= F_\varphi \end{aligned}\right\} \quad \cdots\cdots\cdots\cdots\cdots \text{（3.3.17）}$$

となり非常に複雑な式になる。

一方、オイラー・ラグランジュの微分方程式は２次元の場合と同様に以下の式となる。

直交座標の場合は（3.1.9）を再掲して

$$\left.\begin{aligned} \frac{\partial F}{\partial x} - \frac{d}{dt}\left(\frac{\partial F}{\partial \dot{x}}\right) &= 0 \\ \frac{\partial F}{\partial y} - \frac{d}{dt}\left(\frac{\partial F}{\partial \dot{y}}\right) &= 0 \\ \frac{\partial F}{\partial z} - \frac{d}{dt}\left(\frac{\partial F}{\partial \dot{z}}\right) &= 0 \end{aligned}\right\} \quad \cdots\cdots\cdots\cdots\cdots \text{（3.1.9再掲）}$$

球座標の場合は

$$\left.\begin{array}{l} \dfrac{\partial F}{\partial r} - \dfrac{d}{dt}\left(\dfrac{\partial F}{\partial \dot{r}}\right) = 0 \\[2mm] \dfrac{\partial F}{\partial \theta} - \dfrac{d}{dt}\left(\dfrac{\partial F}{\partial \dot{\theta}}\right) = 0 \\[2mm] \dfrac{\partial F}{\partial \varphi} - \dfrac{d}{dt}\left(\dfrac{\partial F}{\partial \dot{\varphi}}\right) = 0 \end{array}\right\} \quad \cdots\cdots\cdots\cdots\cdots\cdots \quad (3.1.18)$$

と　(x, y, z) を　(r, θ, φ) に入れ替えただけで式の形は全く同じとなる。

そこで（3.1.9）式が成立した場合（3.3.18）式が成立することを 3 次元の場合も同様に計算

して確認してみる。

球座標の定義より

$$\left.\begin{array}{l} x = r\sin\theta\cos\varphi \\ y = r\sin\theta\sin\varphi \\ z = r\cos\theta \end{array}\right\} \quad \cdots\cdots\cdots\cdots\cdots\cdots \quad （3.3.1再掲）$$

であるから、各々偏微分してみると

$$\frac{\partial x}{\partial r} = \sin\theta\cos\varphi$$

$$\frac{\partial x}{\partial \dot{r}} = 0$$

$$\frac{\partial y}{\partial r} = \sin\theta\sin\varphi$$

$$\frac{\partial y}{\partial \dot{r}} = 0$$

$$\frac{\partial z}{\partial r} = \cos\theta$$

$$\frac{\partial z}{\partial \dot{r}} = 0$$

$$\frac{\partial x}{\partial \theta} = r\cos\theta\cos\varphi$$

$$\frac{\partial x}{\partial \dot{\theta}} = 0$$

$$\frac{\partial y}{\partial \theta} = r\cos\theta\sin\varphi$$

$$\frac{\partial y}{\partial \dot{\theta}} = 0$$

$$\frac{\partial z}{\partial \theta} = -r\sin\theta$$

$$\frac{\partial z}{\partial \dot{\theta}} = 0$$

$$\frac{\partial x}{\partial \varphi} = -r\sin\theta\sin\varphi$$

$$\frac{\partial x}{\partial \dot{\varphi}} = 0$$

$$\frac{\partial y}{\partial \varphi} = r\sin\theta\cos\varphi$$

$$\frac{\partial y}{\partial \dot{\varphi}} = 0$$

$$\frac{\partial z}{\partial \varphi} = 0$$

$$\frac{\partial z}{\partial \dot{\varphi}} = 0$$

次に（3.3.1）式を時間で微分すると

$$
\left.
\begin{aligned}
\dot{x} &= \dot{r}\sin\theta\cos\varphi + r\dot{\theta}\cos\theta\cos\varphi - r\dot{\varphi}\sin\theta\sin\varphi \\
\dot{y} &= \dot{r}\sin\theta\sin\varphi + r\dot{\theta}\cos\theta\sin\varphi + r\dot{\varphi}\sin\theta\cos\varphi \\
\dot{z} &= \dot{r}\cos\theta - r\dot{\theta}\sin\theta
\end{aligned}
\right\}
$$
$\cdots\cdots\cdots\cdots\cdots$ （3.3.6再掲）

となるので、それぞれ偏微分して

$$\frac{\partial \dot{x}}{\partial r} = \dot{\theta}\cos\theta\cos\varphi - \dot{\varphi}\sin\theta\sin\varphi$$

$$\frac{\partial \dot{x}}{\partial \dot{r}} = \sin\theta\cos\varphi$$

$$\frac{\partial \dot{y}}{\partial r} = \dot{\theta}\cos\theta\sin\varphi + \dot{\varphi}\sin\theta\cos\varphi$$

$$\frac{\partial \dot{y}}{\partial \dot{r}} = \sin\theta\sin\varphi$$

$$\frac{\partial \dot{z}}{\partial r} = -\dot{\theta}\sin\theta$$

$$\frac{\partial \dot{z}}{\partial \dot{r}} = \cos\theta$$

$$\frac{\partial \dot{x}}{\partial \theta} = \dot{r}\cos\theta\cos\varphi - r\dot{\theta}\sin\theta\cos\varphi - r\dot{\varphi}\cos\theta\sin\varphi$$

$$\frac{\partial \dot{x}}{\partial \dot{\theta}} = r \cos\theta \, \cos\varphi$$

$$\frac{\partial \dot{y}}{\partial \theta} = \dot{r} \cos\theta \, \sin\varphi \, - \, r\dot{\theta}\sin\theta \, \sin\varphi \, + \, r\dot{\varphi}\cos\theta \, \cos\varphi$$

$$\frac{\partial \dot{y}}{\partial \dot{\theta}} = r \cos\theta \, \sin\varphi$$

$$\frac{\partial \dot{z}}{\partial \theta} = -\dot{r}\sin\theta \, - \, r\dot{\theta}\cos\theta$$

$$\frac{\partial \dot{z}}{\partial \dot{\theta}} = - \, r\sin\theta$$

$$\frac{\partial \dot{x}}{\partial \varphi} = - \, \dot{r}\sin\theta \, \sin\varphi \, - \, r\dot{\theta}\cos\theta \, \sin\varphi \, - \, r\dot{\varphi}\sin\theta \, \cos\varphi$$

$$\frac{\partial \dot{x}}{\partial \dot{\varphi}} = - \, r\sin\theta \, \sin\varphi$$

$$\frac{\partial \dot{y}}{\partial \varphi} = \dot{r}\sin\theta \, \cos\varphi + r\dot{\theta}\cos\theta \, \cos\varphi \, - \, r\dot{\varphi}\sin\theta \, \sin\varphi$$

$$\frac{\partial \dot{y}}{\partial \dot{\varphi}} = r\sin\theta \, \cos\varphi$$

$$\frac{\partial \dot{z}}{\partial \varphi} = 0$$

$$\frac{\partial \dot{z}}{\partial \dot{\varphi}} = 0$$

以上の準備をしておいて計算してみる。

$$\frac{\partial F}{\partial r} \, - \, \frac{d}{dt}\left(\frac{\partial F}{\partial \dot{r}}\right)$$

$$= \frac{\partial F}{\partial x}\frac{\partial x}{\partial r} \, + \, \frac{\partial F}{\partial \dot{x}}\frac{\partial \dot{x}}{\partial r} \, + \, \frac{\partial F}{\partial y}\frac{\partial y}{\partial r} \, + \, \frac{\partial F}{\partial \dot{y}}\frac{\partial \dot{y}}{\partial r} \, + \, \frac{\partial F}{\partial z}\frac{\partial z}{\partial r} \, + \, \frac{\partial F}{\partial \dot{z}}\frac{\partial \dot{z}}{\partial r}$$

$$- \, \frac{d}{dt}\left(\frac{\partial F}{\partial x}\frac{\partial x}{\partial \dot{r}} \, + \, \frac{\partial F}{\partial \dot{x}}\frac{\partial \dot{x}}{\partial \dot{r}} \, + \, \frac{\partial F}{\partial y}\frac{\partial y}{\partial \dot{r}} \, + \, \frac{\partial F}{\partial \dot{y}}\frac{\partial \dot{y}}{\partial \dot{r}} \, + \, \frac{\partial F}{\partial z}\frac{\partial z}{\partial \dot{r}} \, + \, \frac{\partial F}{\partial \dot{z}}\frac{\partial \dot{z}}{\partial \dot{r}}\right)$$

$$= \frac{\partial F}{\partial x}\sin\theta \, \cos\varphi + \frac{\partial F}{\partial \dot{x}}(\dot{\theta}\cos\theta \, \cos\varphi \, - \, \dot{\varphi}\sin\theta \, \sin\varphi) \, + \, \frac{\partial F}{\partial y}\sin\theta \, \sin\varphi$$

$$+ \, \frac{\partial F}{\partial \dot{y}}(\dot{\theta}\cos\theta \, \sin\varphi \, + \, \dot{\varphi}\sin\theta \, \cos\varphi) \, + \, \frac{\partial F}{\partial z}\cos\theta \, - \, \frac{\partial F}{\partial \dot{z}}\dot{\theta}\sin\theta$$

$$- \, \frac{d}{dt}\left(\frac{\partial F}{\partial \dot{x}}\sin\theta \, \cos\varphi \, + \, \frac{\partial F}{\partial \dot{y}}\sin\theta \, \sin\varphi \, + \, \frac{\partial F}{\partial \dot{z}}\cos\theta\right)$$

$$= \frac{\partial F}{\partial x}\sin\theta \, \cos\varphi + \frac{\partial F}{\partial \dot{x}}(\dot{\theta}\cos\theta \, \cos\varphi \, - \, \dot{\varphi}\sin\theta \, \sin\varphi) \, + \, \frac{\partial F}{\partial y}\sin\theta \, \sin\varphi$$

$$+ \frac{\partial F}{\partial \dot{y}} (\dot{\theta} \cos\theta \, \sin\varphi + \, \dot{\varphi} \sin\theta \, \cos\varphi) \, + \, \frac{\partial F}{\partial z} \cos\theta \, - \, \frac{\partial F}{\partial \dot{z}} \dot{\theta} \sin\theta$$

$$- \, \frac{d}{dt} \left(\frac{\partial F}{\partial \dot{x}} \right) \, \sin\theta \cos\varphi \, - \, \frac{\partial F}{\partial \dot{x}} (\dot{\theta} \cos\theta \, \cos\varphi \, - \, \dot{\varphi} \sin\theta \, \sin\varphi)$$

$$- \, \frac{d}{dt} \left(\frac{\partial F}{\partial \dot{y}} \right) \, \sin\theta \sin\varphi \, - \, \frac{\partial F}{\partial \dot{y}} (\dot{\theta} \cos\theta \sin\varphi \, + \, \dot{\varphi} \sin\theta \, \cos\varphi)$$

$$- \, \frac{d}{dt} \left(\frac{\partial F}{\partial \dot{z}} \right) \, \cos\theta \, + \, \frac{\partial F}{\partial \dot{z}} \dot{\theta} \sin\theta$$

$$= \left\{ \frac{\partial F}{\partial x} \, - \, \frac{d}{dt} \left(\frac{\partial F}{\partial \dot{x}} \right) \right\} \sin\theta \cos\varphi \, + \, \left\{ \frac{\partial F}{\partial y} \, - \, \frac{d}{dt} \left(\frac{\partial F}{\partial \dot{y}} \right) \right\} \, \sin\theta \sin\varphi$$

$$+ \, \left\{ \frac{\partial F}{\partial z} \, - \, \frac{d}{dt} \left(\frac{\partial F}{\partial \dot{z}} \right) \right\} \, \cos\theta$$

$$= \, 0$$

$$\frac{\partial F}{\partial \theta} \, - \, \frac{d}{dt} \left(\frac{\partial F}{\partial \dot{\theta}} \right)$$

$$= \, \frac{\partial F}{\partial x} \frac{\partial x}{\partial \theta} \, + \, \frac{\partial F}{\partial \dot{x}} \frac{\partial \dot{x}}{\partial \theta} \, + \, \frac{\partial F}{\partial y} \frac{\partial y}{\partial \theta} \, + \, \frac{\partial F}{\partial \dot{y}} \frac{\partial \dot{y}}{\partial \theta} \, + \, \frac{\partial F}{\partial z} \frac{\partial z}{\partial \theta} \, + \, \frac{\partial F}{\partial \dot{z}} \frac{\partial \dot{z}}{\partial \theta}$$

$$- \, \frac{d}{dt} \left(\frac{\partial F}{\partial x} \frac{\partial x}{\partial \dot{\theta}} \, + \, \frac{\partial F}{\partial \dot{x}} \frac{\partial \dot{x}}{\partial \dot{\theta}} \, + \, \frac{\partial F}{\partial y} \frac{\partial y}{\partial \dot{\theta}} \, + \, \frac{\partial F}{\partial \dot{y}} \frac{\partial \dot{y}}{\partial \dot{\theta}} \, + \, \frac{\partial F}{\partial z} \frac{\partial z}{\partial \dot{\theta}} \, + \, \frac{\partial F}{\partial \dot{z}} \frac{\partial \dot{z}}{\partial \dot{\theta}} \right)$$

$$= \, \frac{\partial F}{\partial x} r\cos\theta \cos\varphi + \frac{\partial F}{\partial \dot{x}} (\dot{r}\cos\theta \cos\varphi \, - \, r\dot{\theta}\sin\theta \cos\varphi \, - \, r\dot{\varphi}\cos\theta \sin\varphi)$$

$$+ \, \frac{\partial F}{\partial y} r\cos\theta \sin\varphi \, + \, \frac{\partial F}{\partial \dot{y}} (\dot{r}\cos\theta \sin\varphi \, - \, r\dot{\theta}\sin\theta \sin\varphi \, + \, r\dot{\varphi}\cos\theta \cos\varphi)$$

$$- \, \frac{\partial F}{\partial z} r\sin\theta \, - \, \frac{\partial F}{\partial \dot{z}} (\dot{r}\sin\theta \, - \, r\dot{\theta}\cos\theta)$$

$$- \, \frac{d}{dt} \left(\frac{\partial F}{\partial \dot{x}} r\cos\theta \cos\varphi \, + \, \frac{\partial F}{\partial \dot{y}} r\cos\theta \sin\varphi \, - \, \frac{\partial F}{\partial \dot{z}} r\sin\theta \right)$$

$$= \, \frac{\partial F}{\partial x} r\cos\theta \cos\varphi + \frac{\partial F}{\partial \dot{x}} (\dot{r}\cos\theta \cos\varphi \, - \, r\dot{\theta}\sin\theta \cos\varphi \, - \, r\dot{\varphi}\cos\theta \sin\varphi)$$

$$+ \, \frac{\partial F}{\partial y} r\cos\theta \sin\varphi \, + \, \frac{\partial F}{\partial \dot{y}} (\dot{r}\cos\theta \sin\varphi \, - \, r\dot{\theta}\sin\theta \sin\varphi \, + \, r\dot{\varphi}\cos\theta \cos\varphi)$$

$$- \, \frac{\partial F}{\partial z} r\sin\theta \, - \, \frac{\partial F}{\partial \dot{z}} (\dot{r}\sin\theta \, + \, r\dot{\theta}\cos\theta)$$

$$- \, \frac{d}{dt} \left(\frac{\partial F}{\partial \dot{x}} \right) r\cos\theta \cos\varphi \, - \, \frac{\partial F}{\partial \dot{x}} (\dot{r}\cos\theta \cos\varphi \, - \, r\dot{\theta}\sin\theta \cos\varphi \, - \, r\dot{\varphi}\cos\theta \sin\varphi)$$

$$- \, \frac{d}{dt} \left(\frac{\partial F}{\partial \dot{y}} \right) r\cos\theta \sin\varphi \, - \, \frac{\partial F}{\partial \dot{y}} (\dot{r}\cos\theta \sin\varphi \, - \, r\dot{\theta}\sin\theta \sin\varphi \, + \, r\dot{\varphi}\cos\theta \cos\varphi)$$

$$- \frac{d}{dt}\left(\frac{\partial F}{\partial \dot{z}}\right) r\sin\theta \ + \frac{\partial F}{\partial \dot{z}}(\dot{r}\sin\theta \ + \ r\dot{\theta}\cos\theta)$$

$$= \left\{\frac{\partial F}{\partial x} \ - \ \frac{d}{dt}\left(\frac{\partial F}{\partial \dot{x}}\right)\right\} r\cos\theta\cos\varphi \ + \ \left\{\frac{\partial F}{\partial y} \ - \ \frac{d}{dt}\left(\frac{\partial F}{\partial \dot{y}}\right)\right\} r\cos\theta\sin\varphi$$

$$+ \ \left\{\frac{\partial F}{\partial z} \ - \ \frac{d}{dt}\left(\frac{\partial F}{\partial \dot{z}}\right)\right\} r\sin\theta$$

$$= \ 0$$

$$\frac{\partial F}{\partial \varphi} \ - \ \frac{d}{dt}\left(\frac{\partial F}{\partial \dot{\varphi}}\right)$$

$$= \frac{\partial F}{\partial x}\frac{\partial x}{\partial \varphi} \ + \ \frac{\partial F}{\partial \dot{x}}\frac{\partial \dot{x}}{\partial \varphi} \ + \ \frac{\partial F}{\partial y}\frac{\partial y}{\partial \varphi} \ + \ \frac{\partial F}{\partial \dot{y}}\frac{\partial \dot{y}}{\partial \varphi} \ + \ \frac{\partial F}{\partial z}\frac{\partial z}{\partial \varphi} \ + \ \frac{\partial F}{\partial \dot{z}}\frac{\partial \dot{z}}{\partial \varphi}$$

$$- \ \frac{d}{dt}\left(\frac{\partial F}{\partial x}\frac{\partial x}{\partial \dot{\varphi}} \ + \ \frac{\partial F}{\partial \dot{x}}\frac{\partial \dot{x}}{\partial \dot{\varphi}} \ + \ \frac{\partial F}{\partial y}\frac{\partial y}{\partial \dot{\varphi}} \ + \ \frac{\partial F}{\partial \dot{y}}\frac{\partial \dot{y}}{\partial \dot{\varphi}} \ + \ \frac{\partial F}{\partial z}\frac{\partial z}{\partial \dot{\varphi}} \ + \ \frac{\partial F}{\partial \dot{z}}\frac{\partial \dot{z}}{\partial \dot{\varphi}}\right)$$

$$= \ - \ \frac{\partial F}{\partial x}r\sin\theta\sin\varphi \ - \ \frac{\partial F}{\partial \dot{x}}(\dot{r}\sin\theta\sin\varphi + r\dot{\theta}\cos\theta\sin\varphi + r\dot{\varphi}\sin\theta\cos\varphi)$$

$$+ \ \frac{\partial F}{\partial y}r\sin\theta\cos\varphi \ + \ \frac{\partial F}{\partial \dot{y}}(\dot{r}\sin\theta\cos\varphi \ + \ r\dot{\theta}\cos\theta\cos\varphi \ - \ r\dot{\varphi}\sin\theta\sin\varphi)$$

$$+ \ \frac{d}{dt}\left(\frac{\partial F}{\partial \dot{x}} \ r\sin\theta\sin\varphi \ - \ \frac{\partial F}{\partial \dot{y}} \ r\sin\theta\cos\varphi\right)$$

$$= \ - \ \frac{\partial F}{\partial x}r\sin\theta\sin\varphi - \ \frac{\partial F}{\partial \dot{x}}(\dot{r}\sin\theta\sin\varphi \ + \ r\dot{\theta}\cos\theta\sin\varphi \ + \ r\dot{\varphi}\sin\theta\cos\varphi)$$

$$+ \ \frac{\partial F}{\partial y} \ r\sin\theta\cos\varphi \ + \ \frac{\partial F}{\partial \dot{y}}(\dot{r}\sin\theta\cos\varphi \ + \ r\dot{\theta}\cos\theta\cos\varphi \ - \ r\dot{\varphi}\sin\theta\sin\varphi)$$

$$+ \ \frac{d}{dT}\left(\frac{\partial F}{\partial \dot{x}}\right) r\sin\theta\sin\varphi \ + \ \frac{\partial F}{\partial \dot{x}} \ (\dot{r}\sin\theta\sin\varphi \ + \ r\dot{\theta}\cos\theta\sin\varphi \ + \ r\dot{\varphi}\sin\theta\cos\varphi)$$

$$- \ \frac{d}{dT}\left(\frac{\partial F}{\partial \dot{y}}\right) r\sin\theta\cos\varphi \ - \ \frac{\partial F}{\partial \dot{y}}(\dot{r}\sin\theta\cos\varphi \ + \ r\dot{\theta}\cos\theta\cos\varphi \ - \ r\dot{\varphi}\sin\theta\sin\varphi)$$

$$= \ - \ \left\{\frac{\partial F}{\partial x} \ - \ \frac{d}{dt}\left(\frac{\partial F}{\partial \dot{x}}\right)\right\} r\sin\theta\sin\varphi \ + \ \left\{\frac{\partial F}{\partial y} \ - \ \frac{d}{dt}\left(\frac{\partial F}{\partial \dot{y}}\right)\right\} r\sin\theta\cos\varphi$$

$$= \ 0$$

従って（3.1.9）式が成立すると（3.3.18）式も成立する。

3.4　3次元の場合の変分問題

3次元の場合の変分問題の例題を取り上げる。

例題5は円筒上の2点を定めて、また例題6は球面上の2点を定めて、その2点を結ぶ距離の最短曲線を求める。

例題5の解は螺線（helix）となり、例題6の解は大円（great circle）である。このような曲線は測地線（geodesics）と呼ばれる。ただし、大円とはその切断面が球の中心を通る円のことである。

例題7は3次元の場合の最速降下問題である。その解は2次元の場合と同じサイクロイド曲線となる。

〔例題5〕最短曲線問題（その2）

円筒上にある点Aと点Bを結ぶ円筒面上の曲線でその距離が最小になるものを求める。

円筒面を平面に展開してみれば、その平面で直線になるものであることは明らかであるが、これも変分法で解いてみる。まず円筒座標は

$$x = r \cos \theta$$

$$y = r \sin \theta$$

$$z = z$$

と定義されるので

$$\Delta \ell = \sqrt{(rd\theta)^2 + dz^2}$$

$$\ell\{z(\theta)\} = \int_{\theta_A}^{\theta_B} \sqrt{(rd\theta)^2 + dz^2}$$

$$= \int_{\theta_A}^{\theta_B} \sqrt{r^2 + z'^2}\, d\theta$$

$$\left(z' = \frac{dz}{d\theta} \right)$$

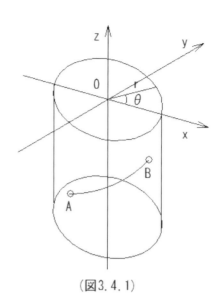

（図3.4.1）

従って

$$F = \sqrt{r^2 + z'^2}$$

$$\frac{\partial F}{\partial z'} = \frac{z'}{\sqrt{r^2 + z'^2}}$$

となり F には θ を含まないため（2.2.2）式に当てはめると

$$\sqrt{r^2 + z'^2} - \frac{z'^2}{\sqrt{r^2 + z'^2}} = C$$

$$\frac{r^2}{\sqrt{r^2 + z'^2}} = C$$

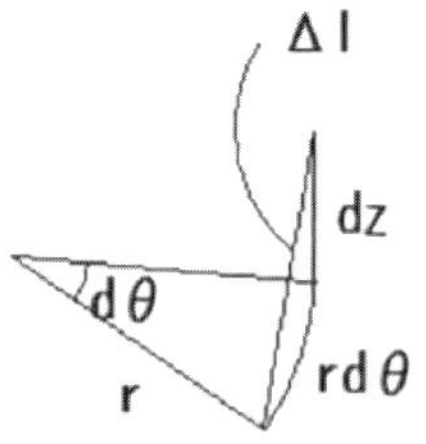

よって、r は一定なので $z' =$ 一定となる。

$$z = C_1 \theta + C_2$$

となり、この式は円筒面を平面に展開した直線すなわち螺線となることを示している。

（図3.4.2）

〔例題6〕最短曲線問題（その3）

球面上にある点Aと点Bを結ぶ球面上の曲線でその距離が最小になるものを求める。

これも解は点Aと点Bを結ぶ大円であることは明白であるが、同様に変分法で解いてみる。

球座標（3次元極座標）は

$$x = r \sin\theta \cos\varphi$$

48

$$y = r\sin\theta\sin\varphi$$

$$z = r\cos\theta$$

と定義されるので

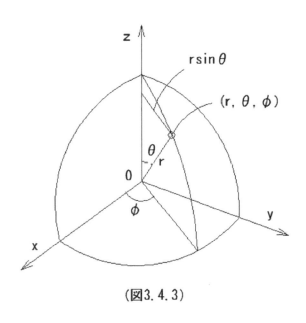

(図3.4.3)

$$\Delta\ell = \sqrt{(rd\theta)^2 + (r\sin\theta d\varphi)^2}$$

$$\ell = \int_{\theta_A\varphi_A}^{\theta_B\varphi_B}\sqrt{(rd\theta)^2 + (r\sin\theta d\varphi)^2}$$

$$= r\int_{\theta_A\varphi_A}^{\theta_B\varphi_B}\sqrt{1 + \sin^2\theta\varphi'^2}\,d\theta$$

$$\left(\varphi' = \frac{d\varphi}{d\theta}\right)$$

従って

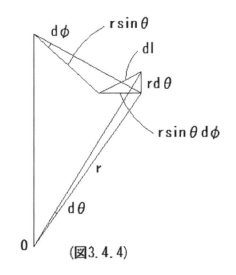

(図3.4.4)

$$F = \sqrt{1 + \sin^2\theta\varphi'^2}$$

$$\frac{\partial F}{\partial\varphi} = 0$$

$$\frac{d}{d\theta}\left(\frac{\partial F}{\partial\varphi'}\right) = \frac{d}{d\theta}\left(\frac{\sin^2\theta\varphi'}{\sqrt{1+\sin^2\theta\varphi'^2}}\right)$$

となり球座標によるオイラー・ラグランジュの微分方程式は r ＝一定なので

$$\frac{\partial F}{\partial\varphi} - \frac{d}{d\theta}\left(\frac{\partial F}{\partial\varphi'}\right) = 0$$

であるから、この式に当てはめると

$$\frac{d}{d\theta}\left(\frac{\sin^2\theta\varphi'}{\sqrt{1+\sin^2\theta\varphi'^2}}\right) = 0$$

$$\frac{\sin^2\theta\varphi'}{\sqrt{1+\sin^2\theta\varphi'^2}} = C$$

点 A はどこに設定してもいいので $(0, 0, r)$

とすると、点 A では $\theta = 0$ であり、φ' は

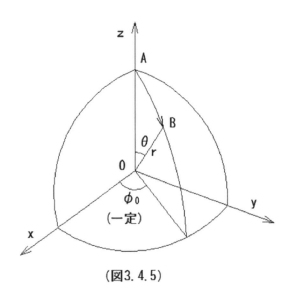

(図3.4.5)

有限値なので $C = 0$ となる。従って

$$\frac{\sin^2\theta\varphi'}{\sqrt{1 + \sin^2\theta\varphi'^2}} = 0$$

$$\sin^2\theta\varphi' = 0$$

である。

点Bでは、$0 < \theta < \pi$ において $\sin\theta > 0$ より $\varphi' = 0$ となり

$$\varphi = \varphi_0 （積分定数）となる。$$

従って、点Aと点Bの最短距離は φ が一定で $0 < \theta < \pi$ の大円である。　　（解）

日本からアメリカへの飛行ルートは北太平洋のアラスカ近くを通り、平面的（メルカトル図法による地図）には回り道をしているようにみえるが、実際には大円上を通るのが最短ルートである。

〔例題7〕　３次元の最速降下問題

例題2は２次元の平面問題であったが、これを３次

元に拡大して点A $(0.0.0)$ から点B (x_1, y_1, z_1)

まで最短時間で滑り落ちる曲線経路を求める。

エネルギー保存の法則より

$$\frac{1}{2}mv^2 - mgz = 0$$

なので

$$v = \sqrt{2gz}$$

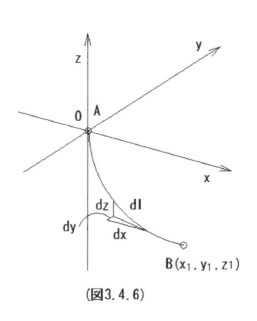

(図3.4.6)

$$d\ell = \sqrt{dx^2 + dy^2 + dz^2}$$

$$= \sqrt{x'^2 + y'^2 + 1}\,dz \qquad \left(x' = \frac{dx}{dz},\ y' = \frac{dy}{dz}\right)$$

$$v = \frac{d\ell}{dt} \quad \text{より}$$

$$dt = \frac{d\ell}{v} = \frac{1}{\sqrt{2gz}}\sqrt{x'^2 + y'^2 + 1}\,dz$$

$$t = \int_A^B \frac{d\ell}{v}$$

$$= \int_0^{z_1} \frac{1}{\sqrt{2gz}}\sqrt{x'^2 + y'^2 + 1}\,dz$$

$$= \frac{1}{\sqrt{2g}}\int_0^{z_1} \frac{\sqrt{x'^2 + y'^2 + 1}}{\sqrt{z}}\,dz$$

従って

$$F = \frac{\sqrt{x'^2 + y'^2 + 1}}{\sqrt{z}}$$

と置く。

そこで、まず、(3.1.8) 式の始めの式

$$\frac{\partial F}{\partial x} - \frac{d}{dz}\left(\frac{\partial F}{\partial x'}\right) = 0$$

に当てはめると

$$\frac{\partial F}{\partial x} = 0, \qquad \frac{dF}{dx'} = \frac{x'}{\sqrt{z}\sqrt{x'^2 + y'^2 + 1}}$$

であるから

$$\frac{d}{dz}\left(\frac{x'}{\sqrt{z}\sqrt{x'^2 + y'^2 + 1}}\right) = 0$$

$$\frac{x'}{\sqrt{z}\sqrt{x'^2 + y'^2 + 1}} = C_1$$

$$\frac{x'}{C_1} = \sqrt{z}\sqrt{x'^2 + y'^2 + 1} \quad \cdots\cdots\cdots\cdots\cdots\cdots\cdots \quad (3.4.1)$$

次に (3.1.8) 式の2番目の式

$$\frac{\partial F}{\partial y} - \frac{d}{dz}\left(\frac{\partial F}{\partial y'}\right) = 0$$

に当てはめると

$$\frac{\partial F}{\partial y} = 0, \qquad \frac{dF}{dy'} = \frac{y'}{\sqrt{z}\sqrt{x'^2 + y'^2 + 1}}$$

であるから

$$\frac{d}{dz}\left(\frac{y'}{\sqrt{z}\sqrt{x'^2 + y'^2 + 1}}\right) = 0$$

$$\frac{y'}{\sqrt{z}\sqrt{x'^2 + y'^2 + 1}} = C_2$$

$$\frac{y'}{C_2} = \sqrt{z}\sqrt{x'^2 + y'^2 + 1} \quad \cdots\cdots\cdots\cdots\cdots\cdots \quad (3.4.2)$$

（3.4.1）式と（3.4.2）式より

$$c_1 y' - c_2 x' = 0 \text{ であるから}$$

$$c_1 y - c_2 x = C_3 \text{となる。}$$

従って、求める曲線は一つの平面内にあることが分かる。

よって、解は例題 2 に示したようにサイクロイド曲線となる。

§4 ラグランジュの未定乗数法

4.1 2変数関数の条件付き極値問題

変数 x, y が $\varphi(x, y) = 0$ の条件のもとで関数 $f(x, y)$ の極値を求めるための必要条件を考える。

$\varphi(x, y) = 0$ を全微分すると

$$\frac{\partial \varphi}{\partial x} dx + \frac{\partial \varphi}{\partial y} dy = 0$$

$$\frac{dx}{dy} = -\frac{\frac{\partial \varphi}{\partial y}}{\frac{\partial \varphi}{\partial x}} \quad \cdots\cdots\cdots\cdots\cdots\cdots \quad (4.1.1)$$

また、$f(x, y)$ の極値を求めるためには

$$\frac{df(x, y)}{dy} = 0 \text{ とすればよいから} \qquad \left(\frac{df(x, y)}{dx} = 0 \text{ としても同様である。}\right)$$

$$\frac{\partial f}{\partial x}\frac{dx}{dy} + \frac{\partial f}{\partial y} = 0 \quad \cdots\cdots\cdots\cdots\cdots\cdots \quad (4.1.2) \qquad \left(\frac{dy}{dy} = 1\right)$$

(4.1.1) 式を (4.1.2) 式に代入すると

$$\frac{\partial f}{\partial x}\left(-\frac{\frac{\partial \varphi}{\partial y}}{\frac{\partial \varphi}{\partial x}}\right) + \frac{\partial f}{\partial y} = 0$$

変形して

$$\frac{\frac{\partial f}{\partial x}}{\frac{\partial \varphi}{\partial x}} = \frac{\frac{\partial f}{\partial y}}{\frac{\partial \varphi}{\partial y}}$$

となり、この式を $= -\lambda$ と置くと

$$\left.\begin{array}{l} \dfrac{\partial f}{\partial x} + \lambda \dfrac{\partial \varphi}{\partial x} = 0 \\[2mm] \dfrac{\partial f}{\partial y} + \lambda \dfrac{\partial \varphi}{\partial y} = 0 \end{array}\right\} \quad \cdots\cdots\cdots\cdots\cdots\cdots \quad (4.1.3)$$

（4.1.3）式が 2 変数の場合の条件付き極値を求めるための必要条件である。

ここで、λ はラグランジュの未定乗数と呼ばれ、条件式 $\varphi(x, y) = 0$ と（4.1.3）式の連立方

程式として解くと極値をとる 3 変数 (x_0, y_0, λ) が定まり、停留値 $f(x_0, y_0)$ が求まる。

このような解法をラグランジュの未定乗数法 (Lagrange multipler method) という。

そこで、ラグランジュの未定乗数法は下記の（4.1.4）式のように表現される。

$$F(x, y, \lambda) = f(x, y) + \lambda\,\varphi(x, y) \quad \cdots\cdots\cdots\cdots\cdots\cdots\cdots \quad (4.1.4)$$

関数 $F(x, y, \lambda)$ が極値をもつときは下記の 3 式が成立する必要があるから

$$
\left.
\begin{aligned}
\frac{\partial F}{\partial x} = 0 \quad &\rightarrow \quad \frac{\partial f}{\partial x} + \lambda\,\frac{\partial \varphi}{\partial x} = 0 \\
\frac{\partial F}{\partial y} = 0 \quad &\rightarrow \quad \frac{\partial f}{\partial y} + \lambda\,\frac{\partial \varphi}{\partial y} = 0
\end{aligned}
\right\} \quad \cdots\cdots\cdots\cdots\cdots\cdots \quad (4.1.3\text{再掲})
$$

$$\frac{\partial F}{\partial \lambda} = 0 \quad \rightarrow \quad \varphi(x, y) = 0 \quad \cdots\cdots\cdots\cdots\cdots\cdots \quad (\text{条件式})$$

つまり 3 変数 (x, y, λ) に対する関数 $F(x, y, \lambda)$ の条件なしの極値問題に置き換えられる。

次の例題 8 で具体的に解法を示す。

〔例題 8〕ラグランジュの未定乗数法（2 変数の場合）

$\varphi(x, y) = x^2 - 2y - 1 = 0$ の条件のもと関数 $f(x, y) = -(x - 1)^2 - (y - 2)^2$ の極値

α_0 と極値を取る点 (x_0, y_0) を求める。

$$
\left.
\begin{aligned}
\frac{\partial f}{\partial x} + \lambda\,\frac{\partial \varphi}{\partial x} = 0 \\
\frac{\partial f}{\partial y} + \lambda\,\frac{\partial \varphi}{\partial y} = 0
\end{aligned}
\right) \quad \cdots\cdots\cdots\cdots\cdots\cdots \quad (4.1.3\text{再掲})
$$

に $f(x, y)$ と $\varphi(x, y)$ を代入すると

$$-2(x - 1) + \lambda \cdot 2x = 0 \quad \rightarrow \quad x = \frac{1}{1 - \lambda}$$

$$-2(y-2) + \lambda(-2) = 0 \quad \longrightarrow \quad y = 2 - \lambda$$

$$\varphi(x, y) = \left(\frac{1}{1-\lambda}\right)^2 - 2(2-\lambda) - 1 = 0$$

$$1 - 2(2-\lambda)(1-\lambda)^2 - (1-\lambda)^2 = 0$$

$$2\lambda^3 - 9\lambda^2 + 12\lambda - 4 = 0$$

$$(\lambda-2)^2(2\lambda-1) = 0$$

従って $\lambda = 2$ または $\frac{1}{2}$ である。

$\lambda = 2$ のときは $x_0 = -1$, $y_0 = 0$ となり、極値は $f(-1, 0) = \alpha_0 = -8$

$\lambda = \frac{1}{2}$ のときは $x_0 = 2$, $y_0 = \frac{3}{2}$ となり、極値は $f\left(2, \frac{3}{2}\right) = \alpha_0 = -\frac{5}{4}$ が求める解となる。

4.2　3変数関数の条件付き極値問題

変数 x, y, z が $\varphi(x, y, z) = 0$ の条件のもとで関数 $f(x, y, z)$ の極値を求めるための必要条件を考える。

$\varphi(x, y, z) = 0$ を y で偏微分すると（$z =$ 一定）

$$\frac{\partial \varphi}{\partial x}\frac{dx}{dy} + \frac{\partial \varphi}{\partial y} = 0$$

$$\frac{dx}{dy} = -\frac{\frac{\partial \varphi}{\partial y}}{\frac{\partial \varphi}{\partial x}} \quad \cdots\cdots\cdots\cdots\cdots\cdots \quad (4.2.1)$$

同様に、$\varphi(x, y, z) = 0$ を z で偏微分すると（$y =$ 一定）

$$\frac{\partial \varphi}{\partial x}\frac{dx}{dz} + \frac{\partial \varphi}{\partial z} = 0$$

$$\frac{dx}{dz} = -\frac{\frac{\partial \varphi}{\partial z}}{\frac{\partial \varphi}{\partial x}} \quad \cdots\cdots\cdots\cdots\cdots\cdots \quad (4.2.2)$$

次に、$f(x, y, z)$ の極値を求めるためには

$\dfrac{df(x,y,z)}{dy} = 0$ 、かつ $\dfrac{df(x,y,z)}{dz} = 0$ とすればよいから

$$\frac{\partial f}{\partial x}\frac{dx}{dy} + \frac{\partial f}{\partial y} = 0 \quad \cdots\cdots\cdots\cdots\cdots \quad (4.2.3)$$

$$\frac{\partial f}{\partial x}\frac{dx}{dz} + \frac{\partial f}{\partial z} = 0 \quad \cdots\cdots\cdots\cdots\cdots \quad (4.2.4)$$

（4.2.1）式を（4.2.3）式に代入して

$$\frac{\partial f}{\partial x}\left(-\frac{\frac{\partial \varphi}{\partial y}}{\frac{\partial \varphi}{\partial x}}\right) + \frac{\partial f}{\partial y} = 0$$

$$\frac{\partial f}{\partial x}\frac{\partial \varphi}{\partial y} - \frac{\partial f}{\partial y}\frac{\partial \varphi}{\partial x} = 0 \quad \cdots\cdots\cdots\cdots\cdots \quad (4.2.5)$$

（4.2.2）式を（4.2.4）式に代入して

$$\frac{\partial f}{\partial x}\left(-\frac{\frac{\partial \varphi}{\partial z}}{\frac{\partial \varphi}{\partial x}}\right) + \frac{\partial f}{\partial z} = 0$$

$$\frac{\partial f}{\partial x}\frac{\partial \varphi}{\partial z} - \frac{\partial f}{\partial z}\frac{\partial \varphi}{\partial x} = 0 \quad \cdots\cdots\cdots\cdots\cdots\cdots\cdots \quad (4.2.6)$$

（4.2.5）式と（4.2.6）式を変形して

$$\frac{\frac{\partial f}{\partial x}}{\frac{\partial \varphi}{\partial x}} = \frac{\frac{\partial f}{\partial y}}{\frac{\partial \varphi}{\partial y}} = \frac{\frac{\partial f}{\partial z}}{\frac{\partial \varphi}{\partial z}}$$

となり、この式を ＝ λ と置くと

$$\left.\begin{array}{l} \dfrac{\partial f}{\partial x} + \lambda \dfrac{\partial \varphi}{\partial x} = 0 \\[2mm] \dfrac{\partial f}{\partial y} + \lambda \dfrac{\partial \varphi}{\partial y} = 0 \\[2mm] \dfrac{\partial f}{\partial z} + \lambda \dfrac{\partial \varphi}{\partial z} = 0 \end{array}\right\} \quad \cdots\cdots\cdots\cdots\cdots\cdots \quad (4.2.7)$$

（4.2.7）式が3変数の場合の条件付き極値を求めるための必要条件である。

2変数の場合と同様に、ラグランジュの未定乗数法は下記の（4.2.8）式のように表現される。

$$F(x, y, z, \lambda) = f(x, y, z) + \lambda\varphi(x, y, z) \quad \cdots\cdots\cdots\cdots\cdots\cdots \quad (4.2.8)$$

関数 $F(x, y, z, \lambda)$ が極値を持つときは下記の4式が成立する必要があるから

$$\left.\begin{array}{lcl} \dfrac{\partial F}{\partial x} = 0 & \longrightarrow & \dfrac{\partial f}{\partial x} + \lambda \dfrac{\partial \varphi}{\partial x} = 0 \\[2mm] \dfrac{\partial F}{\partial y} = 0 & \longrightarrow & \dfrac{\partial f}{\partial y} + \lambda \dfrac{\partial \varphi}{\partial y} = 0 \\[2mm] \dfrac{\partial F}{\partial z} = 0 & \longrightarrow & \dfrac{\partial f}{\partial z} + \lambda \dfrac{\partial \varphi}{\partial z} = 0 \end{array}\right\} \quad \cdots\cdots\cdots\cdots\cdots \quad （4.2.7再掲）$$

$$\frac{\partial F}{\partial \lambda} = 0 \quad \longrightarrow \quad \varphi(x, y, z) = 0 \quad \cdots\cdots\cdots\cdots\cdots\cdots \quad （条件式）$$

よって、4変数 (x, y, z, λ) に対する関数 $F(x, y, z, \lambda)$ の条件なしの極値問題に置き換えることができる。

〔例題9〕ラグランジュの未定乗数法（3変数の場合）

$\varphi(x, y, z) = x^2 - y - 3z + 7 = 0$ の条件のもと関数 $f(x, y, z) = (x - 3)^2 + (y + 2)^2 + z^2$

の極値 α_0 と極値を取る点 (x_0, y_0, z_0) を求める。

$$\left.\begin{array}{l}\dfrac{\partial f}{\partial x} + \lambda\,\dfrac{\partial \varphi}{\partial x} = 0 \\[2mm] \dfrac{\partial f}{\partial y} + \lambda\,\dfrac{\partial \varphi}{\partial y} = 0 \\[2mm] \dfrac{\partial f}{\partial z} + \lambda\,\dfrac{\partial \varphi}{\partial z} = 0\end{array}\right\} \quad \cdots\cdots\cdots\cdots\cdots\cdots \quad （4.2.7再掲）$$

に $f(x, y, z)$ と $\varphi(x, y, z)$ を代入すると

$$2(x - 3) + \lambda \cdot 2x = 0 \qquad \rightarrow \qquad x = \frac{3}{1 + \lambda}$$

$$2(y + 2) - \lambda = 0 \qquad \rightarrow \qquad y = \frac{\lambda - 4}{2}$$

$$2z - \lambda \cdot 3 = 0 \qquad \rightarrow \qquad z = \frac{3}{2}\lambda$$

$$\varphi(x, y, z) = \left(\frac{3}{1 + \lambda}\right)^2 - \left(\frac{\lambda - 4}{2}\right) - 3\,\frac{3}{2}\lambda + 7 = 0$$

$$18 - (\lambda - 4)(1 + \lambda)^2 - 9(1 + \lambda)^2\lambda + 14(1 + \lambda)^2 = 0$$

$$5\lambda^3 + \lambda^2 - 13\lambda - 18 = 0$$

$$(\lambda - 2)(5\lambda^2 + 11\lambda + 9) = 0$$

従って $\lambda = 2$ または $\dfrac{-11 \pm \sqrt{59}\,i}{10}$ である。

実数解は1つしかないので $f(x, y, z)$ はただ1点で極値をとる。

$\lambda = 2$ のときは $x_0 = 1,\ y_0 = -1,\ z_0 = 3$ となり、極値は $f(1, -1, 3) = \alpha_0 = 14$ が求める解となる。

〔例題 10〕条件付き表面積最小問題（その1）

体積が一定の直方体のうちでその表面積が最小となるものを求める。

x, y, z は直方体上の点とすると条件式は

$$\varphi(x, y, z) = xyz - V = 0\ （V = \text{一定}）$$

直方体の表面積を $f(x,y,z)$ として

$$f(x,y,z) = 2(xy + yz + zx) = S（変数）$$

$(4.2.8)$ 式に代入すると

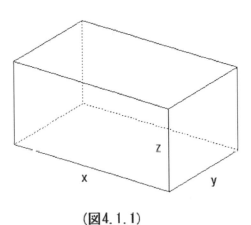

(図4.1.1)

$$\Gamma(x,y,z,\lambda) - f(x,y,z) + \lambda\varphi(x,y,z)$$

$$= 2(xy + yz + zx) + \lambda(xyz - V)$$

$$\frac{\partial F}{\partial x} = \frac{\partial f}{\partial x} + \lambda\frac{\partial\varphi}{\partial x} = 2(y+z) + \lambda yz = 0$$

$$\frac{\partial F}{\partial y} = \frac{\partial f}{\partial y} + \lambda\frac{\partial\varphi}{\partial y} = 2(z+x) + \lambda zx = 0$$

$$\frac{\partial F}{\partial z} = \frac{\partial f}{\partial z} + \lambda\frac{\partial\varphi}{\partial z} = 2(x+y) + \lambda xy = 0$$

$$\lambda = -\frac{2(y+z)}{yz} = -\frac{2(z+x)}{zx} = -\frac{2(x+y)}{xy}$$

よって

$$x = y = z = \sqrt[3]{V}$$

$$\lambda = -\frac{4}{\sqrt[3]{V}}$$

従って、表面積の最小値は $S_{\min} = 6\sqrt[3]{V^2}$ である。

解は一辺が $\sqrt[3]{V}$ の立方体である。

〔例題 11〕 **条件付き体積最大問題**（その１）

楕円体 $\frac{x^2}{a^2} + \frac{y^2}{b^2} + \frac{z^2}{c^2} = 1$ に内接する直方体のうちで体積が最大となるものを求める。

x,y,z は楕円体上の点とすると条件式は

$$\varphi(x,y,z) = \frac{x^2}{a^2} + \frac{y^2}{b^2} + \frac{z^2}{c^2} - 1 = 0$$

直方体の体積を $f(x, y, z)$ として

$$f(x, y, z) \;=\; 8xyz \;=\; V \,(変数)$$

（4. 2. 8）式に代入すると

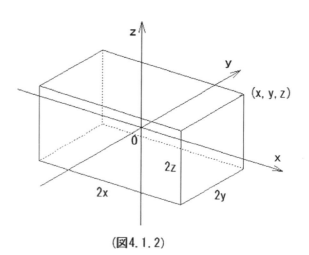

（図4. 1. 2）

$$F(x, y, z, \lambda) \;=\; f(x, y, z) \;+\; \lambda \varphi(x, y, z)$$

$$=\; 8xyz \;+\; \lambda \left(\frac{x^2}{a^2} + \frac{y^2}{b^2} + \frac{z^2}{c^2} - 1 \right)$$

$$\frac{\partial F}{\partial x} \;=\; \frac{\partial f}{\partial x} \;+\; \lambda \frac{\partial \varphi}{\partial x} \;=\; 8yz \;+\; \frac{2\lambda}{a^2} x \;=\; 0$$

$$\frac{\partial F}{\partial y} \;=\; \frac{\partial f}{\partial y} \;+\; \lambda \frac{\partial \varphi}{\partial y} \;=\; 8zx \;+\; \frac{2\lambda}{b^2} y \;=\; 0$$

$$\frac{\partial F}{\partial z} \;=\; \frac{\partial f}{\partial z} \;+\; \lambda \frac{\partial \varphi}{\partial z} \;=\; 8xy \;+\; \frac{2\lambda}{c^2} z \;=\; 0$$

$$\lambda \;=\; -\frac{a^2}{4} \frac{yz}{x} \;=\; -\frac{b^2}{4} \frac{zx}{y} \;=\; -\frac{c^2}{4} \frac{xy}{z}$$

ここで $\dfrac{x}{a} = \dfrac{y}{b} = \dfrac{z}{c} = k$ と置くと条件式に代入して

$$3k^2 = 1 \qquad \rightarrow \qquad k = \frac{1}{\sqrt{3}}$$

$$x \;=\; \frac{a}{\sqrt{3}} \;,\; y = \frac{b}{\sqrt{3}} \;,\; z \;=\; \frac{c}{\sqrt{3}}$$

従って、体積の最大値は $V_{\max} = \dfrac{8abc}{3\sqrt{3}}$ である。

§5 付帯条件付きの変分問題

汎関数 $K\{y(x)\} = \int_{x_0}^{x_1} G(x,y,y')\, dx = \ell$ （一定）.................... (5.1)

の条件のもとに境界条件

$$\left.\begin{array}{l} y(x_0) = y_0 \\ y(x_1) = y_1 \end{array}\right) \quad \cdots\cdots\cdots\cdots\cdots\cdots \quad (5.2)$$

を満足する全ての関数 $y(x)$ の中から

汎関数 $J\{y(x)\} = \int_{x_0}^{x_1} F(x,y,y')\, dx$ .... (5.3)

を停留にする解を求める問題を等周問題（isoperimetric problem）と言う。

このような付帯条件付きの変分問題においては前章と同様に考えて、次の汎関数で

$$H\{y(x)\} = J\{y(x)\} + \lambda[K\{y(x)\} - \ell]$$

$$= \int_{x_0}^{x_1} F(x,y,y')\, dx + \lambda\{\int_{x_0}^{x_1} G(x,y,y')\, dx - \ell\} \quad \cdots\cdots\cdots\cdots\cdots \quad (5.4)$$

境界条件（5.2）のもとで停留にする解 $y = y(x)$ を求める問題に帰着される。ここで λ は 4.

1 節で説明したラグランジュの未定乗数である。

そこで（5.4）式の汎関数 $H\{y(x)\}$ の変分 $\delta H\{y(x)\}$ を求めると

$$\delta H\{y(x)\} = \delta J\{y(x)\} + \lambda\delta K\{y(x)\} + [K\{y(x)\} - \ell]\,\delta\lambda$$

$$= \delta J\{y(x)\} + \lambda\delta K\{y(x)\}$$

となるから

$$\delta H\{y(x)\} = \int_{x_0}^{x_1} \left(\frac{\partial F}{\partial y}\delta y + \frac{\partial F}{\partial y'}\delta y'\right) dx + \lambda \int_{x_0}^{x_1} \left(\frac{\partial G}{\partial y}\delta y + \frac{\partial G}{\partial y'}\delta y'\right) dx$$

$$= \int_{x_0}^{x_1} \left\{ \frac{\partial(F+\lambda G)}{\partial y} \delta y + \frac{\partial(F+\lambda G)}{\partial y'} \delta y' \right\} dx$$

$$= \int_{x_0}^{x_1} \left(\frac{\partial F^*}{\partial y} \delta y + \frac{\partial F^*}{\partial y'} \delta y' \right) dx$$

と書ける。ここに $F^* = F + \lambda G$ と置いたものである。

さらに $\delta y' = \frac{d}{dx} \delta y$ であるから

$$\delta H\{y(x)\} = \int_{x_0}^{x_1} \left\{ \frac{\partial F^*}{\partial y} \delta y + \frac{\partial F^*}{\partial y'} \left(\frac{d}{dx} \delta y \right) \right\} dx$$

２項目を部分積分して

$$\delta H\{y(x)\} = \int_{x_0}^{x_1} \frac{\partial F^*}{\partial y} \delta y dx + \left[\frac{\partial F^*}{\partial y'} \delta y \right]_{x_0}^{x_1} - \int_{x_0}^{x_1} \frac{d\left(\frac{\partial F^*}{\partial y'}\right)}{dx} \delta y dx$$

境界条件より $\delta y(x_0) = 0$, $\delta y(x_1) = 0$ であるから、第２項は０となり

$$\delta H\{y(x)\} = \int_{x_0}^{x_1} \left\{ \frac{\partial F^*}{\partial y} - \frac{d}{dx} \left(\frac{\partial F^*}{\partial y'} \right) \right\} \delta y dx$$

ここに（5.4）式の停留条件は $\delta H\{y(x)\} = 0$ であるから変分学の基本補助定理を使って

$$\frac{\partial F^*}{\partial y} - \frac{d}{dx} \left(\frac{\partial F^*}{\partial y'} \right) = 0 \quad \cdots\cdots\cdots\cdots\cdots\cdots\cdots \quad (5.5)$$

が導かれる。ただし $F^* = F + \lambda G$ である。

この式は（2.1.6）式のオイラー・ラグランジュの微分方程式で F を F^* に置き換えた式にほかならない。このように付帯条件付きの変分問題もラグランジュの未定乗数法を導入することにより、付帯条件なしの変分問題と全く同様な取り扱いができる。

§6 多変数関数の付帯条件付きの変分問題

6.1 2変数関数がある場合の平面等周問題

t をパラメータとして $x = x(t), y = y(t)$ の2個の関数がある場合の平面等周問題を考える。

汎関数 $K\{x(t), y(t)\} = \int_{t_0}^{t_1} G(t, x, y, \dot{x}, \dot{y})\, dt = \ell$（一定）$\cdots\cdots\cdots\cdots\cdots\cdots$ (6.1.1)

の条件のもとに境界条件

$$\left. \begin{array}{l} x(t_0) = x_0,\ y(t_0) = y_0 \\ x(t_1) = x_1,\ y(t_1) = y_1 \end{array} \right\} \quad \cdots\cdots\cdots\cdots\cdots\cdots (6.1.2)$$

を満足する全ての関数 $x = x(t), y = y(t)$ のなかから

汎関数 $J\{x(t), y(t)\} = \int_{t_0}^{t_1} F(t, x, y, \dot{x}, \dot{y})\, dt$ $\cdots\cdots\cdots\cdots\cdots\cdots$ (6.1.3)

を停留にする問題を考えてみる。

このような付帯条件付きの変分問題においては前章と同様に考えて、次の汎関数で

$$H\{x(t), y(t)\} = J\{x(t), y(t)\} + \lambda[K\{x(t), y(t)\} - \ell]$$

$$= \int_{t_0}^{t_1} F(t, x, y, \dot{x}, \dot{y})\, dt + \lambda\left\{\int_{t_0}^{t_1} G(t, x, y, \dot{x}, \dot{y})\, dt - \ell\right\} \cdots\cdots\cdots\cdots (6.1.4)$$

境界条件 (6.1.2) のもとで停留にする解 $x = x(t),\ y = y(t)$ を求める問題に帰着される。

そこで (6.1.4) 式の汎関数 $H\{x(t), y(t)\}$ の変分 $\delta H\{x(t), y(t)\}$ を求めると

$$\delta H\{x(t), y(t)\} = \delta J\{x(t), y(t)\} + \lambda \delta K\{x(t), y(t)\} + [K\{x(t), y(t)\} - \ell]\,\delta\lambda$$

$$= \delta J\{x(t), y(t)\} + \lambda \delta K\{x(t), y(t)\}$$

となるから

$$\delta H\{x(t), y(t)\} = \int_{t_0}^{t_1} \left(\frac{\partial F}{\partial x} \delta x + \frac{\partial F}{\partial y} \delta y + \frac{\partial F}{\partial \dot{x}} \delta \dot{x} + \frac{\partial F}{\partial \dot{y}} \delta \dot{y} \right) dt$$

$$+ \lambda \int_{t_0}^{t_1} \left(\frac{\partial G}{\partial x} \delta x + \frac{\partial G}{\partial y} \delta y + \frac{\partial G}{\partial \dot{x}} \delta \dot{x} + \frac{\partial G}{\partial \dot{y}} \delta \dot{y} \right) dt$$

$$= \int_{t_0}^{t_1} \left\{ \frac{\partial (F + \lambda G)}{\partial x} \delta x + \frac{\partial (F + \lambda G)}{\partial y} \delta y + \frac{\partial (F + \lambda G)}{\partial \dot{x}} \delta \dot{x} + \frac{\partial (F + \lambda G)}{\partial \dot{y}} \delta \dot{y} \right\} dt$$

$$= \int_{t_0}^{t_1} \left(\frac{\partial F^*}{\partial x} \delta x + \frac{\partial F^*}{\partial y} \delta y + \frac{\partial F^*}{\partial \dot{x}} \delta \dot{x} + \frac{\partial F^*}{\partial \dot{y}} \delta \dot{y} \right) dt$$

と書ける。ここに $F^* = F + \lambda G$ と置いたものである。

さらに $\delta \dot{x} = \frac{d}{dt} \delta x, \ \delta \dot{y} = \frac{d}{dt} \delta y$ であるから

$$\delta H\{x(t), y(t)\} = \int_{t_0}^{t_1} \left\{ \frac{\partial F^*}{\partial x} \delta x + \frac{\partial F^*}{\partial y} \delta y + \frac{\partial F^*}{\partial \dot{x}} \left(\frac{d}{dt} \delta x \right) + \frac{\partial F^*}{\partial \dot{y}} \left(\frac{d}{dt} \delta y \right) \right\} dt$$

3項目と4項目を部分積分して

$$\delta H\{x(t), y(t)\} = \int_{t_0}^{t_1} \left(\frac{\partial F^*}{\partial x} \delta x + \frac{\partial F^*}{\partial y} \delta y \right) dt + \left[\frac{\partial F^*}{\partial \dot{x}} \delta x + \frac{\partial F^*}{\partial \dot{y}} \delta y \right]_{t_0}^{t_1}$$

$$- \int_{t_0}^{t_1} \left\{ \frac{d \left(\frac{\partial F^*}{\partial \dot{x}} \right)}{dt} \delta x + \frac{d \left(\frac{\partial F^*}{\partial \dot{y}} \right)}{dt} \delta y \right\} dt$$

$$= \int_{t_0}^{t_1} \left\{ \frac{\partial F^*}{\partial x} \delta x + \frac{\partial F^*}{\partial y} \delta y - \frac{d \left(\frac{\partial F^*}{\partial \dot{x}} \right)}{dt} \delta x - \frac{d \left(\frac{\partial F^*}{\partial \dot{y}} \right)}{dt} \delta y \right\} dt + \left[\frac{\partial F^*}{\partial \dot{x}} \delta x + \frac{\partial F^*}{\partial \dot{y}} \delta y \right]_{t_0}^{t_1}$$

となる。

境界条件より $\delta x(t_0) = 0, \ \delta y(t_0) = 0, \ \delta x(t_1) = 0, \ \delta y(t_1) = 0$ であるから、第2項は0となり

$$\delta H\{x(t), y(t)\} = \int_{t_0}^{t_1} \left[\left\{ \frac{\partial F^*}{\partial x} - \frac{d}{dt} \left(\frac{\partial F^*}{\partial \dot{x}} \right) \right\} \delta x + \left\{ \frac{\partial F^*}{\partial y} - \frac{d}{dt} \left(\frac{\partial F^*}{\partial \dot{y}} \right) \right\} \delta y \right] dx$$

ここに（6.1.4）式の停留条件は $\delta H\{x(t), y(t)\} = 0$ であるから、変分学の基本補助定理を使って、任意の $\delta x, \delta y$ に対して

$$\left.\begin{array}{l} \dfrac{\partial F^*}{\partial x} - \dfrac{d}{dt}\left(\dfrac{\partial F^*}{\partial \dot{x}}\right) = 0 \\[3mm] \dfrac{\partial F^*}{\partial y} - \dfrac{d}{dt}\left(\dfrac{\partial F^*}{\partial \dot{y}}\right) = 0 \end{array}\right\} \quad \cdots\cdots\cdots\cdots\cdots\cdots \quad (6.1.5)$$

が導かれる。ただし $F^* = F + \lambda G$ である。

この式は（2.3.3）式のオイラー・ラグランジュの微分方程式で F を F^* に置き換えた式と同じ

表現式となっている。

6. 2 閉曲線の面積

ここで閉曲線のうちクロス曲線は除外する。

まず、図6.2.1でy軸に平行な接線を引いてその面積を求める。

面積 $AFGDA$

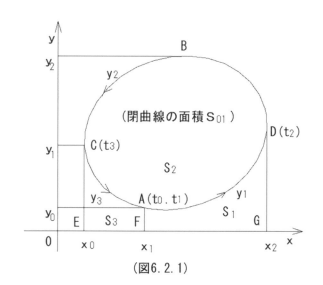

$$S_1 \;=\; \int_{x_1}^{x_2} y_1 dx \;=\; \int_{t_1}^{t_2} y\dot{x}\,dt$$

面積 $GDBCEG$

$$S_2 \;=\; -\int_{x_2}^{x_0} y_2 dx \;=\; -\int_{t_2}^{t_3} y\dot{x}\,dt$$

面積 $CEFAC$

$$S_3 \;=\; \int_{x_0}^{x_1} y_3 dx \;=\; \int_{t_3}^{t_1} y\dot{x}\,dt$$

（図6.2.1）

従って閉曲線の面積は

$$S_{01} \;=\; S_2 - S_1 - S_3 \;=\; -\int_{t_0}^{t_1} y\dot{x}\,dt \quad \cdots\cdots\cdots\cdots\cdots \quad (6.2.1)$$

同様にしてx軸に平行な接線を引いて閉曲線の面積を求めると

$$S_{02} \;=\; \int_{y_0}^{y_1} x dy \;=\; \int_{t_0}^{t_1} x\dot{y}\,dt \quad \cdots\cdots\cdots\cdots \quad (6.2.2)$$

（6.2.1）式と（6.2.2）式より閉曲線の面積Sは対称的な表現として

$$S \;=\; \frac{1}{2}(S_{01} + S_{02}) \;=\; \frac{1}{2}\int_{t_0}^{t_1}(x\dot{y} - y\dot{x})\,dt \quad \cdots\cdots\cdots\cdots \quad (6.2.3)$$

と書ける。

6.3 平面図形の等周問題

〔例題12〕条件付き面積最大問題

周長 ℓ（－一定）で囲まれた図形の面積を最大にする曲線を求めてみる。

この問題により条件付きの変分問題は等周問題と呼ばれている。

まず、周長 ℓ を一定とする付帯条件より

$$K\{x(t), y(t)\} = \int_{t_0}^{t_1} G(t, x, y, \dot{x}, \dot{y})\, dt$$

$$= \oint \sqrt{(dx)^2 + (dy)^2}$$

$$= \int_{t_0}^{t_1} \sqrt{\dot{x}^2 + \dot{y}^2}\, dt = \ell$$

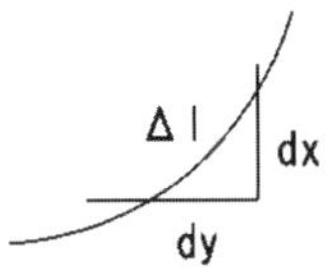

と置ける。また、面積は (6.2.3) 式より

$$J\{x(t), y(t)\} = \int_{t_0}^{t_1} F(t, x, y, \dot{x}, \dot{y})\, dt$$

$$= \frac{1}{2} \int_{t_0}^{t_1} (x\dot{y} - y\dot{x})\, dt$$

である。

$$F(t, x, y, \dot{x}, \dot{y}) = \frac{1}{2}(x\dot{y} - y\dot{x})$$

$$G(t, x, y, \dot{x}, \dot{y}) = \sqrt{\dot{x}^2 + \dot{y}^2}$$

であるから、

$$F^*(t, x, y, \dot{x}, \dot{y}) = F(t, x, y, \dot{x}, \dot{y}) + \lambda G(t, x, y, \dot{x}, \dot{y})$$

$$= \frac{1}{2}(x\dot{y} - y\dot{x}) + \lambda \sqrt{\dot{x}^2 + \dot{y}^2}$$

となる。そこで（6.1.5) 式に当てはめると

（図6.3.1)

67

$$\frac{\partial F^*}{\partial x} - \frac{d}{dt}\left(\frac{\partial F^*}{\partial \dot{x}}\right) = \frac{1}{2}\dot{y} - \frac{d}{dt}\left(-\frac{1}{2}y + \frac{\lambda \dot{x}}{\sqrt{\dot{x}^2 + \dot{y}^2}}\right) = 0 \quad \cdots\cdots\cdots\cdots\cdots\cdots \quad (6.3.1)$$

$$\frac{\partial F^*}{\partial y} - \frac{d}{dt}\left(\frac{\partial F^*}{\partial \dot{y}}\right) = -\frac{1}{2}\dot{x} - \frac{d}{dt}\left(\frac{1}{2}x + \frac{\lambda \dot{y}}{\sqrt{\dot{x}^2 + \dot{y}^2}}\right) = 0 \quad \cdots\cdots\cdots\cdots\cdots \quad (6.3.2)$$

(6.3.1) 式を t に関して積分すると

$$\frac{1}{2}y + \frac{1}{2}y - \frac{\lambda \dot{x}}{\sqrt{\dot{x}^2 + \dot{y}^2}} = C_1$$

$$y - \frac{\lambda \dot{x}}{\sqrt{\dot{x}^2 + \dot{y}^2}} = C_1 \quad \cdots\cdots\cdots\cdots\cdots\cdots \quad (6.3.3)$$

(6.3.2) 式を t に関して積分すると

$$-\frac{1}{2}x - \frac{1}{2}x - \frac{\lambda \dot{y}}{\sqrt{\dot{x}^2 + \dot{y}^2}} = -C_2$$

$$x + \frac{\lambda \dot{y}}{\sqrt{\dot{x}^2 + \dot{y}^2}} = C_2 \quad \cdots\cdots\cdots\cdots\cdots\cdots \quad (6.3.4)$$

(6.3.3) 式と (6.3.4) 式を連立方程式として λ を消去すると

$$\frac{y - C_1}{x - C_2} = -\frac{\dot{x}}{\dot{y}} = -\frac{\frac{dx}{dt}}{\frac{dy}{dt}} = -\frac{dx}{dy}$$

$$(x - C_2)\,dx + (y - C_1)\,dy = 0$$

積分して

$$(x - C_2)^2 + (y - C_1)^2 = C_3 \quad \cdots\cdots\cdots\cdots\cdots \quad (6.3.5)$$

(6.3.3) 式と (6.3.4) 式を (6.3.5) 式に代入して

$$\frac{\lambda^2 \dot{x}^2}{\dot{x}^2 + \dot{y}^2} + \frac{\lambda^2 \dot{y}^2}{\dot{x}^2 + \dot{y}^2} = \lambda^2 = C_3$$

従って、(6.3.5) 式は

$$(x - C_2)^2 + (y - C_1)^2 = \lambda^2 \quad \cdots\cdots\cdots\cdots\cdots \quad (6.3.6)$$

となるから (6.3.6) 式より x, y は

$$\left.\begin{array}{l} x - C_2 = \lambda\cos t \\ y - C_1 = \lambda\sin t \end{array}\right\}(0 \le t \le 2\pi) \quad \cdots\cdots\cdots\cdots\cdots \quad (6.3.7)$$

と置ける。（6.3.7）式を t に関して微分して

$$\left.\begin{array}{l} \dot{x} = -\lambda\sin t \\ \dot{y} = \lambda\cos t \end{array}\right\} \quad \cdots\cdots\cdots\cdots\cdots\cdots \quad (6.3.8)$$

（6.3.8）式を付帯条件式に入れると

$$\ell - \int_0^{2\pi} \sqrt{(-\lambda\sin t)^2 + (\lambda\cos t)^2}\, dt$$

$$= \lambda \int_0^{2\pi} dt$$

$$= 2\pi\lambda$$

これによりラグランジュの未定乗数は $\lambda = \dfrac{\ell}{2\pi}$ と定まり最終的に求める変分問題の解は

$$(x - C_2)^2 + (y - C_1)^2 = \left(\frac{\ell}{2\pi}\right)^2$$

であり、面積を最大にする曲線は半径 $\dfrac{\ell}{2\pi}$ の円である。

また、円の面積の最大値は $\dfrac{\ell^2}{4\pi}$ である。

比較に正 6 角形の一辺の長さを $\dfrac{\ell}{6}$ とするとその面積 S_6 は

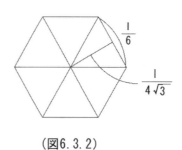

（図6.3.2）

$$S_6 = 6 \cdot \frac{\ell}{4\sqrt{3}} \cdot \frac{\ell}{12} = \frac{\ell^2}{8\sqrt{3}} \quad \text{であるから}$$

$$\frac{1}{4\pi} > \frac{1}{8\sqrt{3}} \quad \text{となる。}$$

〔例題 13〕 条件付き周長最小問題

例題 12 とは逆に、閉曲線で囲まれた図形の面積 S_0 が一定でその周長を最小にする曲線を求めてみる。

まず、面積一定とする付帯条件より

$$K\{x(t), y(t)\} = \int_{t_0}^{t_1} G(t, x, y, \dot{x}, \dot{y})\, dt$$

$$= \frac{1}{2} \int_{t_0}^{t_1} (x\dot{y} - y\dot{x})\, dt = S_0$$

また、周長は

$$J\{x(t), y(t)\} = \int_{t_0}^{t_1} F(t, x, y, \dot{x}, \dot{y})\, dt$$

$$= \int_{t_0}^{t_1} \sqrt{\dot{x}^2 + \dot{y}^2}\, dt$$

である。

$$F(t, x, y, \dot{x}, \dot{y}) = \sqrt{\dot{x}^2 + \dot{y}^2}$$

$$G(t, x, y, \dot{x}, \dot{y}) = \frac{1}{2}(x\dot{y} - y\dot{x})$$

であるから、

$$F^*(t, x, y, \dot{x}, \dot{y}) = F(t, x, y, \dot{x}, \dot{y}) + \lambda G(t, x, y, \dot{x}, \dot{y})$$

$$= \sqrt{\dot{x}^2 + \dot{y}^2} + \frac{\lambda}{2}(x\dot{y} - y\dot{x})$$

となる。そこで（6.1.5）式に当てはめると

$$\frac{\partial F^*}{\partial x} - \frac{d}{dt}\left(\frac{\partial F^*}{\partial \dot{x}}\right) = \frac{\lambda}{2}\dot{y} - \frac{d}{dt}\left(\frac{\dot{x}}{\sqrt{\dot{x}^2 + \dot{y}^2}} - \frac{\lambda}{2}y\right) = 0 \quad \cdots\cdots\cdots\cdots\cdots\cdots \quad (6.3.9)$$

$$\frac{\partial F^*}{\partial y} - \frac{d}{dt}\left(\frac{\partial F^*}{\partial \dot{y}}\right) = -\frac{\lambda}{2}\dot{x} - \frac{d}{dt}\left(\frac{\dot{y}}{\sqrt{\dot{x}^2 + \dot{y}^2}} + \frac{\lambda}{2}x\right) = 0 \quad \cdots\cdots\cdots\cdots\cdots \quad (6.3.10)$$

（6.3.9）式を t に関して積分すると

$$\frac{\lambda}{2}y - \frac{\dot{x}}{\sqrt{\dot{x}^2 + \dot{y}^2}} + \frac{\lambda}{2}y = C_1$$

$$\lambda y - \frac{\dot{x}}{\sqrt{\dot{x}^2 + \dot{y}^2}} = C_1 \quad \cdots\cdots\cdots\cdots\cdots \quad (6.3.11)$$

（6.3.10）式を t に関して積分すると

$$-\frac{\lambda}{2}x - \frac{\dot{y}}{\sqrt{\dot{x}^2 + \dot{y}^2}} - \frac{\lambda}{2}x = -C_2$$

$$\lambda x + \frac{\dot{y}}{\sqrt{\dot{x}^2 + \dot{y}^2}} = C_2 \quad \cdots\cdots\cdots\cdots\cdots \quad (6.3.12)$$

（6.3.11）式と（6.3.12）式の λ を $\frac{1}{\lambda}$ に置き換えると

$$y \ - \ \frac{\lambda \dot{x}}{\sqrt{\dot{x}^2 + \dot{y}^2}} \ = \ \lambda C_1$$

$$x \ + \ \frac{\lambda \dot{y}}{\sqrt{\dot{x}^2 + \dot{y}^2}} \ = \ \lambda C_2$$

となり、右辺の定数が変わるだけで（6.3.3）式と（6.3.4）式と同じ形になる。

従って、例題 12 の問題と同じ解に帰着されるので、求める曲線は半径が $\sqrt{\frac{S_0}{\pi}}$ の円である。

よって、周長の最小値は $2\sqrt{\pi S_0}$ となる。

比較に正 6 角形の一辺の長さを ℓ_6 とすると

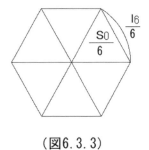

$$S_0 \ = \ 6 \cdot \frac{\ell_6}{12} \cdot \frac{\sqrt{3}\ell_6}{12} \ = \ \frac{\ell_6^{\,2}}{8\sqrt{3}}$$

$$\ell_6 \ = \ 2\sqrt{2\sqrt{3}s_0}$$

（図6.3.3）

従って、$2\sqrt{\pi} \ < \ 2\sqrt{2\sqrt{3}}$ となる。

6.4 立体形の等周問題

石鹸水でできるシャボン玉はその薄膜の表面張力により球体になるし、また、重力が無視できる小さな水滴も水の表面張力により、球体になる。そこで次の例題により、このような現象を証明してみる。

〔例題 14〕条件付き表面積最小問題（その2）

立体形の体積が一定で、その表面積が最小となる立体図形を求める。

図 6. 4. 1 において x 軸上の2点 $P_0(0. 0)$, $P_1(x_1, 0)$ を両端とする曲線 $y = y(x)$ の x 軸周りの回転体を考える。

微小な Δx 間の体積 ΔV が一定のとき、その微小部分の表面積 ΔS を最小にするのは $\Delta x \rightarrow 0$ とすると、ΔV は面積に、また、ΔS は周長になるので、例題 13 の結果から考えて解は x 軸の周りに一回転してできる回転体であるとしても一般性は失われない。

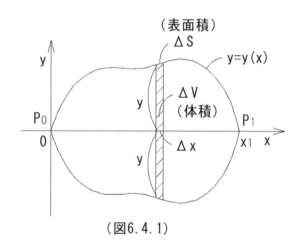

（図6.4.1）

Δx 間の $y = y(x)$ の微小部分の長さを $\Delta \ell$ とすると

$$\Delta \ell = \sqrt{(dx)^2 + (dy)^2} = \sqrt{1 + y'^2}dx$$

また、その微小部分の回転体の表面積を ΔS とすると

72

$$\Delta S \; = \; 2\pi y \Delta \ell \; = \; 2\pi y \sqrt{1 + y'^2} dx$$

である。体積一定という付加条件より

$$V \; = \; \int_0^{x_1} G\{y(x), y'(x)\} \, dx \; = \; \int_0^{x_1} \pi y^2 \, dx = V_0 \; (\text{一定})$$

また、表面積は

$$S \; = \; \int_0^{x_1} \Delta S dx \; = \; \int_0^{x_1} F\{y(x), y'(x)\} \, dx \; = \; \int_0^{x_1} 2\pi y \sqrt{1 + y'^2} dx$$

従って、

$$F\{y(x), y'(x)\} \; = \; 2\pi y \sqrt{1 + y'^2}$$

$$G\{y(x), y'(x)\} \; = \; \pi y^2$$

であるから

$$F^*\{y(x), y'(x)\} = \; F\{y(x), y'(x)\} \; + \; \lambda G\{y(x), y'(x)\}$$

$$= 2\pi y \sqrt{1 + y'^2} \; + \; \lambda \pi y^2$$

となる。F^* には x を含まないので（2.2.2）式より

$$F^* - \; y' \frac{\partial F^*}{\partial y'} \; = \; C$$

に当てはめて

$$2\pi y \sqrt{1 + y'^2} \; + \; \lambda \pi y^2 - y'(2\pi y \frac{y'}{\sqrt{1 + y'^2}}) \; = \; C$$

$$2\pi y \sqrt{1 + y'^2} \; + \; \lambda \pi y^2 - 2\pi y \frac{y'^2}{\sqrt{1 + y'^2}} \; = \; C$$

$$2\pi y \frac{1}{\sqrt{1 + y'^2}} + \lambda \pi y^2 = C$$

両端は x 軸上にあるので境界条件より $x=0$、$x=x_1$ のとき $y \; = \; 0$ なので $C \; = \; 0$ である。

$$\frac{2}{\sqrt{1 + y'^2}} \; + \; \lambda y = 0 \quad \cdots\cdots\cdots\cdots\cdots\cdots \quad (6.4.1)$$

ここで $y' = \dfrac{1}{\cot\theta}$ と置くと図6.4.2より

$$y = -\frac{2}{\lambda\sqrt{1+y'^2}} = -\frac{2}{\lambda}\cos\theta \quad\cdots\cdots\cdots\cdots\cdots\cdots\quad (6.4.2)$$

$$\frac{dy}{d\theta} = \frac{2}{\lambda}\sin\theta$$

$$dy = \frac{2}{\lambda}\sin\theta\,d\theta$$

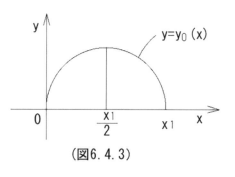

(図6.4.2)

また、$y' = \dfrac{1}{\cot\theta} = \dfrac{dy}{dx}$ であるから

$$dx = \cot\theta\,dy = \frac{\cos\theta}{\sin\theta}\frac{2}{\lambda}\sin\theta\,d\theta = \frac{2}{\lambda}\cos\theta\,d\theta$$

積分して

$$x = \frac{2}{\lambda}\sin\theta \quad\cdots\cdots\cdots\cdots\cdots\cdots\quad (6.4.3)$$

（6.4.2）式と（6.4.3）式より

$$x^2 + y^2 = \left(\frac{2}{\lambda}\right)^2$$

半径は $\dfrac{2}{\lambda} = \dfrac{x_1}{2}$ であるから

$$x^2 + y^2 = \left(\frac{x_1}{2}\right)^2$$

従って、解である $y = y_0(x)$ は半円になるので、$y = y_0(x)$ を x 軸の周りに一回転した空間

図形は球体である。その体積は $V_0 = \dfrac{4}{3}\pi\left(\dfrac{x_1}{2}\right)^3$ であるから、最小となる表面積は

$$S_0 = 4\pi\left(\frac{x_1}{2}\right)^2 = 4\pi\left(\frac{3V_0}{4\pi}\right)^{\frac{2}{3}} = \sqrt[3]{36\pi}V_0^{\frac{2}{3}} \fallingdotseq 4.835V_0^{\frac{2}{3}} \quad\cdots\cdots\cdots\cdots\quad (6.4.4)$$

幾何学では等周不等式 $S^3 \geq 36\pi V^2$ が成立している。

ここで S は表面積で、v は体積である。等号の場合は球であることを示している。

（6.4.4）式で球の表面積を体積の係数で表現したが、比較に正多面体の表面積と体積の関係

も係数で表してみる。

正多面体は **写真 1** に示すように右側から正4面体、正6面体（立方体）、正8面体、正12面体、正20面体の5種類しか存在しない。

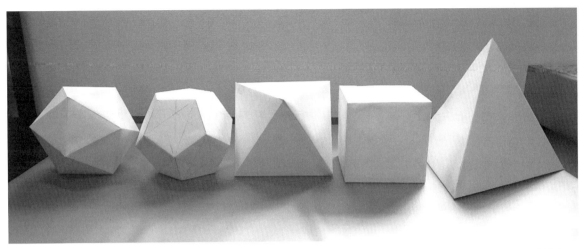

写真 1

そこで、一辺を a_n として体積を全て一定とした表面積の係数を計算してみると以下のようになる。

(1) 正4面体

$$V_0 = \frac{\sqrt{2}}{12} a_4{}^3 \ （一定）$$

$$S_4 = \sqrt{3}\, a_4{}^2 = \sqrt[6]{2^6 3^7} V_0{}^{\frac{2}{3}} \fallingdotseq 12.481 V_0{}^{\frac{2}{3}}$$

(2) 正6面体（立方体）

$$V_0 = a_6{}^3 \ （一定）$$

$$S_6 = 6\, a_6{}^2 = 6 V_0{}^{\frac{2}{3}}$$

(3) 正8面体

$$V_0 = \frac{\sqrt{2}}{3} a_8{}^3 \ （一定）$$

$$S_8 = 2\sqrt{3} a_8{}^2 = \sqrt[6]{2^4 \cdot 3^7 V_0{}^2}\, V_0{}^{\frac{2}{3}} \fallingdotseq 5.719 V_0{}^{\frac{2}{3}}$$

(4) 正12面体

$$V_0 = \frac{15 + 7\sqrt{5}}{4} a_{12}^{\ 3} \quad (\text{一定})$$

$$S_{12} = 3\sqrt{25 + 10\sqrt{5}}\, a_{12}^{\ 2} = \frac{3\sqrt{25 + 10\sqrt{5}}}{(\frac{15 + 7\sqrt{5}}{4})^{\frac{2}{3}}} V_0^{\frac{2}{3}} \fallingdotseq 5.312 V_0^{\frac{2}{3}}$$

(5) 正20面体

$$V_0 = \frac{5}{12}(3 + \sqrt{5})a_{20}^{\ 3} \quad (\text{一定})$$

$$S_{20} = 5\sqrt{3}\, a_{20}^{\ 2} = \sqrt{\frac{5^5}{2^4 \sqrt[3]{3}\,(3 + \sqrt{5})^2}} V_0^{\frac{2}{3}} \fallingdotseq 4.940 V_0^{\frac{2}{3}}$$

よって、 $S_0 < S_{20} < S_{12} < S_8 < S_6 < S_4$

であるから、正多面体の面数が大きくなるにつれて、表面積は小さくなる。究極の正多面体を

球と考えると理解できる。

〔例題 15〕条件付き体積最大問題（その２）

立体形の表面積が一定で、その体積が最大となる立体図形を求める。

図 6. 4. 4 において x 軸上の２点 $P_0(0.0)$, $P_1(x_1, 0)$ を両端とする曲線 $y = y(x)$ の x 軸周りに

一回転してできる回転体の体積を V として、

その表面積 S_0 （＝一定）が与えられたと

き、体積を最大にする曲線 $y = y(x)$ を求

める。

Δx 間の $y = y(x)$ の微小部分の長さを $\Delta \ell$

とすると

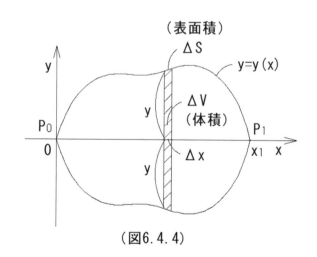

（図6.4.4）

$$\Delta\ell \;=\; \sqrt{(dx)^2 + (dy)^2} \;=\; \sqrt{1 + y'^2}\,dx$$

また、その微小部分の回転体の表面積を ΔS とすると,表面積一定という付加条件より

$$\Delta S \;=\; 2\pi y\Delta\ell \;=\; 2\pi y\sqrt{1 + y'^2}\,dx$$

$$S \;=\; \int_0^{x_1} G\{y(x), y'(x)\}\,dx = \int_0^{x_1} 2\pi y\sqrt{1 + y'^2}\,dx \;=\; S_0 \;（=一定）$$

また、体積は

$$V \;=\; \int_0^{x_1} F\{y(x), y'(x)\} \;=\; \int_0^{x_1} \pi y^2\,dx$$

である。従って、

$$F\{y(x), y'(x)\} \;=\; \pi y^2$$

$$G\{y(x), y'(x)\} \;=\; 2\pi y\sqrt{1 + y'^2}$$

であるから

$$F^*\{y(x), y'(x)\} \;=\; F\{y(x), y'(x)\} \;+\; \lambda G\{y(x), y'(x)\}$$

$$=\; \pi y^2 + 2\pi\lambda y\sqrt{1 + y'^2}$$

となる。F^* には x を含まないので (2.2.2) 式より

$$F^* \;-\; y'\frac{\partial F^*}{\partial y'} \;=\; C$$

に当てはめて

$$\pi y^2 \;+\; 2\pi\lambda y\sqrt{1 + y'^2} \;-\; y'\Bigl(2\pi\lambda y\frac{y'}{\sqrt{1+y'^2}}\Bigr) \;=\; C$$

$$\pi y^2 \;+\; 2\pi\lambda y\sqrt{1 + y'^2} \;-\; 2\pi\lambda y\frac{y'^2}{\sqrt{1+y'^2}} \;=\; C$$

$$\pi y^2 \;+\; 2\pi\lambda y\frac{1}{\sqrt{1+y'^2}} \;=\; C$$

両端は x 軸上にあるので境界条件より $x = 0$、$x = x_1$ のとき $y = 0$ なので $C = 0$ である。

$$y + \frac{2\lambda}{\sqrt{1+y'^2}} = 0 \quad \cdots\cdots\cdots\cdots\cdots\cdots \quad (6.4.5)$$

（6.4.5）式は（6.4.1）式の λ を $\frac{1}{\lambda}$ に置き換えた式になっているので、例題 14 と同様に解

である $y = y_0(x)$ は

$$x^2 + y^2 = (2\lambda)^2 \quad となる。$$

半径は $2\lambda = \frac{x_1}{2}$ であるから

$$x^2 + y^2 = \left(\frac{x_1}{2}\right)^2$$

と例題 14 と同じ式になるので、この解も球体である。

その表面積は $S_0 = 4\pi\left(\frac{x_1}{2}\right)^2$ であるから、最大となる体積は

$$V_0 = \frac{4}{3}\pi\left(\frac{x_1}{2}\right)^3 = \frac{4}{3}\pi\left(\frac{S_0}{4\pi}\right)^{\frac{3}{2}} = \frac{1}{6\sqrt{\pi}}S_0^{\frac{3}{2}}$$

となる。

6.5　3変数関数がある場合の等周問題

t をパラメータとして $x = x(t),\ y = y(t),\ z = z(t)$ の3個の関数ある場合の立体の等周問題を考える。

汎関数 $K\{x(t), y(t), z(t)\} = \int_{t_0}^{t_1} G(t, x, y, z, \dot{x}, \dot{y}, \dot{z})\, dt = S$（一定）　$\cdots\cdots\cdots\cdots$　（6.5.1）

の条件のもとに境界条件

$$\left.\begin{array}{l} x(t_0) = x_0,\ y(t_0) = y_0,\ z(t_0) = z_0 \\ x(t_1) = x_1,\ y(t_1) = y_1,\ z(t_1) = z_1 \end{array}\right\} \quad \cdots\cdots\cdots\cdots\cdots\cdots\cdots \quad (6.5.2)$$

を満足する全ての関数 $x = x(t),\ y = y(t),\ z = z(t)$ のなかから

汎関数 $J\{x(t), y(t), z(t)\} = \int_{t_0}^{t_1} F(t, x, y, z, \dot{x}, \dot{y}, \dot{z})\, dt$　$\cdots\cdots\cdots\cdots\cdots$　（6.5.3）

を停留にする問題を考えてみる。

このような付帯条件付きの変分問題においては前章と同様に考えて、次の汎関数で

$$H\{x(t), y(t), z(t)\} = J\{x(t), y(t), z(t)\} + \lambda[K\{x(t), y(t), z(t)\} - S]$$

$$= \int_{t_0}^{t_1} F(t, x, y, z, \dot{x}, \dot{y}, \dot{z})\, dt + \lambda\{\int_{t_0}^{t_1} G(t, x, y, z, \dot{x}, \dot{y}, \dot{z})\, dt - S\} \quad \cdots\cdots\cdots\cdots \quad (6.5.4)$$

境界条件（6.5.2）の下で停留にする解 $x = x(t),\ y = y(t),\ z = z(t)$ を求める問題に帰着される。

そこで（6.5.4）式の汎関数 $H\{x(t), y(t), z(t)\}$ の変分 $\delta H\{x(t), y(t), z(t)\}$ を求めると

$$\delta H\{x(t), y(t), z(t)\} = \delta J\{x(t), y(t), z(t)\} + \lambda \delta K\{x(t), y(t), z(t)\} + [K\{x(t), y(t), z(t)\} - S]\,\delta\lambda$$

$$= \delta J\{x(t), y(t), z(t)\} + \lambda \delta K\{x(t), y(t), z(t)\}$$

となるから

$\delta H \{x(t), y(t), z(t)\}$

$$= \int_{t_0}^{t_1} \left(\frac{\partial F}{\partial x} \delta x + \frac{\partial F}{\partial y} \delta y + \frac{\partial F}{\partial z} \delta z + \frac{\partial F}{\partial \dot{x}} \delta \dot{x} + \frac{\partial F}{\partial \dot{y}} \delta \dot{y} + \frac{\partial F}{\partial \dot{z}} \delta \dot{z} \right) dt$$

$$+ \lambda \int_{t_0}^{t_1} \left(\frac{\partial G}{\partial x} \delta x + \frac{\partial G}{\partial y} \delta y + \frac{\partial G}{\partial z} \delta z + \frac{\partial G}{\partial \dot{x}} \delta \dot{x} + \frac{\partial G}{\partial \dot{y}} \delta \dot{y} + \frac{\partial G}{\partial \dot{z}} \delta \dot{z} \right) dt$$

$$= \int_{t_0}^{t_1} \left\{ \frac{\partial (F+\lambda G)}{\partial x} \delta x + \frac{\partial (F+\lambda G)}{\partial y} \delta y + \frac{\partial (F+\lambda G)}{\partial z} \delta z + \frac{\partial (F+\lambda G)}{\partial \dot{x}} \delta \dot{x} + \frac{\partial (F+\lambda G)}{\partial \dot{y}} \delta \dot{y} + \frac{\partial (F+\lambda G)}{\partial \dot{z}} \delta \dot{z} \right\} dt$$

$$= \int_{t_0}^{t_1} \left(\frac{\partial F^*}{\partial x} \delta x + \frac{\partial F^*}{\partial y} \delta y + \frac{\partial F^*}{\partial z} \delta z + \frac{\partial F^*}{\partial \dot{x}} \delta \dot{x} + \frac{\partial F^*}{\partial \dot{y}} \delta \dot{y} + \frac{\partial F^*}{\partial \dot{z}} \delta \dot{z} \right) dt$$

と書ける。ここに $F^* = F + \lambda G$ と置いたものである。

さらに $\delta \dot{x} = \frac{d}{dt} \delta x, \ \delta \dot{y} = \frac{d}{dt} \delta y, \ \delta \dot{z} = \frac{d}{dt} \delta z$ であるから

$\delta H \{x(t), y(t), z(t)\}$

$$= \int_{t_0}^{t_1} \left\{ \frac{\partial F^*}{\partial x} \delta x + \frac{\partial F^*}{\partial y} \delta y + \frac{\partial F^*}{\partial z} \delta z + \frac{\partial F^*}{\partial \dot{x}} \left(\frac{d}{dt} \delta x \right) + \frac{\partial F^*}{\partial \dot{y}} \left(\frac{d}{dt} \delta y \right) + \frac{\partial F^*}{\partial \dot{z}} \left(\frac{d}{dt} \delta z \right) \right\} dt$$

4項目と5項目と6項目を部分積分して

$\delta H \{x(t), y(t), z(t)\}$

$$= \int_{t_0}^{t_1} \left(\frac{\partial F^*}{\partial x} \delta x + \frac{\partial F^*}{\partial y} \delta y + \frac{\partial F^*}{\partial z} \delta z \right) dt + \left[\frac{\partial F^*}{\partial \dot{x}} \delta x + \frac{\partial F^*}{\partial \dot{y}} \delta y + \frac{\partial F^*}{\partial \dot{z}} \delta z \right]_{t_0}^{t_1}$$

$$- \int_{t_0}^{t_1} \left\{ \frac{d \left(\frac{\partial F^*}{\partial \dot{x}} \right)}{dt} \delta x + \frac{d \left(\frac{\partial F^*}{\partial \dot{y}} \right)}{dt} \delta y + \frac{d \left(\frac{\partial F^*}{\partial \dot{z}} \right)}{dt} \delta z \right\} dt$$

$$= \int_{t_0}^{t_1} \left\{ \frac{\partial F^*}{\partial x} \delta x + \frac{\partial F^*}{\partial y} \delta y + \frac{\partial F^*}{\partial z} \delta z - \frac{d \left(\frac{\partial F^*}{\partial \dot{x}} \right)}{dt} \delta x - \frac{d \left(\frac{\partial F^*}{\partial \dot{y}} \right)}{dt} \delta y - \frac{d \left(\frac{\partial F^*}{\partial \dot{z}} \right)}{dt} \delta z \right\} dt$$

$$+ \left[\frac{\partial F^*}{\partial \dot{x}} \delta x + \frac{\partial F^*}{\partial \dot{y}} \delta y + \frac{\partial F^*}{\partial \dot{z}} \delta z \right]_{t_0}^{t_1}$$

となる。境界条件より

$$\delta x(t_0) = 0, \ \delta y(t_0) = 0, \ \delta z(t_0) = 0, \ \delta x(t_1) = 0, \ \delta y(t_1) = 0, \ \delta z(t_1) = 0$$

であるから、第2項は0となり

$\delta H \{x(t), y(t), z(t)\}$

$$= \int_{t_0}^{t_1} \left[\left\{ \frac{\partial F^*}{\partial x} - \frac{d}{dt}\left(\frac{\partial F^*}{\partial \dot{x}}\right) \right\} \delta x + \left\{ \frac{\partial F^*}{\partial y} - \frac{d}{dt}\left(\frac{\partial F^*}{\partial \dot{y}}\right) \right\} \delta y + \left\{ \frac{\partial F^*}{\partial z} - \frac{d}{dt}\left(\frac{\partial F^*}{\partial \dot{z}}\right) \right\} \delta z \right] dt$$

ここに (6.5.4) 式の停留条件は $\delta H \{x(t), y(t), z(t)\} = 0$ であるから

変分学の基本補助定理を使って、任意の $\delta x,\ \delta y,\ \delta z$ に対して

$$\left. \begin{array}{l} \dfrac{\partial F^*}{\partial x} - \dfrac{d}{dt}\left(\dfrac{\partial F^*}{\partial \dot{x}}\right) = 0 \\[2mm] \dfrac{\partial F^*}{\partial y} - \dfrac{d}{dt}\left(\dfrac{\partial F^*}{\partial \dot{y}}\right) = 0 \\[2mm] \dfrac{\partial F^*}{\partial z} - \dfrac{d}{dt}\left(\dfrac{\partial F^*}{\partial \dot{z}}\right) = 0 \end{array} \right\} \quad \cdots\cdots\cdots\cdots\cdots\cdots\cdots \quad (6.5.5)$$

が導かれる。ただし $F^* = F + \lambda G$ である。

この式は (3.1.9) 式のオイラー・ラグランジュの微分方程式で F を F^* に置き換えた式と同じ

表現式となっている。

§7 変分原理の力学への応用

7.1 ハミルトンの原理

質点 m に働く力の x 方向、y 方向、z 方向の各成分を F_x, F_y, F_z とすると、ニュートンの運動方程式より

$$
\left.\begin{array}{l}
m\,\dfrac{d^2x}{dt^2} = F_x \\[2mm]
m\,\dfrac{d^2y}{dt^2} = F_y \\[2mm]
m\,\dfrac{d^2z}{dt^2} = F_z
\end{array}\right\} \qquad \cdots\cdots\cdots\cdots\cdots\cdots \quad (7.1.1)
$$

である。（7.1.1）式の各式に $\dfrac{dx}{dt}, \dfrac{dy}{dt}, \dfrac{dz}{dt}$ を掛けて 3 式を加えてみると

$$
m\!\left(\frac{dx}{dt}\frac{d^2x}{dt^2} + \frac{dy}{dt}\frac{d^2y}{dt^2} + \frac{dz}{dt}\frac{d^2z}{dt^2}\right) = F_x\frac{dx}{dt} + F_y\frac{dy}{dt} + F_z\frac{dz}{dt} \quad\cdots\cdots\cdots\cdots \quad (7.1.2)
$$

また、質点の速さを V とすると

$$
V^2 = \left(\frac{dx}{dt}\right)^2 + \left(\frac{dy}{dt}\right)^2 + \left(\frac{dz}{dt}\right)^2 \quad\cdots\cdots\cdots\cdots\cdots \quad (7.1.3)
$$

であるから、（7.1.2）式の左辺に（7.1.3）式を代入して

$$
\begin{aligned}
m&\left(\frac{dx}{dt}\frac{d^2x}{dt^2} + \frac{dy}{dt}\frac{d^2y}{dt^2} + \frac{dz}{dt}\frac{d^2z}{dt^2}\right) \\[2mm]
&= \frac{1}{2}m\,\frac{d}{dt}\left\{\left(\frac{dx}{dt}\right)^2 + \left(\frac{dy}{dt}\right)^2 + \left(\frac{dz}{dt}\right)^2\right\} \\[2mm]
&= \frac{d}{dt}\left(\frac{1}{2}mV^2\right)
\end{aligned}
$$

と変形することができる。従って

$$
\frac{d}{dt}\left(\frac{1}{2}mV^2\right) = F_x\frac{dx}{dt} + F_y\frac{dy}{dt} + F_z\frac{dz}{dt} \quad\cdots\cdots\cdots\cdots \quad (7.1.4)
$$

となる。

今、質点の位置を $P_0(x_0, y_0, z_0)$ と $P_1(x_1, y_1, z_1)$ とし、その位置での速さをそれぞれ V_0, V_1 として、（7.1.4）式を時間で積分すると

$$\frac{1}{2} m V_1{}^2 - \frac{1}{2} m V_0{}^2 = \int_{P_0}^{P_1} (F_x dx + F_y dy + F_z dz) \quad \cdots\cdots\cdots\cdots\cdots\cdots \quad (7.1.5)$$

そこで、P_0 と P_1 での運動エネルギーの差を W と置くと

$$W = \int_{P_0}^{P_1} (F_x dx + F_y dy + F_z dz) \quad \cdots\cdots\cdots\cdots\cdots \quad (7.1.6)$$

と書き表される。

また、ポテンシャルエネルギーを $U = \int_r^0 F d\mathbf{r}$ と定義すると、その各成分は

$$\left. \begin{array}{l} F_x = -\dfrac{\partial U}{\partial x} \\[2mm] F_y = -\dfrac{\partial U}{\partial y} \\[2mm] F_z = -\dfrac{\partial U}{\partial z} \end{array} \right\} \quad \cdots\cdots\cdots\cdots\cdots \quad (7.1.7)$$

と置ける。各 x, y, z 方向の増分 dx, dy, dz に対する U の増分は

$$dU = \frac{\partial U}{\partial x} dx + \frac{\partial U}{\partial y} dy + \frac{\partial U}{\partial z} dz \quad \cdots\cdots\cdots\cdots\cdots \quad (7.1.8)$$

となるから（7.1.7）式より

$$dU = -(F_x dx + F_y dy + F_z dz) \quad \cdots\cdots\cdots\cdots\cdots \quad (7.1.9)$$

である。従って（7.1.6）式と（7.1.9）式より

$$W = \int_{P_0}^{P_1} (-dU) = -\int_{P_0}^{P_1} dU \quad \cdots\cdots\cdots\cdots\cdots \quad (7.1.10)$$

よって、（7.1.10）式の変分をとると

$$\delta W = -\delta U \quad \cdots\cdots\cdots\cdots\cdots \quad (7.1.11)$$

となる。

以上の準備をしておいて、ハミルトンの原理の説明に入る。

質点系が時刻 t_0 から t_1 の間に P_0 の状態か

ら経路Cを通って P_1 の状態に移った場合を

考える。その途中の任意の時刻 t での i 番

目の質点の位置 P からの、各方向の仮想変

位 $\delta_{xi},\ \delta_{yi},\ \delta_{zi}$ を考えるとダランベールの

原理（d'Alembert's principle）により

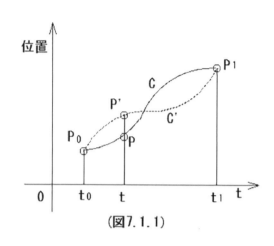

(図7.1.1)

$$\sum_{i=1}^{n}\{(F_{xi} - m_i\ddot{x}_i)\,\delta_{xi} + (F_{yi} - m_i\ddot{y}_i)\,\delta_{yi} + (F_{zi} - m_i\ddot{z}_i)\,\delta_{zi}\} = 0 \quad \cdots\cdots\cdots\cdots \quad (7.1.12)$$

である。

P から $\delta_{xi},\ \delta_{yi},\ \delta_{zi}$ の変位によって移動した位置を P' とし、この P' のたどる経路を C' とする。

質点系が実際に P_0CP_1 の経路を通るときの運動エネルギー T を時間で積分した $\int_{t_0}^{t_1} T dt$ と、

仮に $P_0C'P_1$ の経路を通ると考えたときの運動エネルギー T' を時間で積分した $\int_{t_0}^{t_1} T' dt$ を比較

してみる。ここで位置 P_0 と P_1 は固定され、仮想変位は 0 であるとする。そこで2つの積分の

差をとると、

$$\delta\int_{t_0}^{t_1} T dt = \int_{t_0}^{t_1}(T' - T)\,dt = \int_{t_0}^{t_1} \delta T dt \quad \cdots\cdots\cdots\cdots\cdots\cdots \quad (7.1.13)$$

となる。経路 C と C' をたどる場合の x 方向での速度を比べてみると、位置 P での速度成分は

$V_{xi} = \frac{dx_i}{dt}$ であり、位置 P' での速度成分は $V'_{xi} = \frac{dx'_i}{dt}$ であるから、その差をとって

$$\delta V_{xi} = V'_{xi} - V_{xi} = \frac{dx'_i}{dt} - \frac{dx_i}{dt} = \frac{d}{dt}(x'_i - x_i) = \frac{d}{dt}(\delta x_i) \quad \cdots\cdots\cdots\cdots \quad (7.1.14)$$

x 方向、y 方向、z 方向の各成分で表現して

$$\left.\begin{aligned}
\delta V_{xi} &= \frac{d}{dt}(\delta x_i) \\
\delta V_{yi} &= \frac{d}{dt}(\delta y_i) \\
\delta V_{zi} &= \frac{d}{dt}(\delta z_i)
\end{aligned}\right\} \quad \cdots\cdots\cdots\cdots\cdots\cdots\cdots \quad (7.1.15)$$

である。次に位置 P と P' での運動エネルギーの差は

$$\delta T - \delta \sum_{i=1}^n \frac{1}{2}m_i(V_{xi}^2 + V_{yi}^2 + V_{zi}^2)$$

$$= \sum_{i=1}^n m_i(V_{xi}\delta V_{xi} + V_{yi}\delta V_{yi} + V_{zi}\delta V_{zi})$$

$$= \sum_{i=1}^n m_i \left\{ V_{xi}\frac{d}{dt}(\delta x_i) + V_{yi}\frac{d}{dt}(\delta y_i) + V_{zi}\frac{d}{dt}(\delta z_i) \right\}$$

となる。従って上式を積分して

$$\delta \int_{t_0}^{t_1} T dt = \int_{t_0}^{t_1} \sum_{i=1}^n m_i \left\{ V_{xi}\frac{d}{dt}(\delta x_i) + V_{yi}\frac{d}{dt}(\delta y_i) + V_{zi}\frac{d}{dt}(\delta z_i) \right\} dt$$

右辺を部分積分すると

$$\delta \int_{t_0}^{t_1} T dt = \left[\sum_{i=1}^n m_i(V_{xi}\delta x_i + V_{yi}\delta y_i + V_{zi}\delta z_i) \right]_{t_0}^{t_1}$$

$$- \int_{t_0}^{t_1} \sum_{i=1}^n m_i (\dot{V}_{xi}\delta x_i + \dot{V}_{yi}\delta y_i + \dot{V}_{zi}\delta z_i)\, dt$$

時刻 t_0 と t_1 での仮想変位 $\delta x_i, \delta y_i, \delta z_i$ は 0 であるので、第1項は 0 となるから

$$\delta \int_{t_0}^{t_1} T dt = - \int_{t_0}^{t_1} \sum_{i=1}^n m_i (\dot{V}_{xi}\delta x_i + \dot{V}_{yi}\delta y_i + \dot{V}_{zi}\delta z_i)\, dt$$

$$= - \int_{t_0}^{t_1} \sum_{i=1}^n (F_{xi}\delta x_i + F_{yi}\delta y_i + F_{zi}\delta z_i)\, dt$$

となり、（7.1.6）式より1質点では

$$\delta W = F_x \delta_x + F_y \delta_y + F_z \delta_z$$

であるので、多質点系では

$$\delta W = \sum_{i=1}^n (F_{xi}\delta x_i + F_{yi}\delta y_i + F_{zi}\delta z_i) \quad \cdots\cdots\cdots\cdots\cdots\cdots \quad (7.1.16)$$

となる。従って

$$\int_{t_0}^{t_1} \delta T \, dt \ = \ - \int_{t_0}^{t_1} \delta W \, dt \quad \cdots\cdots\cdots\cdots\cdots\cdots \quad (7.1.17)$$

（7.1.17）式の右辺を左辺に移項して

$$\int_{t_0}^{t_1} (\delta T + \delta W) \, dt \ = \ 0 \quad \cdots\cdots\cdots\cdots\cdots\cdots \quad (7.1.18)$$

また、（7.1.11）式の $\delta W = - \delta U$ を代入して

$$\int_{t_0}^{t_1} (\delta T - \delta U) \, dt \ = \ \delta \int_{t_0}^{t_1} (T - U) \, dt \ = \ 0 \quad \cdots\cdots\cdots\cdots\cdots \quad (7.1.19)$$

と書き直すことができる。ここで $L \equiv T - U$ と定義すると（7.1.19）式は

$$\delta \int_{t_0}^{t_1} L \, dt \ = \ 0 \quad \cdots\cdots\cdots\cdots\cdots \quad (7.1.20)$$

となる。（7.1.20）式の意味するところは、積分 $\int_{t_0}^{t_1} L \, dt$ の変分 δ が 0 であるということである。従って（7.1.20）式の結果より次のように言える。

質点系が時刻 t_0 から t_1 の間に、位置 P_0 の状態から位置 P_1 の状態に移るとき、実際に起こる運動の経路は質点系の拘束条件を満たすようなあらゆる経路のなかで、次の汎関数

$$J \ = \ \int_{t_0}^{t_1} (T - U) dt \ = \int_{t_0}^{t_1} L \, dt \quad \cdots\cdots\cdots\cdots\cdots \quad (7.1.21)$$

に停留値（最小値）を与えるような曲線に沿ってのみ生じる。これをハミルトンの原理（Hamilton's principle）と呼ぶ。ここで T は質点系の運動エネルギーを、そして U はポテンシャル（位置）エネルギーを表す。そして L は与えられた質点系のラグランジュ関数（Lagurange's function）またはラグラジアン（Lagurangian）と呼ばれる。

今、（2.1.6）式のオイラー・ラグランジュの微分方程式で F を L に、x をパラメータ t に置き換えると

$$\frac{\partial L}{\partial y} - \frac{d}{dt}\left(\frac{\partial L}{\partial \dot{y}}\right) \ = \ 0 \quad \cdots\cdots\cdots\cdots\cdots \quad (7.1.22)$$

となる。ここで、運動エネルギー T は y を含まず、$\dot{y}$ のみの関数であり、ポテンシャルエネルギーU は $\dot{y}$ を含まず、y のみの関数であるから、

$$\frac{\partial L}{\partial y} = \frac{\partial (T-U)}{\partial y} = -\frac{\partial U}{\partial y}$$

$$\frac{\partial L}{\partial \dot{y}} = \frac{\partial (T-U)}{\partial \dot{y}} = \frac{\partial T}{\partial \dot{y}}$$

となる。よって、（7.1.22）式は

$$\frac{\partial U}{\partial y} + \frac{d}{dt}\left(\frac{\partial T}{\partial \dot{y}}\right) = 0 \quad \cdots\cdots\cdots\cdots\cdots\cdots \quad (7.1.23)$$

とも表現される。（7.1.22）式と（7.1.23）式はラグランジュの運動方程式（Lagurange's equation of motion）と呼ばれている。

未知関数が $y_1, y_2, \cdots, y_n$ と n 個ある場合は（3.2.2）式と同様

$$\left.\begin{array}{l} \dfrac{\partial L}{\partial y_1} - \dfrac{d}{dt}\left(\dfrac{\partial L}{\partial \dot{y}_1}\right) = 0 \\[2mm] \dfrac{\partial L}{\partial y_2} - \dfrac{d}{dt}\left(\dfrac{\partial L}{\partial \dot{y}_2}\right) = 0 \\[2mm] \cdots\cdots\cdots = 0 \\[2mm] \dfrac{\partial L}{\partial y_n} - \dfrac{d}{dt}\left(\dfrac{\partial L}{\partial \dot{y}_n}\right) = 0 \end{array}\right\} \quad \cdots\cdots\cdots\cdots\cdots\cdots \quad (7.1.24)$$

となる。また、運動エネルギー T とポテンシャルエネルギーU とで表現すると

$$\left.\begin{array}{l} \dfrac{\partial U}{\partial y_1} + \dfrac{d}{dt}\left(\dfrac{\partial T}{\partial \dot{y}_1}\right) = 0 \\[2mm] \dfrac{\partial U}{\partial y_2} + \dfrac{d}{dt}\left(\dfrac{\partial T}{\partial \dot{y}_2}\right) = 0 \\[2mm] \cdots\cdots\cdots = 0 \\[2mm] \dfrac{\partial U}{\partial y_n} + \dfrac{d}{dt}\left(\dfrac{\partial T}{\partial \dot{y}_n}\right) = 0 \end{array}\right\} \quad \cdots\cdots\cdots\cdots\cdots\cdots \quad (7.1.25)$$

となる。

7.2 ハミルトンの原理を用いた例題

（7.1.21）式と（7.1.22）式のハミルトンの原理を用いて既知のニュートン力学の運動方程式

が、以下に述べるいろいろな例題を通して導かれる。

〔例題16〕 1質点の落下運動

1質点の運動エネルギーは

$$T = \frac{1}{2} m\dot{y}^2 \text{ であり}$$

ポテンシャルエネルギーは

$$U = mgy \text{ であるから}$$

ラグランジュ関数 L は

$$L = T - U = \frac{1}{2} m\dot{y}^2 - mgy$$

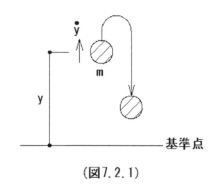

（図7.2.1）

となる。

$$\frac{\partial L}{\partial y} = - mg$$

$$\frac{d}{dt}\left(\frac{\partial L}{\partial \dot{y}}\right) = m\ddot{y}$$

となるから（7.1.22）式に当てはめてみると

$$\frac{\partial L}{\partial y} - \frac{d}{dt}\left(\frac{\partial L}{\partial \dot{y}}\right) = - mg - m\ddot{y} = 0$$

$$m\ddot{y} = - mg \quad \cdots\cdots\cdots\cdots\cdots\cdots \quad (7.2.1)$$

よって質点の落下運動の運動方程式が得られる。この例題のようにハミルトンの原理はニュー

88

トンの公式である $F = m\ddot{y}$ を、表現を変えた等価なものであることが分かる。

〔例題17〕ばねを介した質点の運動

まず、ばねの伸びを y とし、ばね定数（stiffness）を k とする。

2個の質点の運動エネルギーは

$$T = \frac{1}{2}M\dot{y}^2 + \frac{1}{2}m\dot{y}^2$$

であり、ポテンシャルエネルギーは、ばねの変形エネルギーを考慮して

$$U = \frac{1}{2}ky^2 - mgy$$

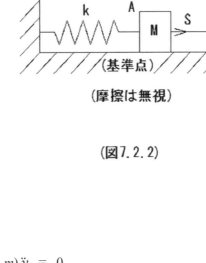

(図7.2.2)

である。すると、ラグランジュ関数は

$$L = T - U$$

$$= \frac{1}{2}(M + m)\dot{y}^2 - \frac{1}{2}ky^2 + mgy$$

$$\frac{\partial L}{\partial y} = -ky + mg$$

$$\frac{d}{dt}\left(\frac{\partial L}{\partial \dot{y}}\right) = (M + m)\ddot{y}$$

$$\frac{\partial L}{\partial y} - \frac{d}{dt}\left(\frac{\partial L}{\partial \dot{y}}\right) = -ky + mg - (M + m)\ddot{y} = 0$$

$$(M + m)\ddot{y} = -ky + mg \quad \cdots\cdots\cdots\cdots\cdots\cdots \quad (7.2.2)$$

比較に張力を S としてニュートン力学で解くと

質点Aについての力のつり合い式 $M\ddot{y} = -ky + S$

質点Bについての力のつり合い式 $m\ddot{y} = mg - S$

S を消去して $(M + m)\ddot{y} = -ky + mg$ と（7.2.2）式と同じ結果を得る。

張力は $S = M\ddot{y} + ky = \dfrac{m}{M+m}(Mg + ky)$ である。

〔例題18〕滑車を介した質点の運動

滑車の回転エネルギーを無視した場合と、考慮した場合の2通りのケースを考えてみる。

(1) 滑車の回転エネルギーを無視した場合

2個の質点の運動エネルギーは

$$T = \frac{1}{2} M\dot{y}^2 + \frac{1}{2} m\dot{y}^2$$

であり、ポテンシャルエネルギーは

$$U = mgy - Mgy$$

である。すると、ラグランジュ関数は

$$L = T - U$$

$$= \frac{1}{2}(M + m)\dot{y}^2 - mgy + Mgy$$

$$\frac{\partial L}{\partial y} = -mg + Mg$$

$$\frac{d}{dt}\left(\frac{\partial L}{\partial \dot{y}}\right) = (M + m)\ddot{y}$$

$$\frac{\partial L}{\partial y} - \frac{d}{dt}\left(\frac{\partial L}{\partial \dot{y}}\right) = -mg + Mg - (M + m)\ddot{y} = 0$$

$$(M + m)\ddot{y} = (M - m)g \quad \cdots\cdots\cdots\cdots\cdots\cdots\cdots \quad (7.2.3)$$

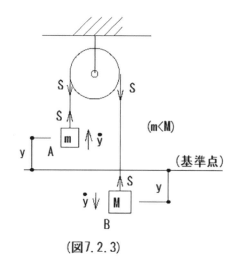

(図7.2.3)

比較に張力を S としてニュートン力学で解くと

質点Aについての力のつり合い式 $m\ddot{y} = S - mg$

質点Bについての力のつり合い式 $M\ddot{y} = Mg - S$

S を消去して $(M + m)\ddot{y} = (M - m)g$ と（7.2.3）式と同じ結果を得る。

張力は $S = m(\ddot{y} + g) = \dfrac{2Mm}{M + m}g$ である。

(2) 滑車の回転エネルギーを考慮した場合

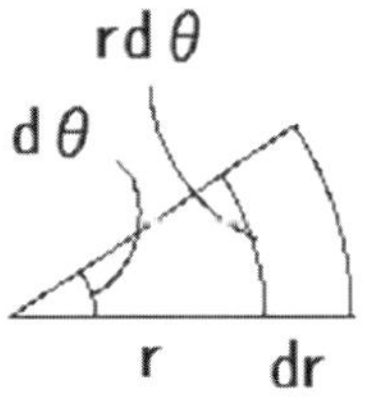

まず、滑車（円柱）の慣性モーメントを求める。

滑車の面密度を σ とすると、その質量は

$$M_p = \pi r_0{}^2 \sigma$$

であるので、滑車の慣性モーメントは

$$I = \int_0^{r_0} r\,dr \int_0^{2\pi} d\theta\, r^2 \sigma$$

$$= 2\pi\sigma \int_0^{r_0} r^3\,dr$$

$$= \frac{\pi}{2}\sigma r_0{}^4 = \frac{1}{2}M_p r_0{}^2$$

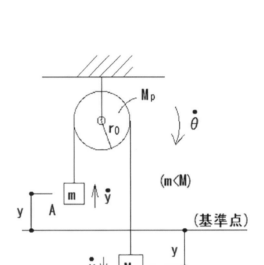

(図7.2.4)

(図7.2.5)

2個の質点の運動エネルギーは

$$T = \frac{1}{2}M\dot{y}^2 + \frac{1}{2}m\dot{y}^2$$

であり、滑車の回転エネルギーは

$$K = \frac{1}{2}I\dot{\theta}^2 = \frac{1}{2}\left(\frac{1}{2}M_p r_0{}^2\right)\dot{\theta}^2 = \frac{1}{4}M_p(r_0\dot{\theta})^2 = \frac{1}{4}M_p\dot{y}^2$$

ここで $\dot{y} = r_0\dot{\theta}$ である。（10.5節参照）

また、ポテンシャルエネルギーは

$$U = mgy - Mgy$$

である。すると、ラグランジュ関数は

$$L = T + K - U$$

91

$$= \frac{1}{2}(M+m)\dot{y}^2 + \frac{1}{4}M_p\dot{y}^2 - mgy + Mgy$$

$$\frac{\partial L}{\partial y} = -mg + Mg$$

$$\frac{d}{dt}\left(\frac{\partial L}{\partial \dot{y}}\right) = \left(M + m + \frac{1}{2}M_p\right)\ddot{y}$$

$$\frac{\partial L}{\partial y} - \frac{d}{dt}\left(\frac{\partial L}{\partial \dot{y}}\right) = -mg + Mg - \left(M + m + \frac{1}{2}M_p\right)\ddot{y} = 0$$

$$\left(M + m + \frac{1}{2}M_p\right)\ddot{y} = (M - m)g \quad \cdots\cdots\cdots\cdots\cdots \quad (7.2.4)$$

比較に質点 m と M の張力をそれぞれ S_1, S_2 としてニュートン力学で解くと滑車の回転を生じさ

せる力は $S_2 - S_1$ であり

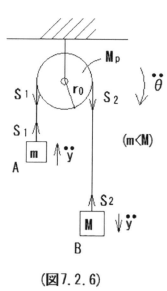

$$I = \frac{1}{2}M_p r_0{}^2$$

$$I\ddot{\theta} = (S_2 - S_1)r_0$$

$$\ddot{\theta}r_0 = \ddot{y}$$

であるから張力の差を求めると

$$(S_2 - S_1)\,r_0 = \frac{1}{2}M_p r_0{}^2\ddot{\theta} = \frac{1}{2}M_p r_0\ddot{y}$$

$$S_2 - S_1 = \frac{1}{2}M_p\ddot{y}$$

(図7.2.6)

また、各質点の力の釣り合い式は

$$m\ddot{y} = S_1 - mg$$

$$M\ddot{y} = Mg - S_2$$

となるから釣り合い式の2式を加えてみると

$$(M + m)\ddot{y} = (M - m)g - (S_2 - S_1) = (M - m)g - \frac{1}{2}M_p\ddot{y}$$

$$(M + m + \frac{1}{2}M_p)\ddot{y} = (M - m)g$$

92

と（7.2.4）式と同じ結果を得る。

加速度は $\ddot{y} = \dfrac{M - m}{M + m + \frac{1}{2}M_p} g$ となる。

このように回転する剛体を含む系の場合は滑車の回転エネルギーを考慮すると、無視した場合

と比べて、回転エネルギーが発生するので質点の加速度は小さくなる。各々の張力は

$$S_1 = m\ddot{y} + mg$$

$$= \frac{m(M - m)}{M + m + \frac{1}{2}M_p} g + mg$$

$$= \frac{m(2M + \frac{1}{2}M_p)}{M + m + \frac{1}{2}M_p} g$$

$$S_2 = Mg - M\ddot{y}$$

$$= Mg - \frac{M(M - m)}{M + m + \frac{1}{2}M_p} g$$

$$= \frac{M(2m + \frac{1}{2}M_p)}{M + m + \frac{1}{2}M_p} g$$

従って、滑車の慣性モーメントを考慮すると、各質点の張力も m と M とで異なってくる。

〔例題 19〕 摩擦のない斜面を滑る場合の質点の運動

斜面を有する台は固定されているとする。（以下の問題も同様である。）

質点の運動エネルギーは

$$T = \frac{1}{2}M\dot{x}^2$$

ポテンシャルエネルギーは

$$U = - Mgx \sin\alpha$$

ラグランジュ関数は

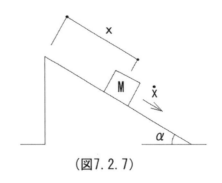

（図7.2.7）

$$L = T - U$$

$$= \frac{1}{2} M\dot{x}^2 + Mgx \sin\alpha$$

$$\frac{\partial L}{\partial x} - \frac{d}{dt}\left(\frac{\partial L}{\partial \dot{x}}\right) = Mg \sin\alpha - M\ddot{x} = 0$$

従って、加速度は

$$\ddot{x} = g \sin\alpha$$

となり、ニュートンの運動方程式と同じ結果を得る。

〔例題 20〕 斜面を 1 個の円柱が滑らずに転がる場合の運動

円柱の運動エネルギーは

$$T = \frac{1}{2} m\dot{x}^2$$

円柱の回転エネルギーは

$$K = \frac{1}{2} I\dot{\theta}^2 = \frac{1}{2}\left(\frac{1}{2} mr_0^2\right)\dot{\theta}^2$$

$$= \frac{1}{4} m\left(r_0\dot{\theta}\right)^2 = \frac{1}{4} m\dot{x}^2$$

ここで

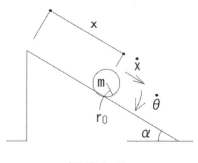

（図7.2.8）

$$I = \frac{1}{2} mr_0^2, \quad \dot{x} = r_0\dot{\theta}$$

である。（**10.5節参照**）

また、ポテンシャルエネルギーは

$$U = - mgx\sin\alpha$$

ラグランジュ関数は

$$L = T + K - U$$

$$= \frac{1}{2} m\dot{x}^2 + \frac{1}{4} m\dot{x}^2 + mgx\sin\alpha$$

$$= \frac{3}{4} m\dot{x}^2 + mgx\sin\alpha$$

$$\frac{\partial L}{\partial x} - \frac{d}{dt}\left(\frac{\partial L}{\partial \dot{x}}\right) = mg\sin\alpha - \frac{3}{2} m\ddot{x} = 0$$

従って、$\ddot{x} = \dfrac{2}{3} g\sin\alpha < g\sin\alpha$ となる。

例題 19 と例題 20 のように摩擦を無視すると、質点が滑るより円柱が転がる方が、回転エネルギーが生じる分、加速度は小さくなる。

〔例題 21〕斜面を台車に付けた 4 個の車輪が滑らずに転がる場合の運動

台車と車輪の運動エネルギーは

$$T = \frac{1}{2} M\dot{x}^2 + 4\left(\frac{1}{2} m\dot{x}^2\right)$$

$$= \frac{1}{2} M\dot{x}^2 + 2m\dot{x}^2$$

車輪の回転エネルギーは

$$K = 4\left(\frac{1}{4} m\dot{x}^2\right) = m\dot{x}^2$$

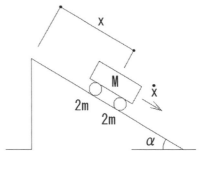

（図7.2.9）

また、ポテンシャルエネルギーは

$$U = -(M + 4m) gx\sin\alpha$$

ラグランジュ関数は

$$L = T + K - U$$

$$= \frac{1}{2} M\dot{x}^2 + 2m\dot{x}^2 + m\dot{x}^2 + (M + 4m) gx\sin\alpha$$

$$= \frac{1}{2} M\dot{x}^2 + 3m\dot{x}^2 + (M + 4m)\,gx\sin\alpha$$

$$\frac{\partial L}{\partial x} - \frac{d}{dt}\left(\frac{\partial L}{\partial \dot{x}}\right) = (M + 4m)\,g\sin\alpha - (M + 6m)\ddot{x} = 0$$

従って、$\ddot{x} = \frac{M + 4m}{M + 6m}\,g\sin\alpha < g\sin\alpha$

となるので台車の加速度は例題 19 より小さくなる。

〔例題 22〕 斜面を台車の上に更に円柱を乗せた場合の台車と円柱の運動

台車と円柱の質量をそれぞれ M_1, M_2 とする。台車と円柱の並進エネルギーは

$$T = \frac{1}{2} M_1\dot{x}_1{}^2 + 4\left(\frac{1}{2} m\dot{x}_1{}^2\right) + \frac{1}{2} M_2\dot{x}_2{}^2$$

$$= \frac{1}{2} M_1\dot{x}_1{}^2 + 2m\dot{x}_1{}^2 + \frac{1}{2} M_2\dot{x}_2{}^2$$

$$r_0\dot{\theta}_1 = \dot{x}_1, \quad R_0\dot{\theta}_2 = \dot{x}_2 - \dot{x}_1$$

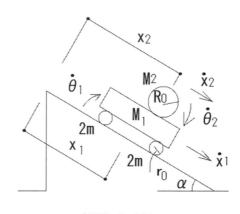

として、車輪と円柱の回転エネルギーは

$$K = 4\left\{\frac{1}{4} m (r_0\dot{\theta}_1)^2\right\} + \frac{1}{4} M_2(R_0\dot{\theta}_2)^2$$

$$= m\dot{x}_1{}^2 + \frac{1}{4} M_2(\dot{x}_2 - \dot{x}_1)^2$$

$$= m\dot{x}_1{}^2 + \frac{1}{4} M_2(\dot{x}_2{}^2 - 2\dot{x}_2\dot{x}_1 + \dot{x}_1{}^2)$$

（図7.2.10）

また、ポテンシャルエネルギーは

$$U = -(M_1 + 4m)\,gx_1\sin\alpha - M_2 gx_2\sin\alpha$$

ラグランジュ関数は

$$L = T + K - U$$

$$= \frac{1}{2} M_1\dot{x}_1{}^2 + 2m\dot{x}_1{}^2 + \frac{1}{2} M_2\dot{x}_2{}^2 + m\dot{x}_1{}^2 + \frac{1}{4} M_2(\dot{x}_2{}^2 - 2\dot{x}_2\dot{x}_1 + \dot{x}_1{}^2)$$

$$+ \ (M_1 + \ 4m)\, gx_1\sin\alpha \ + \ M_2 gx_2\sin\alpha$$

$$= \frac{1}{2}\, M_1\dot{x}_1{}^2 + \ 3m\dot{x}_1{}^2 + \ \frac{3}{4}\, M_2\dot{x}_2{}^2 - \frac{1}{2}M_2\dot{x}_2\dot{x}_1 + \ \frac{1}{4}\, M_2\dot{x}_1{}^2$$

$$+ \ (M_1 + \ 4m)\, gx_1\sin\alpha \ + \ M_2 gx_2\sin\alpha$$

となる。変数 x_2 に対して

$$\frac{\partial L}{\partial x_2} - \frac{d}{dt}\left(\frac{\partial L}{\partial \dot{x}_2}\right)$$

$$= M_2 g \sin\alpha \ - \frac{3}{2}\, M_2\ddot{x}_2 + \ \frac{1}{2}\, M_2\ddot{x}_1 \ = \ 0$$

$$\ddot{x}_2 \ = \ \frac{1}{3}\, \ddot{x}_1 + \ \frac{2}{3}\, g\sin\alpha \quad \cdots\cdots\cdots\cdots\cdots\cdots \quad (7.2.5)$$

変数 x_1 に対して

$$\frac{\partial L}{\partial x_1} \ - \frac{d}{dt}\left(\frac{\partial L}{\partial \dot{x}_1}\right)$$

$$= \ (M_1 + \ 4m)\, g\sin\alpha \ - \ M_1\ddot{x}_1 - \ 6m\ddot{x}_1 + \ \frac{1}{2}\, M_2\ddot{x}_2 - \frac{1}{2}\, M_2\ddot{x}_1$$

$$= \ 0 \quad \cdots\cdots\cdots\cdots\cdots\cdots\cdots \quad (7.2.6)$$

(7.2.5) 式を (7.2.6) 式に代入して

$$(M_1 + \ 4m)\, g\sin\alpha \ - \ (M_1 + 6m + \ \frac{1}{2}\, M_2)\, \ddot{x}_1 + \ \frac{1}{2}\, M_2\left(\frac{1}{3}\, \ddot{x}_1 + \ \frac{2}{3}\, g\sin\alpha\right) \ = \ 0$$

$$(M_1 + \ 4m + \ \frac{1}{3}\, M_2)\, g\sin\alpha \ = \ (M_1 + 6m + \ \frac{1}{3}\, M_2)\, \ddot{x}_1$$

$$\ddot{x}_1 = \frac{M_1 + 4m + \frac{1}{3}M_2}{M_1 + 6m + \frac{1}{3}M_2}\, g\sin\alpha \quad \cdots\cdots\cdots\cdots\cdots\cdots \quad (7.2.7)$$

(7.2.7) 式を (7.2.5) 式に代入して

$$\ddot{x}_2 = \left\{\frac{M_1 + 4m + \frac{1}{3}M_2}{3\,(M_1 + 6m + \frac{1}{3}M_2)} \ + \ \frac{2}{3}\right\}\, g\sin\alpha$$

$$= \frac{M_1 + 4m + \frac{1}{3}M_2 + 2M_1 + 12m + \frac{2}{3}M_2}{3\,(M_1 + 6m + \frac{1}{3}M_2)}\, g\sin\alpha$$

$$= \frac{M_1 + \frac{16}{3}m + \frac{1}{3}M_2}{M_1 + 6m + \frac{1}{3}M_2}\, g\sin\alpha \quad \cdots\cdots\cdots\cdots\cdots\cdots \quad (7.2.8)$$

$\ddot{x}_1 < \ddot{x}_2$ なので、転がる台車の上を円柱はさらに転がることを（7.2.7）式と（7.2.8）式は示している。

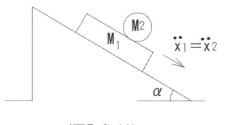

（図7.2.11）

台車に車輪がなく摩擦を無視した斜面を単に滑る場合を考えると（7.2.7）式と（7.2.8）式は $m = 0$ と置けるので、$\ddot{x}_1 = \ddot{x}_2$ となる。従って、質点と円柱は一体の運動をするので円柱は転がらない。

次に、例題22を比較に今度はニュートン力学で解いてみる。

今、台車の車輪の回転を生じさせる力を F_1 とし、円柱の回転を生じさせる力を F_2 とすると、

$$F_1 = \frac{1}{2} m\ddot{x}_1 \quad \cdots\cdots\cdots\cdots\cdots\cdots \quad (7.2.9)$$

$$F_2 = \frac{1}{2} M_2(\ddot{x}_2 - \ddot{x}_1) \quad \cdots\cdots\cdots\cdots \quad (7.2.10)$$

台車の力の釣り合いは

$$(M_1 + 4m)\ddot{x}_1 = (M_1 + 4m)g\sin\alpha - 4F_1 + F_2$$
$$\cdots\cdots\cdots\cdots\cdots\cdots \quad (7.2.11)$$

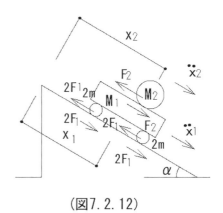

（図7.2.12）

円柱の力の釣り合いは

$$M_2\ddot{x}_2 = M_2 g\sin\alpha - F_2 \quad \cdots\cdots\cdots\cdots\cdots\cdots \quad (7.2.12)$$

（7.2.10）式と（7.2.12）式より

$$M_2\ddot{x}_2 = M_2 g\sin\alpha - \frac{1}{2} M_2(\ddot{x}_2 - \ddot{x}_1)$$

$$\frac{3}{2}\ddot{x}_2 = \frac{1}{2}\ddot{x}_1 + g\sin\alpha$$

$$\ddot{x}_2 = \frac{1}{3}\ddot{x}_1 + \frac{2}{3}\,g\sin\alpha \quad\cdots\cdots\cdots\cdots\cdots\cdots \quad (7.2.13)$$

(7.2.10) 式と (7.2.13) 式より

$$F_2 = \frac{1}{2}M_2\left(\frac{1}{3}\ddot{x}_1 + \frac{2}{3}\,g\sin\alpha - \ddot{x}_1\right)$$

$$= \frac{1}{3}M_2(g\sin\alpha - \ddot{x}_1) \quad\cdots\cdots\cdots\cdots\cdots \quad (7.2.14)$$

(7.2.9) 式と (7.2.14) 式を (7.2.11) 式に代入して

$$(M_1 + 4m)\,\ddot{x}_1 = (M_1 + 4m)\,g\sin\alpha - 2m\ddot{x}_1 + \frac{1}{3}M_2(g\sin\alpha - \ddot{x}_1)$$

$$(M_1 + 4m + \frac{1}{3}M_2)\,\ddot{x}_1 = (M_1 + 4m + \frac{1}{3}M_2)\,g\sin\alpha$$

$$\ddot{x}_1 = \frac{M_1 + 4m + \frac{1}{3}M_2}{M_1 + 6m + \frac{1}{3}M_2}\,g\sin\alpha \quad\cdots\cdots\cdots\cdots \quad (7.2.7)$$

(7.2.7) 式を (7.2.13) 式に代入して

$$\ddot{x}_2 = \frac{M_1 + \frac{16}{3}m + \frac{1}{3}M_2}{M_1 + 6m + \frac{1}{3}M_2}\,g\sin\alpha \quad\cdots\cdots\cdots\cdots \quad (7.2.8)$$

とこのように $\ddot{x}_1$ と $\ddot{x}_2$ が求まる。

よって、ニュートン力学で解いても同じ結果を得る。

ハミルトンの原理を利用した解法の場合は、斜面上の力 F_1 と F_2 を考慮しなくても解けるので、

変数が少なくなる分、計算は楽になる。

〔例題 23〕単振り子（simple pendulum）の振動

長さ r の糸につないだ質量 m の単振り子の振動方程式を組み立ててみる。

質点の運動エネルギーは

$$T = \frac{1}{2}m(\dot{x}^2 + \dot{y}^2)$$

であり、ポテンシャルエネルギーは

$$U = - mgy$$

である。そこで極座標に変換すると 2.4 節より

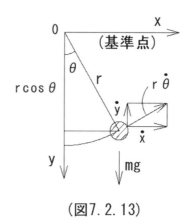

（図7.2.13）

$$\dot{x} = \dot{r}\cos\theta - r\dot{\theta}\sin\theta$$
$$\dot{y} = \dot{r}\sin\theta + r\dot{\theta}\cos\theta$$

・・・・・・・・・・・・・・・・・・・・（2.4.3 再掲）

$$\dot{x}^2 + \dot{y}^2 = (r\dot{\theta})^2$$

となる。従って、

$$T = \frac{1}{2} m (r\dot{\theta})^2$$

$$U = - mgr\cos\theta$$

$$L = T - U = \frac{1}{2} m (r\dot{\theta})^2 + mgr\cos\theta$$

$$\frac{\partial L}{\partial \theta} = - mgr\sin\theta$$

$$\frac{d}{dt}\left(\frac{\partial L}{\partial \dot{\theta}}\right) = mr^2\ddot{\theta}$$

$$\frac{\partial L}{\partial \theta} - \frac{d}{dt}\left(\frac{\partial L}{\partial \dot{\theta}}\right) = - mgr\sin\theta - mr^2\ddot{\theta} = 0$$

$$\ddot{\theta} = - \frac{g}{r}\sin\theta \quad \cdots\cdots\cdots\cdots\cdots\cdots \quad (7.2.15)$$

単振り子の振動方程式を得る。

例題 23 を比較に極座標を使ったニュートン力学で解いてみると、2.4 節の（2.4.6）式より

$$m(\ddot{r} - r\dot{\theta}^2) = F_r$$

$$m(2\dot{r}\dot{\theta} + r\ddot{\theta}) = F_\theta$$

である。r は一定なので、$\dot{r} = \ddot{r} = 0$ であるから、

$$- mr\dot{\theta}^2 = F_r$$

$$mr\ddot{\theta} = F_\theta$$

となる。ここで糸の張力を S として力の釣り合いを考えると

$$F_r = mg\cos\theta - S$$

$$F_\theta = - mg\sin\theta$$

従って、

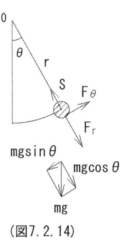

（図7.2.14）

$$F_\theta = mr\ddot{\theta} = - mg\sin\theta \text{ より}$$

$$\ddot{\theta} = - \frac{g}{r}\sin\theta$$

と（7.2.15）式と同じ運動方程式が導かれる。また、

図 7.2.14 より

$$F_r = - mr\dot{\theta}^2 = mg\cos\theta - S \text{ となるので張力は}$$

$$S = mg\cos\theta + mr\dot{\theta}^2 \text{ が得られる。}$$

ハミルトンの原理を用いると、張力を考慮しなくても運動方程式が作れる。振動が微小な場合は $\sin\theta \fallingdotseq \theta$ と置けて

$$\ddot{\theta} = - \frac{g}{r}\theta \quad \cdots\cdots\cdots\cdots\cdots\cdots \quad (7.2.16)$$

となる。

〔例題 24〕 ２重振り子（double pendulum）の振動

長さ r_1 と r_2 の糸にそれぞれ質量 m_1 と m_2 をつなげた２重振り子の振動方程式を組み立ててみ

る。ここで m_1 と m_2 の座標の位置を図 7. 2. 15 のように設定すると

$$x_1 = r_1\sin\theta_1$$

$$y_1 = r_1\cos\theta_1$$

$$x_2 = r_1\sin\theta_1 + r_2\sin\theta_2$$

$$y_2 = r_1\cos\theta_1 + r_2\cos\theta_2$$

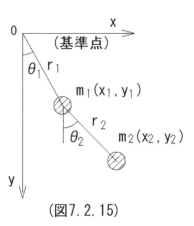

(図7. 2. 15)

それぞれ時間で微分して

$$\dot{x}_1 = r_1\dot{\theta}_1\cos\theta_1$$

$$\dot{y}_1 = -r_1\dot{\theta}_1\sin\theta_1$$

$$\dot{x}_2 = r_1\dot{\theta}_1\cos\theta_1 + r_2\dot{\theta}_2\cos\theta_2$$

$$\dot{y}_2 = -r_1\dot{\theta}_1\sin\theta_1 - r_2\dot{\theta}_2\sin\theta_2$$

2質点の運動エネルギーは

$$T = \frac{1}{2}m_1(\dot{x}_1{}^2 + \dot{y}_1^2) + \frac{1}{2}m_2(\dot{x}_2{}^2 + \dot{y}_2^2)$$

であり、ポテンシャルエネルギーは

$$U = -m_1gy_1 - m_2gy_2$$

よって、ラグランジュ関数は

$$L = T - U$$

$$= \frac{1}{2}m_1(\dot{x}_1{}^2 + \dot{y}_1^2) + \frac{1}{2}m_2(\dot{x}_2{}^2 + \dot{y}_2^2) + m_1gy_1 + m_2gy_2$$

となる。極座標に変換すると

$$\dot{x}_1{}^2 + \dot{y}_1^2 = (r_1\dot{\theta}_1)^2$$

$$\dot{x}_2{}^2 + \dot{y}_2{}^2 = (r_1\dot{\theta}_1)^2 + (r_2\dot{\theta}_2)^2 + 2r_1r_2\dot{\theta}_1\dot{\theta}_2(\cos\theta_1\cos\theta_2 + \sin\theta_1\sin\theta_2)$$

$$= (r_1\dot{\theta}_1)^2 + (r_2\dot{\theta}_2)^2 + 2r_1r_2\dot{\theta}_1\dot{\theta}_2\cos(\theta_1 - \theta_2)$$

$$L = \frac{1}{2}m_1(r_1\dot{\theta}_1)^2 + \frac{1}{2}m_2\{(r_1\dot{\theta}_1)^2 + (r_2\dot{\theta}_2)^2 + 2r_1r_2\dot{\theta}_1\dot{\theta}_2\cos(\theta_1 - \theta_2)\}$$

$$+ m_1gr_1\cos\theta_1 + m_2g(r_1\cos\theta_1 + r_2\cos\theta_2)$$

$$= \frac{1}{2}(m_1 + m_2)(r_1\dot{\theta}_1)^2 + \frac{1}{2}m_2(r_2\dot{\theta}_2)^2 + m_2r_1r_2\dot{\theta}_1\dot{\theta}_2\cos(\theta_1 - \theta_2)$$

$$+ (m_1 + m_2)gr_1\cos\theta_1 + m_2gr_2\cos\theta_2 \quad \cdots\cdots\cdots\cdots\cdots\cdots \quad (7.2.17)$$

（7.2.17）式が極座標に変換されたラグランジュ関数である。

そこで、オイラー・ラグランジュの微分方程式を適用して、まず、変数 θ_1 に対して

$$\frac{\partial L}{\partial \theta_1} = - m_2r_1r_2\dot{\theta}_1\dot{\theta}_2\sin(\theta_1 - \theta_2) - (m_1 + m_2)gr_1\sin\theta_1$$

$$\frac{d}{dt}\left(\frac{\partial L}{\partial \dot{\theta}_1}\right) = (m_1 + m_2)r_1^2\frac{d}{dt}\dot{\theta}_1 + m_2r_1r_2\frac{d}{dt}\{\dot{\theta}_2\cos(\theta_1 - \theta_2)\}$$

$$= (m_1 + m_2)r_1^2\ddot{\theta}_1 + m_2r_1r_2\{\ddot{\theta}_2\cos(\theta_1 - \theta_2) - \dot{\theta}_1\dot{\theta}_2\sin(\theta_1 - \theta_2) + \dot{\theta}_2^2\sin(\theta_1 - \theta_2)\}$$

$$\frac{\partial L}{\partial \theta_1} - \frac{d}{dt}\left(\frac{\partial L}{\partial \dot{\theta}_1}\right) = - m_2r_1r_2\dot{\theta}_1\dot{\theta}_2\sin(\theta_1 - \theta_2) - (m_1 + m_2)gr_1\sin\theta_1 - (m_1 + m_2)r_1^2\ddot{\theta}_1$$

$$- m_2r_1r_2\{\ddot{\theta}_2\cos(\theta_1 - \theta_2) - \dot{\theta}_1\dot{\theta}_2\sin(\theta_1 - \theta_2) + \dot{\theta}_2^2\sin(\theta_1 - \theta_2)\}$$

$$= (m_1 + m_2)r_1(r_1\ddot{\theta}_1 + g\sin\theta_1) + m_2r_1r_2\{\ddot{\theta}_2\cos(\theta_1 - \theta_2) + \dot{\theta}_2^2\sin(\theta_1 - \theta_2)\}$$

$$= 0 \quad \cdots\cdots\cdots\cdots\cdots\cdots \quad (7.2.18)$$

次に、変数 θ_2 に対して

$$\frac{\partial L}{\partial \theta_2} = m_2r_1r_2\dot{\theta}_1\dot{\theta}_2\sin(\theta_1 - \theta_2) - m_2gr_2\sin\theta_2$$

$$\frac{d}{dt}\left(\frac{\partial L}{\partial \dot{\theta}_2}\right) = m_2r_2^2\frac{d}{dt}\dot{\theta}_2 + m_2r_1r_2\frac{d}{dt}\{\dot{\theta}_1\cos(\theta_1 - \theta_2)\}$$

$$= m_2r_2^2\ddot{\theta}_2 + m_2r_1r_2\{\ddot{\theta}_1\cos(\theta_1 - \theta_2) - \dot{\theta}_1^2\sin(\theta_1 - \theta_2) + \dot{\theta}_1\dot{\theta}_2\sin(\theta_1 - \theta_2)\}$$

$$\frac{\partial L}{\partial \theta_2} - \frac{d}{dt}\left(\frac{\partial L}{\partial \dot{\theta}_2}\right) = m_2 r_1 r_2 \dot{\theta}_1 \dot{\theta}_2 \sin(\theta_1 - \theta_2) - m_2 g r_2 \sin\theta_2 - m_2 r_2^2 \ddot{\theta}_2$$

$$- m_2 r_1 r_2 \{\ddot{\theta}_1 \cos(\theta_1 - \theta_2) - \dot{\theta}_1^2 \sin(\theta_1 - \theta_2) + \dot{\theta}_1 \dot{\theta}_2 \sin(\theta_1 - \theta_2)\}$$

$$= m_2 r_2 (r_2 \ddot{\theta}_2 + g\sin\theta_2) + m_2 r_1 r_2 \{\ddot{\theta}_1 \cos(\theta_1 - \theta_2) - \dot{\theta}_1^2 \sin(\theta_1 - \theta_2)\}$$

$$= 0 \quad \cdots\cdots\cdots\cdots\cdots\cdots \quad (7.2.19)$$

（7.2.18）式と（7.2.19）式の2式を合わせて

$$\left.\begin{array}{l} (m_1 + m_2) r_1 (r_1 \ddot{\theta}_1 + g\sin\theta_1) + m_2 r_1 r_2 \{\ddot{\theta}_2 \cos(\theta_1 - \theta_2) + \dot{\theta}_2^2 \sin(\theta_1 - \theta_2)\} = 0 \\ m_2 r_2 (r_2 \ddot{\theta}_2 + g\sin\theta_2) + m_2 r_1 r_2 \{\ddot{\theta}_1 \cos(\theta_1 - \theta_2) - \dot{\theta}_1^2 \sin(\theta_1 - \theta_2)\} = 0 \end{array}\right)$$

$$\cdots\cdots\cdots\cdots\cdots\cdots \quad (7.2.20)$$

従って、（7.2.20）式が2重振り子の運動方程式となる。

振動が微小な場合の運動方程式は

$$\sin\theta_1 \fallingdotseq \theta_1, \ \sin\theta_2 \fallingdotseq \theta_2, \ \cos(\theta_1 - \theta_2) \fallingdotseq 1, \ \sin(\theta_1 - \theta_2) \fallingdotseq 0$$

と置けて（7.2.20）式は

$$(m_1 + m_2) r_1 \ddot{\theta}_1 + m_2 r_2 \ddot{\theta}_2 = -(m_1 + m_2) g\theta_1$$

$$m_2 r_1 \ddot{\theta}_1 + m_2 r_2 \ddot{\theta}_2 = -m_2 g\theta_2$$

となりマトリックス形式で表現すると

$$\begin{bmatrix} (m_1 + m_2) r_1 & m_2 r_2 \\ m_2 r_1 & m_2 r_2 \end{bmatrix} \begin{Bmatrix} \ddot{\theta}_1 \\ \ddot{\theta}_2 \end{Bmatrix} = -g \begin{Bmatrix} m_1 + m_2 \\ m_2 \end{Bmatrix} \begin{Bmatrix} \theta_1 \\ \theta_2 \end{Bmatrix} \quad \cdots\cdots\cdots\cdots \quad (7.2.21)$$

となる。

比較にニュートン力学で解いてみる。

糸1と糸2の張力をそれぞれ S_1 と S_2 とすると、質点1の運動方程式は

$$m_1 \ddot{x}_1 = -S_1 \sin\theta_1 + S_2 \sin\theta_2 \quad \cdots\cdots\cdots\cdots \quad (7.2.22)$$

$$m_1\ddot{y}_1 = -S_1\cos\theta_1 + S_2\cos\theta_2 + m_1g \quad\cdots\cdots\cdots\cdots\cdots\cdots\quad (7.2.23)$$

質点2の運動方程式は

$$m_2\ddot{x}_2 = -S_2\sin\theta_2$$

$$\cdots\cdots\cdots\cdots\cdots\cdots \quad (7.2.24)$$

$$m_2\ddot{y}_2 = -S_2\cos\theta_2 + m_2g$$

$$\cdots\cdots\cdots\cdots\cdots\cdots \quad (7.2.25)$$

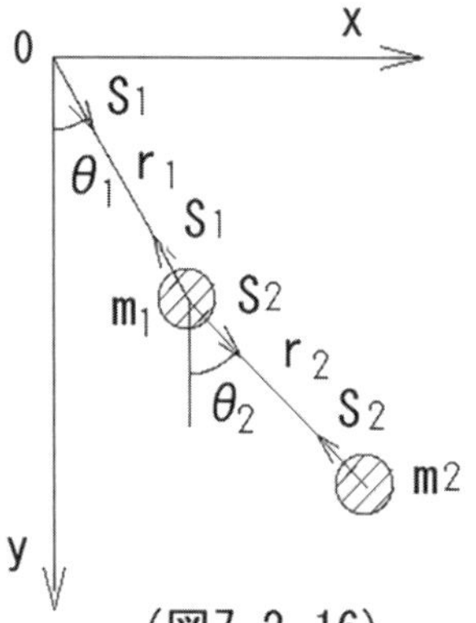

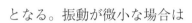

（図7.2.16）

となる。振動が微小な場合は

$$\sin\theta_1 \fallingdotseq \theta_1, \ \ \sin\theta_2 \fallingdotseq \theta_2, \ \ \cos\theta_1 \fallingdotseq 1, \ \ \cos\theta_2 \fallingdotseq 1$$

なので

$$y_1 \fallingdotseq r_1 \qquad \rightarrow \qquad \ddot{y}_1 = 0$$

$$y_2 \fallingdotseq r_1 + r_2 \qquad \rightarrow \qquad \ddot{y}_2 = 0$$

（7.2.23）式と（7.2.25）式に代入して

$$0 = -S_1 + S_2 + m_1g$$

$$0 = -S_2 + m_2g$$

となるので

$$S_1 = (m_1 + m_2)g$$

$$S_2 = m_2g$$

また、座標の近似値は

$$x_1 \fallingdotseq r_1\theta_1 \qquad \rightarrow \qquad \ddot{x}_1 = r_1\ddot{\theta}_1$$

105

$$x_2 \fallingdotseq r_1\theta_1 + r_2\theta_2 \qquad \rightarrow \qquad \ddot{x}_2 = r_1\ddot{\theta}_1 + r_2\ddot{\theta}_2$$

なので、（7.2.22）式と（7.2.24）式に代入して

$$m_1 r_1 \ddot{\theta}_1 = -(m_1 + m_2)\, g\theta_1 + m_2 g\theta_2 \quad\cdots\cdots\cdots\cdots\cdots\cdots \quad (7.2.26)$$

$$m_2(r_1\ddot{\theta}_1 + r_2\ddot{\theta}_2) = -m_2 g\theta_2 \quad\cdots\cdots\cdots\cdots\cdots\cdots \quad (7.2.27)$$

（7.2.26）式と（7.2.27）式を加算して

$$(m_1 + m_2)\, r_1\ddot{\theta}_1 + m_2 r_2\ddot{\theta}_2 = -(m_1 + m_2)\, g\theta_1$$

$$m_2 r_1\ddot{\theta}_1 + m_2 r_2\ddot{\theta}_2 = -m_2 g\theta_2$$

従って、（7.2.21）式と同じ振動方程式が得られる。

§8　ハミルトン原理の 質点系(非減衰)への適用

この章ではハミルトン原理により非減衰の各質点の振動方程式を求めて、ニュートン力学による振動方程式と一致することを確認してみる。

8.1　1質点系（非減衰）の場合

(1) 1質点系の自由振動（free vibration）

質点の運動エネルギーは

$$T = \frac{1}{2}\, m\dot{y}^2$$

であり、ポテンシャルエネルギーは

$$U = \frac{1}{2}\, ky^2$$

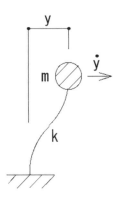

である。従って、ラグランジュ関数は

$$L = T - U = \frac{1}{2}\, m\dot{y}^2 - \frac{1}{2}\, ky^2$$

（図8.1.1）

よって、上式を（7.1.22）式に当てはめてみると

$$\frac{\partial L}{\partial y} - \frac{d}{dt}\left(\frac{\partial L}{\partial \dot{y}}\right) = -ky - m\ddot{y} = 0$$

$$m\ddot{y} + ky = 0 \cdots\cdots\cdots\cdots\cdots\cdots\cdots (8.1.1)$$

ダランベールの1質点系の運動方程式と一致する。

(2) 1質点系の強制振動（forced vibration）（その１）

地震による地盤の移動量を y_G とすると、質点の速さは地盤の動きが加算されて $\dot{y} + \dot{y}_G$ となる

ので、質点の運動エネルギーは

$$T = \frac{1}{2} m (\dot{y} + \dot{y}_G)^2$$

であり、ポテンシャルエネルギーは

$$U = \frac{1}{2} ky^2$$

である。従って、ラグランジュ関数は

$$L = T - U$$

$$= \frac{1}{2} m (\dot{y} + \dot{y}_G)^2 - \frac{1}{2} ky^2$$

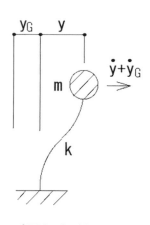

（図8.1.2）

よって、上式を（7.1.22）式に当てはめてみると

$$\frac{\partial L}{\partial y} - \frac{d}{dt}\left(\frac{\partial L}{\partial \dot{y}}\right) = - ky - m (\ddot{y} + \ddot{y}_G) = 0$$

$$m (\ddot{y} + \ddot{y}_G) + ky = 0$$

外力を右辺に移項して

$$m\ddot{y} + ky = - m\ddot{y}_G \quad \cdots\cdots\cdots\cdots\cdots\cdots \quad (8.1.2)$$

1質点系の強制振動の運動方程式と一致する。

(3) 1質点系の強制振動（その２）

別解として地震による地盤の加速度 $\ddot{y}_G$ をポテンシャルエネルギーとして考えると、質点の運

動エネルギーは

$$T = \frac{1}{2} m\dot{y}^2$$

であり、ポテンシャルエネルギーは

$$U = \frac{1}{2} ky^2 + m\ddot{y}_G y$$

である。従って、ラグランジュ関数は

$$L - T \quad U$$

$$= \frac{1}{2} m\dot{y}^2 - \frac{1}{2} ky^2 - m\ddot{y}_G y$$

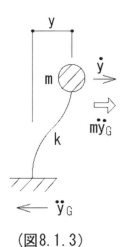

（図8.1.3）

よって、上式を（7.1.22）式に当てはめてみると

$$\frac{\partial L}{\partial y} - \frac{d}{dt}\left(\frac{\partial L}{\partial \dot{y}}\right) = -ky - m\ddot{y}_G - m\ddot{y} = 0$$

$$m(\ddot{y} + \ddot{y}_G) + ky = 0$$

8.1節 (2) と同じ運動方程式が得られる。

8.1節 (2) と 8.1節 (3) で分かるように、ラグランジュ関数は1個だけとは限らない。また、

存在しない場合もあり得る。

8.2 2質点系（非減衰）の場合

(1) 2質点系の自由振動

2質点の運動エネルギーは

$$T = \frac{1}{2} m_2 \dot{y}_2^2 + \frac{1}{2} m_1 \dot{y}_1^2$$

であり、ポテンシャルエネルギーは

$$U = \frac{1}{2} k_2 (y_2 - y_1)^2 + \frac{1}{2} k_1 y_1^2$$

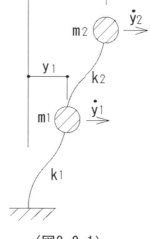

（図8.2.1）

である。従って、ラグランジュ関数は

$$L = T - U$$

$$= \frac{1}{2} m_2 \dot{y}_2^2 + \frac{1}{2} m_1 \dot{y}_1^2 - \frac{1}{2} k_2 (y_2 - y_1)^2 - \frac{1}{2} k_1 y_1^2$$

変数 y_2 に対して

$$\frac{\partial L}{\partial y_2} - \frac{d}{dt}\left(\frac{\partial L}{\partial \dot{y}_2}\right) = - k_2 (y_2 - y_1) - m_2 \ddot{y}_2 = 0 \quad \cdots\cdots\cdots\cdots\cdots\cdots\cdots \quad (8.2.1)$$

変数 y_1 に対して

$$\frac{\partial L}{\partial y_1} - \frac{d}{dt}\left(\frac{\partial L}{\partial \dot{y}_1}\right) = k_2 (y_2 - y_1) - k_1 y_1 - m_1 \ddot{y}_1 = 0 \quad \cdots\cdots\cdots\cdots\cdots\cdots \quad (8.2.2)$$

（8.2.1）式と（8.2.2）式をマトリックス形式に書き直すと

$$\begin{bmatrix} m_1 & 0 \\ 0 & m_2 \end{bmatrix} \begin{Bmatrix} \ddot{y}_1 \\ \ddot{y}_2 \end{Bmatrix} + \begin{bmatrix} k_1 + k_2 & -k_2 \\ -k_2 & k_2 \end{bmatrix} \begin{Bmatrix} y_1 \\ y_2 \end{Bmatrix} = \begin{Bmatrix} 0 \\ 0 \end{Bmatrix} \quad \cdots\cdots\cdots\cdots\cdots\cdots \quad (8.2.3)$$

既知の2質点系の自由振動の振動方程式となる。

(2) 2質点系の強制振動（その1）

地震による地盤の移動量を y_G とすると、

$$T = \frac{1}{2} m_2 (\dot{y}_2 + \dot{y}_G)^2 + \frac{1}{2} m_1 (\dot{y}_1 + \dot{y}_G)^2$$

$$U = \frac{1}{2} k_2 (y_2 - y_1)^2 + \frac{1}{2} k_1 y_1{}^2$$

である。従って、ラグランジュ関数は

$$L = T - U$$

$$= \frac{1}{2} m_2 (\dot{y}_2 + \dot{y}_G)^2 + \frac{1}{2} m_1 (\dot{y}_1 + \dot{y}_G)^2$$

$$- \frac{1}{2} k_2 (y_2 - y_1)^2 - \frac{1}{2} k_1 y_1{}^2$$

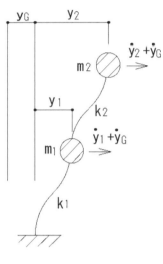

(図8.2.2)

変数 y_2 に対して

$$\frac{\partial L}{\partial y_2} - \frac{d}{dt}\left(\frac{\partial L}{\partial \dot{y}_2}\right) = - k_2 (y_2 - y_1) - m_2 (\ddot{y}_2 + \ddot{y}_G)$$

$$= 0 \quad \cdots\cdots\cdots\cdots\cdots\cdots \quad (8.2.4)$$

変数 y_1 に対して

$$\frac{\partial L}{\partial y_1} - \frac{d}{dt}\left(\frac{\partial L}{\partial \dot{y}_1}\right) = k_2 (y_2 - y_1) - k_1 y_1 - m_1 (\ddot{y}_1 + \ddot{y}_G) = 0 \quad \cdots\cdots\cdots\cdots \quad (8.2.5)$$

（8.2.4）式と（8.2.5）式をマトリックス形式に書き直すと

$$\begin{bmatrix} m_1 & 0 \\ 0 & m_2 \end{bmatrix} \begin{Bmatrix} \ddot{y}_1 + \ddot{y}_G \\ \ddot{y}_2 + \ddot{y}_G \end{Bmatrix} + \begin{bmatrix} k_1 + k_2 & -k_2 \\ -k_2 & k_2 \end{bmatrix} \begin{Bmatrix} y_1 \\ y_2 \end{Bmatrix} = \begin{Bmatrix} 0 \\ 0 \end{Bmatrix}$$

外力を右辺に移項して

$$\begin{bmatrix} m_1 & 0 \\ 0 & m_2 \end{bmatrix} \begin{Bmatrix} \ddot{y}_1 \\ \ddot{y}_2 \end{Bmatrix} + \begin{bmatrix} k_1 + k_2 & -k_2 \\ -k_2 & k_2 \end{bmatrix} \begin{Bmatrix} y_1 \\ y_2 \end{Bmatrix} = - \begin{bmatrix} m_1 & 0 \\ 0 & m_2 \end{bmatrix} \begin{Bmatrix} 1 \\ 1 \end{Bmatrix} \ddot{y}_G \quad \cdots\cdots\cdots\cdots \quad (8.2.6)$$

既知の２質点系の強制振動の振動方程式となる。

(3) ２質点系の強制振動（その２）

別解として地震による地盤の加速度 $\ddot{y}_G$ をポテンシャルエネルギーとして考えると

$$T = \frac{1}{2} m_2 \dot{y}_2^2 + \frac{1}{2} m_1 \dot{y}_1^2$$

$$U = \frac{1}{2} k_2 (y_2 - y_1)^2 + \frac{1}{2} k_1 y_1{}^2$$

$$+ m_2 \ddot{y}_G y_2 + m_1 \ddot{y}_G y_1$$

である。従って、ラグランジュ関数は

$$L = T - U$$

$$= \frac{1}{2} m_2 \dot{y}_2^2 + \frac{1}{2} m_1 \dot{y}_1^2 - \frac{1}{2} k_2 (y_2 - y_1)^2$$

$$- \frac{1}{2} k_1 y_1{}^2 - m_2 \ddot{y}_G y_2 - m_1 \ddot{y}_G y_1$$

変数 y_2 に対して

$$\frac{\partial L}{\partial y_2} - \frac{d}{dt}\left(\frac{\partial L}{\partial \dot{y}_2}\right) = - k_2(y_2 - y_1) - m_2 \ddot{y}_2 - m_2 \ddot{y}_G = 0$$

$$\cdots\cdots\cdots\cdots\cdots\cdots (8.2.4)$$

変数 y_1 に対して

$$\frac{\partial L}{\partial y_1} - \frac{d}{dt}\left(\frac{\partial L}{\partial \dot{y}_1}\right) = k_2(y_2 - y_1) - k_1 y_1 - m_1 \ddot{y}_1 - m_1 \ddot{y}_G = 0$$

$$\cdots\cdots\cdots\cdots\cdots\cdots (8.2.5)$$

従って、8.2 節 (2) の振動方程式と同じ解が得られる。

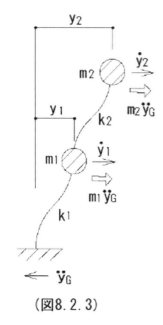

（図8.2.3）

8.3 3質点系（非減衰）の場合

(1) 3質点系の自由振動

$$T = \frac{1}{2} m_3 \dot{y}_3^2 + \frac{1}{2} m_2 \dot{y}_2^2 + \frac{1}{2} m_1 \dot{y}_1^2$$

$$U = \frac{1}{2} k_3(y_3 - y_2)^2 + \frac{1}{2} k_2(y_2 - y_1)^2 + \frac{1}{2} k_1 y_1^2$$

$$L = T - U$$

$$= \frac{1}{2} m_3 \dot{y}_3^2 + \frac{1}{2} m_2 \dot{y}_2^2 + \frac{1}{2} m_1 \dot{y}_1^2$$

$$- \frac{1}{2} k_3(y_3 - y_2)^2 - \frac{1}{2} k_2(y_2 - y_1)^2 - \frac{1}{2} k_1 y_1^2$$

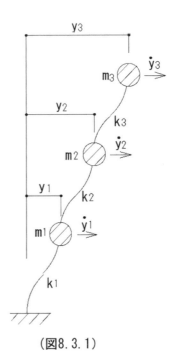

（図8.3.1）

変数 y_3 に対して

$$\frac{\partial L}{\partial y_3} - \frac{d}{dt}\left(\frac{\partial L}{\partial \dot{y}_3}\right) = - k_3(y_3 - y_2) - m_3 \ddot{y}_3 = 0$$

$$\cdots\cdots\cdots\cdots\cdots\cdots\cdots \quad (8.3.1)$$

変数 y_2 に対して

$$\frac{\partial L}{\partial y_2} - \frac{d}{dt}\left(\frac{\partial L}{\partial \dot{y}_2}\right) = k_3(y_3 - y_2) - k_2(y_2 - y_1) - m_2 \ddot{y}_2 = 0 \quad \cdots\cdots\cdots\cdots \quad (8.3.2)$$

変数 y_1 に対して

$$\frac{\partial L}{\partial y_1} - \frac{d}{dt}\left(\frac{\partial L}{\partial \dot{y}_1}\right) = k_2(y_2 - y_1) - k_1 y_1 - m_1 \ddot{y}_1 = 0 \quad \cdots\cdots\cdots\cdots\cdots\cdots \quad (8.3.3)$$

（8.3.1）式と（8.3.2）式と（8.3.3）式をマトリックス形式に書き直すと

$$\begin{bmatrix} m_1 & 0 & 0 \\ 0 & m_2 & 0 \\ 0 & 0 & m_3 \end{bmatrix} \begin{Bmatrix} \ddot{y}_1 \\ \ddot{y}_2 \\ \ddot{y}_3 \end{Bmatrix} + \begin{bmatrix} k_1 + k_2 & -k_2 & 0 \\ -k_2 & k_2 + k_3 & -k_3 \\ 0 & -k_3 & k_3 \end{bmatrix} \begin{Bmatrix} y_1 \\ y_2 \\ y_3 \end{Bmatrix} = \begin{Bmatrix} 0 \\ 0 \\ 0 \end{Bmatrix} \quad \cdots\cdots\cdots \quad (8.3.4)$$

既知の3質点系の自由振動の振動方程式が得られる。

(2) 3質点系の強制振動（その1）

地震による地盤の移動量を y_G とすると、

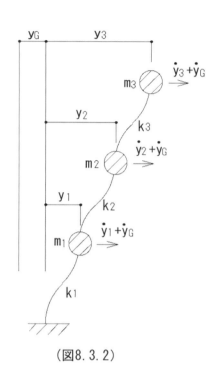

$$T = \frac{1}{2}\, m_3(\dot{y}_3 + \dot{y}_G)^2 + \frac{1}{2}\, m_2(\dot{y}_2 + \dot{y}_G)^2$$

$$+ \frac{1}{2}\, m_1(\dot{y}_1 + \dot{y}_G)^2$$

$$U = \frac{1}{2}\, k_3(y_3 - y_2)^2 + \frac{1}{2}\, k_2(y_2 - y_1)^2 + \frac{1}{2}\, k_1 y_1{}^2$$

$$L = T - U$$

$$= \frac{1}{2}\, m_3(\dot{y}_3 + \dot{y}_G)^2 + \frac{1}{2}\, m_2(\dot{y}_2 + \dot{y}_G)^2$$

$$+ \frac{1}{2}\, m_1(\dot{y}_1 + \dot{y}_G)^2 - \frac{1}{2} k_3(y_3 - y_2)^2$$

$$- \frac{1}{2}\, k_2(y_2 - y_1)^2 - \frac{1}{2}\, k_1 y_1{}^2$$

（図8.3.2）

変数 y_3 に対して

$$\frac{\partial L}{\partial y_3} - \frac{d}{dt}\left(\frac{\partial L}{\partial \dot{y}_3}\right) = -k_3(y_3 - y_2) - m_3(\ddot{y}_3 + \ddot{y}_G) = 0 \quad\cdots\cdots\cdots\cdots\cdots\cdots \quad (8.3.5)$$

変数 y_2 に対して

$$\frac{\partial L}{\partial y_2} - \frac{d}{dt}\left(\frac{\partial L}{\partial \dot{y}_2}\right) = k_3(y_3 - y_2) - k_2(y_2 - y_1) - m_2(\ddot{y}_2 + \ddot{y}_G) = 0 \quad\cdots\cdots \quad (8.3.6)$$

変数 y_1 に対して

$$\frac{\partial L}{\partial y_1} - \frac{d}{dt}\left(\frac{\partial L}{\partial \dot{y}_1}\right) = k_2(y_2 - y_1) - k_1 y_1 - m_1(\ddot{y}_1 + \ddot{y}_G) = 0 \quad\cdots\cdots\cdots\cdots \quad (8.3.7)$$

（8.3.5）式と（8.3.6）式と（8.3.7）式をマトリックス形式に書き直すと

$$\begin{bmatrix} m_1 & 0 & 0 \\ 0 & m_2 & 0 \\ 0 & 0 & m_3 \end{bmatrix} \begin{Bmatrix} \ddot{y}_1 + \ddot{y}_G \\ \ddot{y}_2 + \ddot{y}_G \\ \ddot{y}_3 + \ddot{y}_G \end{Bmatrix} + \begin{bmatrix} k_1 + k_2 & -k_2 & 0 \\ -k_2 & k_2 + k_3 & -k_3 \\ 0 & -k_3 & k_3 \end{bmatrix} \begin{Bmatrix} y_1 \\ y_2 \\ y_3 \end{Bmatrix} = \begin{Bmatrix} 0 \\ 0 \\ 0 \end{Bmatrix}$$

外力を右辺に移項して

$$\begin{bmatrix} m_1 & 0 & 0 \\ 0 & m_2 & 0 \\ 0 & 0 & m_3 \end{bmatrix} \begin{Bmatrix} \ddot{y}_1 \\ \ddot{y}_2 \\ \ddot{y}_3 \end{Bmatrix} + \begin{bmatrix} k_1 + k_2 & -k_2 & 0 \\ -k_2 & k_2 + k_3 & -k_3 \\ 0 & -k_3 & k_3 \end{bmatrix} \begin{Bmatrix} y_1 \\ y_2 \\ y_3 \end{Bmatrix} = - \begin{bmatrix} m_1 & 0 & 0 \\ 0 & m_2 & 0 \\ 0 & 0 & m_3 \end{bmatrix} \begin{Bmatrix} 1 \\ 1 \\ 1 \end{Bmatrix} \ddot{y}_G$$

$$\cdots\cdots\cdots\cdots\cdots\cdots\cdots \quad (8.3.8)$$

既知の３質点系の強制振動の振動方程式となる。

(3) ３質点系の強制振動（その２）

別解として地震による地盤の加速度 $\ddot{y}_G$ をポテンシャルエネルギーとして考えると

$$T = \frac{1}{2} m_3 \dot{y}_3^2 + \frac{1}{2} m_2 \dot{y}_2^2 + \frac{1}{2} m_1 \dot{y}_1^2$$

$$U = \frac{1}{2} k_3 (y_3 - y_2)^2 + \frac{1}{2} k_2 (y_2 - y_1)^2 + \frac{1}{2} k_1 y_1^2$$

$$+ m_3 \ddot{y}_G y_3 + m_2 \ddot{y}_G y_2 + m_1 \ddot{y}_G y_1$$

$$L = T - U$$

$$= \frac{1}{2} m_3 \dot{y}_3^2 + \frac{1}{2} m_2 \dot{y}_2^2 + \frac{1}{2} m_1 \dot{y}_1^2$$

$$- \frac{1}{2} k_3 (y_3 - y_2)^2 - \frac{1}{2} k_2 (y_2 - y_1)^2 - \frac{1}{2} k_1 y_1^2$$

$$- m_3 \ddot{y}_G y_3 - m_2 \ddot{y}_G y_2 - m_1 \ddot{y}_G y_1$$

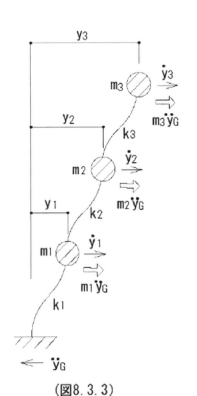

（図8.3.3）

変数 y_3 に対して

$$\frac{\partial L}{\partial y_3} - \frac{d}{dt}\left(\frac{\partial L}{\partial \dot{y}_3}\right) = -k_3(y_3 - y_2) - m_3 \ddot{y}_3 - m_3 \ddot{y}_G = 0 \quad \cdots\cdots\cdots\cdots \quad (8.3.5)$$

変数 y_2 に対して

$$\frac{\partial L}{\partial y_2} - \frac{d}{dt}\left(\frac{\partial L}{\partial \dot{y}_2}\right) = k_3(y_3 - y_2) - k_2(y_2 - y_1) - m_2 \ddot{y}_2 - m_2 \ddot{y}_G = 0 \quad \cdots \quad (8.3.6)$$

変数 y_1 に対して

$$\frac{\partial L}{\partial y_1} - \frac{d}{dt}\left(\frac{\partial L}{\partial \dot{y}_1}\right) = k_2(y_2 - y_1) - k_1 y_1 - m_1 \ddot{y}_1 - m_1 \ddot{y}_G = 0 \quad \cdots\cdots\cdots\cdots \quad (8.3.7)$$

よって、8.3節 (2) の振動方程式と同じ結果が得られる。

§9　ハミルトン原理の 質点系(減衰考慮)への適用

この章ではハミルトン原理により減衰を考慮した各質点系の振動方程式を求めて、ニュートン力学による振動方程式と一致することを確認する。

9.1　1質点系（減衰考慮）の場合

(1) 1質点系の減衰自由振動 （その1）

減衰を考慮した自由振動の運動方程式は C を粘性減衰定数（coefficient of viscous damping）として

$$m\ddot{y} + c\dot{y} + ky = 0 \quad \cdots\cdots\cdots\cdots\cdots\cdots \quad (9.1.1)$$

と表されるから 9.1.1 式に $e^{\frac{c}{m}t}(>0)$ を乗じると

$$e^{\frac{c}{m}t}(m\ddot{y} + c\dot{y} + ky)$$

$$= e^{\frac{c}{m}t}(ky) + e^{\frac{c}{m}t}(m\ddot{y} + c\dot{y})$$

$$= e^{\frac{c}{m}t}ky + \frac{d}{dt}(e^{\frac{c}{m}t}m\dot{y}) = 0$$

ここで (7.1.23) 式の $\dfrac{\partial U}{\partial y} + \dfrac{d}{dt}\left(\dfrac{\partial T}{\partial \dot{y}}\right) = 0$ に適用して

$$\frac{\partial U}{\partial y} = e^{\frac{c}{m}t}ky$$

$$\frac{\partial T}{\partial \dot{y}} = e^{\frac{c}{m}t}m\dot{y}$$

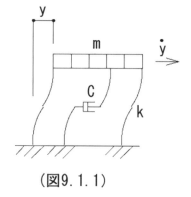

（図9.1.1）

と置くと、積分して

$$U = e^{\frac{c}{m}t} \frac{1}{2} ky^2$$

$$T = e^{\frac{c}{m}t} \frac{1}{2} m\dot{y}^2$$

となるから、ラグランジュ関数は

$$L = T - U = e^{\frac{c}{m}t}\left(\frac{1}{2} m\dot{y}^2 - \frac{1}{2} ky^2\right)$$

と求められる。

従って、運動エネルギーとポテンシャルエネルギーに時間とともに変化する関数 $e^{\frac{c}{m}t}$ を乗じれば、減衰を考慮したラグランジュ関数となる。

通常、振動論では慣用として

$$\omega^2 = \frac{k}{m}$$

$$2\hbar\omega = \frac{c}{m} \ (\hbar : 減衰定数)$$

と置かれるので

$$L = e^{2\hbar\omega t}\left(\frac{1}{2} m\dot{y}^2 - \frac{1}{2} ky^2\right)$$

とも書ける。

$e^{\frac{c}{m}t}$ を乗じる方法は、１質点系にのみに適用でき、多質点系ではこの方法ではラグランジュ関数を求めることはできない。〔9. 2 節 (1) 参照〕

(2) １質点系の減衰自由振動（その２）

減衰を考慮した自由振動の運動方程式

$$m\ddot{y} + c\dot{y} + ky = 0$$

117

の場合の解析的な別法として、新たに $D = \dfrac{1}{2}c\dot{y}^2$ という散逸関数（dissipation function）を考え、（7.1.23）式に $\dfrac{\partial D}{\partial \dot{y}}$ を付加しラグランジュの微分方程式を拡張して利用する。

この散逸関数は 1873 年にレイリーによって導入されたものであり、その $\dfrac{\partial D}{\partial \dot{y}}$ は抵抗力を表す。

よって、

$$\frac{\partial L}{\partial y} - \frac{d}{dt}\left(\frac{\partial L}{\partial \dot{y}}\right) + \frac{\partial D}{\partial \dot{y}} = 0$$

と置いてみると

$$\frac{\partial U}{\partial y} + \frac{d}{dt}\left(\frac{\partial T}{\partial \dot{y}}\right) + \frac{\partial D}{\partial \dot{y}} = 0 \quad \cdots\cdots\cdots\cdots\cdots\cdots \quad (9.1.2)$$

となる。ここで

$$T = \frac{1}{2}m\dot{y}^2, \ U = \frac{1}{2}ky^2, \ D = \frac{1}{2}c\dot{y}^2$$

として（9.1.2）式に代入すると

$$\frac{\partial U}{\partial y} + \frac{d}{dt}\left(\frac{\partial T}{\partial \dot{y}}\right) + \frac{\partial D}{\partial \dot{y}}$$

$$= ky + \frac{d}{dt}(m\dot{y}) + c\dot{y}$$

$$= m\ddot{y} + c\dot{y} + ky = 0$$

となり、減衰自由振動の運動方程式となる。

(3) 1質点系の減衰強制振動（その1）

地震の加速度 $\ddot{y}_G$ をポテンシャルエネルギーとして考えた 8.1 節 (3) と $e^{\frac{c}{m}t}$ を乗じた 9.1 節(1) のラグランジュ関数を利用して

$$T = e^{\frac{c}{m}t}\left(\frac{1}{2}m\dot{y}^2\right)$$

$$U = e^{\frac{c}{m}t}\left(\frac{1}{2}ky^2 + m\ddot{y}_G y\right)$$

と置くと、ラグランジュ関数は

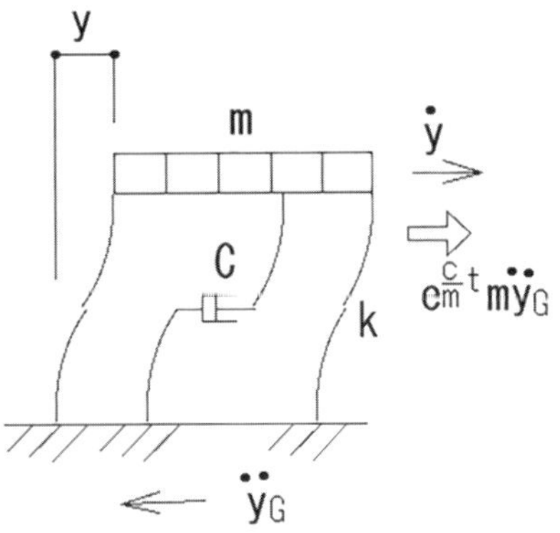

$$L = T - U$$

$$= e^{\frac{c}{m}t}\left(\frac{1}{2}m\dot{y}^2 - \frac{1}{2}ky^2 - m\ddot{y}_G y\right)$$

$$\frac{\partial L}{\partial y} = -e^{\frac{c}{m}t}(ky + m\ddot{y}_G)$$

$$\frac{d}{dt}\left(\frac{\partial L}{\partial \dot{y}}\right) = \frac{d}{dt}(e^{\frac{c}{m}t}m\dot{y})$$

$$= \frac{c}{m}e^{\frac{c}{m}t}m\dot{y} + e^{\frac{c}{m}t}m\ddot{y}$$

$$= e^{\frac{c}{m}t}(c\dot{y} + m\ddot{y})$$

$$\frac{\partial L}{\partial y} - \frac{d}{dt}\left(\frac{\partial L}{\partial \dot{y}}\right) = -e^{\frac{c}{m}t}(ky + m\ddot{y}_G + c\dot{y} + m\ddot{y}) = 0$$

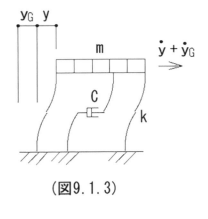

（図9.1.2）

従って、

$$m\ddot{y} + c\dot{y} + ky = -m\ddot{y}_G \quad \cdots\cdots\cdots\cdots\cdots\cdots\cdots \quad (9.1.3)$$

となり、1質点系の減衰強制振動の運動方程式となる。

以上の方法と別に8.1節 (2) のように地震による地盤の移動量を y_G とすると

$$T = e^{\frac{c}{m}t}\left\{\frac{1}{2}m(\dot{y} + \dot{y}_G)^2\right\}$$

$$U = e^{\frac{c}{m}t}\frac{1}{2}ky^2$$

と置いた場合を試してみる。

ラグランジュ関数は

$$L = T - U$$

$$= e^{\frac{c}{m}t}\left\{\frac{1}{2}m(\dot{y} + \dot{y}_G)^2 - \frac{1}{2}ky^2\right\}$$

$$\frac{\partial L}{\partial y} = -e^{\frac{c}{m}t}ky$$

（図9.1.3）

$$\frac{d}{dt}\left(\frac{\partial L}{\partial \dot{y}}\right) = \frac{d}{dt}\{e^{\frac{c}{m}t}m(\dot{y} + \dot{y}_G)\}$$

$$= e^{\frac{c}{m}t}m(\ddot{y} + \ddot{y}_G) + \frac{c}{m}e^{\frac{c}{m}t}m(\dot{y} + \dot{y}_G)$$

$$= e^{\frac{c}{m}t}\{m(\ddot{y} + \ddot{y}_G) + c(\dot{y} + \dot{y}_G)\}$$

$$\frac{\partial L}{\partial y} - \frac{d}{dt}\left(\frac{\partial L}{\partial \dot{y}}\right)$$

$$= -e^{\frac{c}{m}t}\{ky + m(\ddot{y} + \ddot{y}_G) + c(\dot{y} + \dot{y}_G)\} = 0$$

従って、

$$m\ddot{y} + c(\dot{y} + \dot{y}_G) + ky = -m\ddot{y}_G$$

となり、地動速度にも粘性減衰を乗じた項が残り、正しい振動方程式は得られない。

(4) 1質点系の減衰強制振動（その2）

散逸関数を付加した（9.1.2）式の

$$\frac{\partial U}{\partial y} + \frac{d}{dt}\left(\frac{\partial T}{\partial \dot{y}}\right) + \frac{\partial D}{\partial \dot{y}} = 0$$

を利用して、地震による地盤の移動量を y_G とすると

$$T = \frac{1}{2}m(\dot{y} + \dot{y}_G)^2$$

$$U = \frac{1}{2}ky^2$$

$$D = \frac{1}{2}c\dot{y}^2$$

と置けて

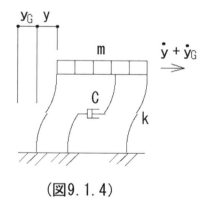

（図9.1.4）

$$\frac{\partial U}{\partial y} = ky$$

$$\frac{d}{dt}\left(\frac{\partial T}{\partial \dot{y}}\right) = \frac{d}{dt}\{m(\dot{y} + \dot{y}_G)\} = m(\ddot{y} + \ddot{y}_G)$$

$$\frac{\partial D}{\partial \dot{y}} = c\dot{y}$$

となるので（9.1.2）式に代入すると

$$\frac{\partial U}{\partial y} + \frac{d}{dt}\left(\frac{\partial T}{\partial \dot{y}}\right) + \frac{\partial D}{\partial \dot{y}} = ky + m\,(\ddot{y} + \ddot{y}_G) + c\dot{y} = 0$$

$$m\ddot{y} + c\dot{y} + ky = -m\ddot{y}_G$$

と 9.1 節 (3) の結果と同じ振動方程式が得られる。

(5) 1質点系の減衰強制振動（その３）

散逸関数を付加した（9.1.2）式の

$$\frac{\partial U}{\partial y} + \frac{d}{dt}\left(\frac{\partial T}{\partial \dot{y}}\right) + \frac{\partial D}{\partial \dot{y}} = 0$$

より、地震の加速度 $\ddot{y}_G$ をポテンシャルエネルギーとして考えた場合は

$$T = \frac{1}{2}\,m\dot{y}^2$$

$$U = \frac{1}{2}\,ky^2 + m\ddot{y}_G y$$

$$D = \frac{1}{2}\,c\dot{y}^2$$

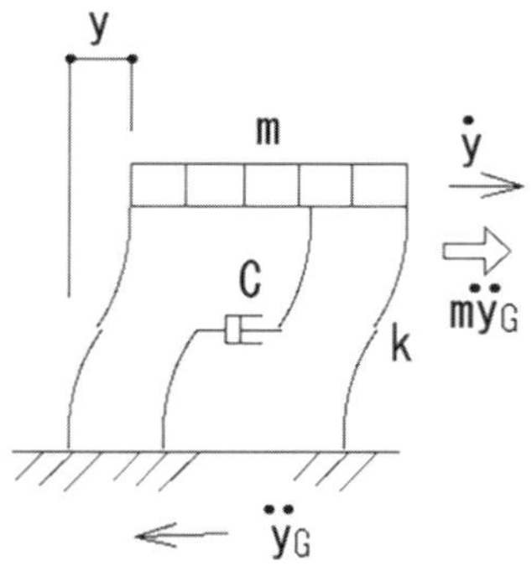

と置けて

$$\frac{\partial U}{\partial y} = ky + m\ddot{y}_G$$

$$\frac{d}{dt}\left(\frac{\partial T}{\partial \dot{y}}\right) = \frac{d}{dt}\,(m\dot{y}) = m\ddot{y}$$

$$\frac{\partial D}{\partial \dot{y}} = c\dot{y}$$

（図9.1.5）

となるので（9.1.2）式に代入すると

$$\frac{\partial U}{\partial y} + \frac{d}{dt}\left(\frac{\partial T}{\partial \dot{y}}\right) + \frac{\partial D}{\partial \dot{y}} = ky + m\ddot{y}_G + m\ddot{y} + c\dot{y} = 0$$

$$m\ddot{y} + c\dot{y} + ky = -m\ddot{y}_G \quad \cdots\cdots\cdots\cdots\cdots\cdots\cdots \quad (9.1.3)$$

と 9.1 節 (3) 及び 9.1 節 (4) の結果と同じ振動方程式が得られる。

121

9.2 2質点系（減衰考慮）の場合

(1) 2質点系の減衰自由振動

2質点系の場合は（7.1.25）式に散逸関数を付加し、さらに（9.1.2）式を2変数に置き換えて

$$\left.\begin{array}{l} \dfrac{\partial U}{\partial y_1} + \dfrac{d}{dt}\left(\dfrac{\partial T}{\partial \dot{y}_1}\right) + \dfrac{\partial D}{\partial \dot{y}_1} = 0 \\[3mm] \dfrac{\partial U}{\partial y_2} + \dfrac{d}{dt}\left(\dfrac{\partial T}{\partial \dot{y}_2}\right) + \dfrac{\partial D}{\partial \dot{y}_2} = 0 \end{array}\right\} \quad\cdots\cdots\cdots\cdots\cdots\cdots\quad (9.2.1)$$

を適用する。

$$T = \frac{1}{2} m_2 \dot{y}_2^2 + \frac{1}{2} m_1 \dot{y}_1^2$$

$$U = \frac{1}{2} k_2 (y_2 - y_1)^2 + \frac{1}{2} k_1 y_1^2$$

$$D = \frac{1}{2} c_2 (\dot{y}_2 - \dot{y}_1)^2 + \frac{1}{2} c_1 \dot{y}_1^2$$

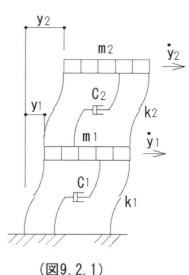

（図9.2.1）

と置くと、変数 y_2 に対して

$$\frac{\partial U}{\partial y_2} + \frac{d}{dt}\left(\frac{\partial T}{\partial \dot{y}_2}\right) + \frac{\partial D}{\partial \dot{y}_2}$$

$$= k_2(y_2 - y_1) + \frac{d}{dt}(m_2 \dot{y}_2) + c_2(\dot{y}_2 - \dot{y}_1)$$

$$= m_2 \ddot{y}_2 - c_2 \dot{y}_1 + c_2 \dot{y}_2 - k_2 y_1 + k_2 y_2 = 0 \quad\cdots\cdots\cdots\cdots\cdots\quad (9.2.2)$$

変数 y_1 に対して

$$\frac{\partial U}{\partial y_1} + \frac{d}{dt}\left(\frac{\partial T}{\partial \dot{y}_1}\right) + \frac{\partial D}{\partial \dot{y}_1}$$

$$= -k_2(y_2 - y_1) + k_1 y_1 + \frac{d}{dt}(m_1 \dot{y}_1) - c_2(\dot{y}_2 - \dot{y}_1) + c_1 \dot{y}_1$$

$$= m_1 \ddot{y}_1 + (c_1 + c_2)\dot{y}_1 - c_2 \dot{y}_2 + (k_1 + k_2)y_1 - k_2 y_2$$

$$= 0 \quad\cdots\cdots\cdots\cdots\cdots\quad (9.2.3)$$

（9.2.2）式と（9.2.3）式をマトリックス形式で書くと

$$\begin{bmatrix} m_1 & 0 \\ 0 & m_2 \end{bmatrix} \begin{Bmatrix} \ddot{y}_1 \\ \ddot{y}_2 \end{Bmatrix} + \begin{bmatrix} c_1 + c_2 & -c_2 \\ -c_2 & c_2 \end{bmatrix} \begin{Bmatrix} \dot{y}_1 \\ \dot{y}_2 \end{Bmatrix} + \begin{bmatrix} k_1 + k_2 & -k_2 \\ -k_2 & k_2 \end{bmatrix} \begin{Bmatrix} y_1 \\ y_2 \end{Bmatrix} = \begin{Bmatrix} 0 \\ 0 \end{Bmatrix}$$

$$\cdots\cdots\cdots\cdots\cdots\cdots \quad (9.2.4)$$

2質点系の減衰自由振動の振動方程式が得られる。

9.1節（1）の運動エネルギーとポテンシャルエネルギーに $e^{\frac{c_1}{m_1}t}$ 及び $e^{\frac{c_2}{m_2}t}$ を乗じる方法を2質点系への適用を試みてみる。

$$T = e^{\frac{c_2}{m_2}t}\left(\frac{1}{2}\,m_2\dot{y}_2^2\right) + e^{\frac{c_1}{m_1}t}\left(\frac{1}{2}\,m_1\dot{y}_1^2\right)$$

$$U = e^{\frac{c_2}{m_2}t}\left\{\frac{1}{2}\,k_2(y_2 - y_1)^2\right\} + e^{\frac{c_1}{m_1}t}\left(\frac{1}{2}\,k_1y_1^2\right)$$

と置くと、変数 y_2 に対して

$$\frac{\partial U}{\partial y_2} + \frac{d}{dt}\left(\frac{\partial T}{\partial \dot{y}_2}\right)$$

$$= e^{\frac{c_2}{m_2}t}\{k_2(y_2 - y_1)\} + \frac{d}{dt}(e^{\frac{c_2}{m_2}t}m_2\dot{y}_2)$$

$$= e^{\frac{c_2}{m_2}t}\{k_2(y_2 - y_1)\} + e^{\frac{c_2}{m_2}t}(c_2\dot{y}_2 + m_2\ddot{y}_2)$$

$$= e^{\frac{c_2}{m_2}t}\{m_2\ddot{y}_2 + c_2\dot{y}_2 + k_2(y_2 - y_1)\} = 0$$

変数 y_1 に対して

$$\frac{\partial U}{\partial y_1} + \frac{d}{dt}\left(\frac{\partial T}{\partial \dot{y}_1}\right) = -e^{\frac{c_2}{m_2}t}\{k_2(y_2 - y_1)\} + e^{\frac{c_1}{m_1}t}(k_1y_1) + \frac{d}{dt}(e^{\frac{c_1}{m_1}t}m_1\dot{y}_1)$$

$$= -e^{\frac{c_2}{m_2}t}\{k_2(y_2 - y_1)\} + e^{\frac{c_1}{m_1}t}(k_1y_1) + e^{\frac{c_1}{m_1}t}(c_1\dot{y}_1 + m_1\ddot{y}_1)$$

$$= -e^{\frac{c_2}{m_2}t}\{k_2(y_2 - y_1)\} + e^{\frac{c_1}{m_1}t}(m_1\ddot{y}_1 + c_1\dot{y}_1 + k_1y_1) = 0$$

この方法では上式はいずれも（9.2.2）式と（9.2.3）式とは同じ式にならず、ラグランジュ関数は求められない。

(2) 2質点系の減衰強制振動（その1）

9.2節 (1) と同様に

$$\begin{aligned}\frac{\partial U}{\partial y_1} + \frac{d}{dt}\left(\frac{\partial T}{\partial \dot{y}_1}\right) + \frac{\partial D}{\partial \dot{y}_1} = 0\\[2mm]\frac{\partial U}{\partial y_2} + \frac{d}{dt}\left(\frac{\partial T}{\partial \dot{y}_2}\right) + \frac{\partial D}{\partial \dot{y}_2} = 0\end{aligned}\left.\right\} \quad\cdots\cdots\cdots\cdots\cdots\cdots\quad (9.2.1)$$

を適用する。地震による地盤の移動量を y_G とすると

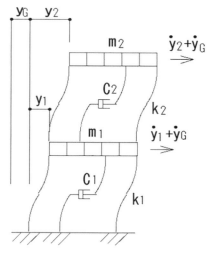

(図9.2.2)

$$T = \frac{1}{2}\,m_2(\dot{y}_2 + \dot{y}_G)^2 + \frac{1}{2}\,m_1(\dot{y}_1 + \dot{y}_G)^2$$

$$U = \frac{1}{2}\,k_2(y_2 - y_1)^2 + \frac{1}{2}\,k_1 y_1{}^2$$

$$D = \frac{1}{2}\,c_2(\dot{y}_2 - \dot{y}_1)^2 + \frac{1}{2}\,c_1\dot{y}_1{}^2$$

変数 y_2 に対して

$$\frac{\partial U}{\partial y_2} + \frac{d}{dt}\left(\frac{\partial T}{\partial \dot{y}_2}\right) + \frac{\partial D}{\partial \dot{y}_2}$$

$$= k_2(y_2 - y_1) + \frac{d}{dt}\{m_2(\dot{y}_2 + \dot{y}_G)\} + c_2(\dot{y}_2 - \dot{y}_1)$$

$$= m_2(\ddot{y}_2 + \ddot{y}_G) + c_2(\dot{y}_2 - \dot{y}_1) + k_2(y_2 - y_1) = 0$$

$$m_2\ddot{y}_2 - c_2\dot{y}_1 + c_2\dot{y}_2 - k_2 y_1 + k_2 y_2 = -\,m_2\ddot{y}_G \quad\cdots\cdots\cdots\cdots\cdots\quad (9.2.5)$$

変数 y_1 に対して

$$\frac{\partial U}{\partial y_1} + \frac{d}{dt}\left(\frac{\partial T}{\partial \dot{y}_1}\right) + \frac{\partial D}{\partial \dot{y}_1}$$

$$= -k_2(y_2 - y_1) + k_1 y_1 + \frac{d}{dt}\{m_1(\dot{y}_1 + \dot{y}_G)\} - c_2(\dot{y}_2 - \dot{y}_1) + c_1\dot{y}_1$$

$$= m_1(\ddot{y}_1 + \ddot{y}_G) + (c_1 + c_2)\dot{y}_1 - c_2\dot{y}_2 + (k_1 + k_2)y_1 - k_2 y_2 = 0$$

$$m_1\ddot{y}_1 + (c_1 + c_2)\dot{y}_1 - c_2\dot{y}_2 + (k_1 + k_2)y_1 - k_2 y_2$$

$$= -\,m_1\ddot{y}_G \quad\cdots\cdots\cdots\cdots\cdots\quad (9.2.6)$$

124

（9.2.5）式と（9.2.6）式をマトリックス形式で書くと

$$\begin{bmatrix} m_1 & 0 \\ 0 & m_2 \end{bmatrix}\begin{Bmatrix} \ddot{y}_1 \\ \ddot{y}_2 \end{Bmatrix} + \begin{bmatrix} c_1 + c_2 & -c_2 \\ -c_2 & c_2 \end{bmatrix}\begin{Bmatrix} \dot{y}_1 \\ \dot{y}_2 \end{Bmatrix} + \begin{bmatrix} k_1 + k_2 & -k_2 \\ -k_2 & k_2 \end{bmatrix}\begin{Bmatrix} y_1 \\ y_2 \end{Bmatrix} = -\begin{bmatrix} m_1 & 0 \\ 0 & m_2 \end{bmatrix}\begin{Bmatrix} 1 \\ 1 \end{Bmatrix}\ddot{y}_G$$

$$\cdots\cdots\cdots\cdots\cdots\cdots \quad (9.2.7)$$

2質点系の減衰強制振動の振動方程式が得られる。

(3) 2質点系の減衰強制振動（その2）

9.2 節 (1) と同様に

$$\left.\begin{array}{l} \dfrac{\partial U}{\partial y_1} + \dfrac{d}{dt}\left(\dfrac{\partial T}{\partial \dot{y}_1}\right) + \dfrac{\partial D}{\partial \dot{y}_1} = 0 \\[2mm] \dfrac{\partial U}{\partial y_2} + \dfrac{d}{dt}\left(\dfrac{\partial T}{\partial \dot{y}_2}\right) + \dfrac{\partial D}{\partial \dot{y}_2} = 0 \end{array}\right\}$$

$$\cdots\cdots\cdots\cdots\cdots\cdots \quad (9.2.1)$$

を適用する。地震の加速度 $\ddot{y}_G$ をポテンシャル

エネルギーと考えて

$$T = \frac{1}{2} m_2 \dot{y}_2^2 + \frac{1}{2} m_1 \dot{y}_1^2$$

$$U = \frac{1}{2} k_2(y_2 - y_1)^2 + \frac{1}{2} k_1 y_1^2$$

$$+ m_2 \ddot{y}_G y_2 + m_1 \ddot{y}_G y_1$$

$$D = \frac{1}{2} c_2(\dot{y}_2 - \dot{y}_1)^2 + \frac{1}{2} c_1 \dot{y}_1^2$$

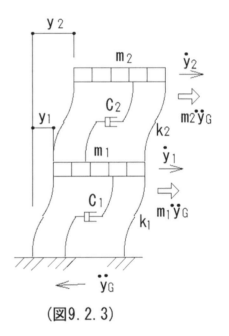

（図9.2.3）

変数 y_2 に対して

$$\frac{\partial U}{\partial y_2} + \frac{d}{dt}\left(\frac{\partial T}{\partial \dot{y}_2}\right) + \frac{\partial D}{\partial \dot{y}_2}$$

$$= k_2(y_2 - y_1) + m_2 \ddot{y}_G + \frac{d}{dt}(m_2 \dot{y}_2) + c_2(\dot{y}_2 - \dot{y}_1)$$

$$= m_2(\ddot{y}_2 + \ddot{y}_G) + c_2(\dot{y}_2 - \dot{y}_1) + k_2(y_2 - y_1) = 0$$

$$m_2 \ddot{y}_2 - c_2 \dot{y}_1 + c_2 \dot{y}_2 - k_2 y_1 + k_2 y_2 = - m_2 \ddot{y}_G \quad \cdots\cdots\cdots\cdots\cdots \quad (9.2.5)$$

変数 y_1 に対して

$$\frac{\partial U}{\partial y_1} + \frac{d}{dt}\left(\frac{\partial T}{\partial \dot{y}_1}\right) + \frac{\partial D}{\partial \dot{y}_1}$$

$$= - k_2(y_2 - y_1) + k_1 y_1 + m_1 \ddot{y}_G + \frac{d}{dt}(m_1 \dot{y}_1) - c_2(\dot{y}_2 - \dot{y}_1) + c_1 \dot{y}_1$$

$$= m_1(\ddot{y}_1 + \ddot{y}_G) + (c_1 + c_2)\dot{y}_1 - c_2 \dot{y}_2 + (k_1 + k_2)y_1 - k_2 y_2 = 0$$

$$m_1 \ddot{y}_1 + (c_1 + c_2)\dot{y}_1 - c_2 \dot{y}_2 + (k_1 + k_2)y_1 - k_2 y_2 = - m_1 \ddot{y}_G$$

$$\cdots\cdots\cdots\cdots\cdots \quad (9.2.6)$$

9.2 節 (2) と同じ 2 質点系の減衰強制振動の振動方程式が得られる。

9.3 3質点系（減衰考慮）の場合

(1) 3質点系の減衰自由振動

3質点系の場合は（7.1.25）式に散逸関数を付加し、更に（9.2.1）式を3変数に置き換えて

$$
\left.
\begin{aligned}
\frac{\partial U}{\partial y_1} + \frac{d}{dt}\left(\frac{\partial T}{\partial \dot{y}_1}\right) + \frac{\partial D}{\partial \dot{y}_1} = 0 \\
\frac{\partial U}{\partial y_2} + \frac{d}{dt}\left(\frac{\partial T}{\partial \dot{y}_2}\right) + \frac{\partial D}{\partial \dot{y}_2} = 0 \\
\frac{\partial U}{\partial y_3} + \frac{d}{dt}\left(\frac{\partial T}{\partial \dot{y}_3}\right) + \frac{\partial D}{\partial \dot{y}_3} = 0
\end{aligned}
\right\}
\quad \cdots\cdots\cdots\cdots\cdots \quad (9.3.1)
$$

を適用する。

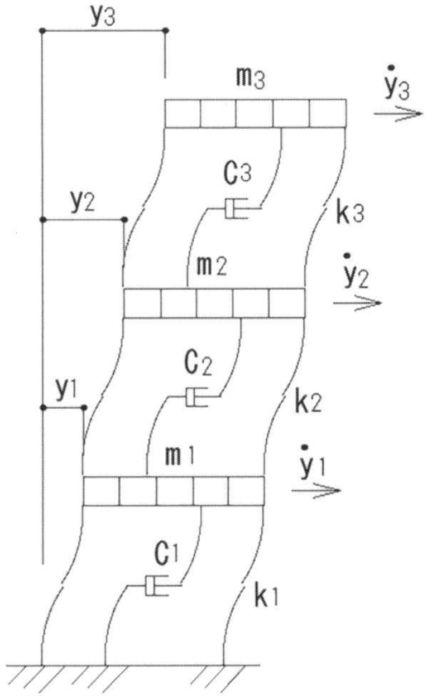

$$
T = \frac{1}{2} m_3 \dot{y}_3^2 + \frac{1}{2} m_2 \dot{y}_2^2 + \frac{1}{2} m_1 \dot{y}_1^2
$$

$$
U = \frac{1}{2} k_3 (y_3 - y_2)^2 + \frac{1}{2} k_2 (y_2 - y_1)^2 + \frac{1}{2} k_1 y_1^2
$$

$$
D = \frac{1}{2} c_3 (\dot{y}_3 - \dot{y}_2)^2 + \frac{1}{2} c_2 (\dot{y}_2 - \dot{y}_1)^2 + \frac{1}{2} c_1 \dot{y}_1^2
$$

と置くと、変数 y_3 に対して

$$
\frac{\partial U}{\partial y_3} + \frac{d}{dt}\left(\frac{\partial T}{\partial \dot{y}_3}\right) + \frac{\partial D}{\partial \dot{y}_3}
$$

$$
= k_3 (y_3 - y_2) + \frac{d}{dt}(m_3 \dot{y}_3) + c_3 (\dot{y}_3 - \dot{y}_2)
$$

$$
= m_3 \ddot{y}_3 - c_3 \dot{y}_2 + c_3 \dot{y}_3 - k_3 y_2 + k_3 y_3 = 0 \quad \cdots\cdots\cdots\cdots\cdots \quad (9.3.2)
$$

(図9.3.1)

変数 y_2 に対して

$$
\frac{\partial U}{\partial y_2} + \frac{d}{dt}\left(\frac{\partial T}{\partial \dot{y}_2}\right) + \frac{\partial D}{\partial \dot{y}_2}
$$

$$
= -k_3 (y_3 - y_2) + k_2 (y_2 - y_1) + \frac{d}{dt}(m_2 \dot{y}_2) - c_3 (\dot{y}_3 - \dot{y}_2) + c_2 (\dot{y}_2 - \dot{y}_1)
$$

$$
= m_2 \ddot{y}_2 - c_3 \dot{y}_3 + (c_2 + c_3) \dot{y}_2 - c_2 \dot{y}_1 - k_3 y_3 + (k_2 + k_3) y_2 - k_2 y_1 = 0
$$

$$
\cdots\cdots\cdots\cdots\cdots \quad (9.3.3)
$$

変数 y_1 に対して

$$\frac{\partial U}{\partial y_1} + \frac{d}{dt}\left(\frac{\partial T}{\partial \dot{y}_1}\right) + \frac{\partial D}{\partial \dot{y}_1}$$

$$= -k_2(y_2 - y_1) + k_1 y_1 + \frac{d}{dt}(m_1 \dot{y}_1) - c_2(\dot{y}_2 - \dot{y}_1) + c_1 \dot{y}_1$$

$$= m_1 \ddot{y}_1 + (c_1 + c_2)\dot{y}_1 - c_2 \dot{y}_2 + (k_1 + k_2)y_1 - k_2 y_2 = 0 \quad \cdots\cdots\cdots\cdots \quad (9.3.4)$$

（9.3.2）式と（9.3.3）式と（9.3.4）式をマトリックス形式で書くと

$$\begin{bmatrix} m_1 & 0 & 0 \\ 0 & m_2 & 0 \\ 0 & 0 & m_3 \end{bmatrix} \begin{Bmatrix} \ddot{y}_1 \\ \ddot{y}_2 \\ \ddot{y}_3 \end{Bmatrix} + \begin{bmatrix} c_1 + c_2 & -c_2 & 0 \\ -c_2 & c_2 + c_3 & -c_3 \\ 0 & -c_3 & c_3 \end{bmatrix} \begin{Bmatrix} \dot{y}_1 \\ \dot{y}_2 \\ \dot{y}_3 \end{Bmatrix}$$

$$+ \begin{bmatrix} k_1 + k_2 & -k_2 & 0 \\ -k_2 & k_2 + k_3 & -k_3 \\ 0 & -k_3 & k_3 \end{bmatrix} \begin{Bmatrix} y_1 \\ y_2 \\ y_3 \end{Bmatrix} = \begin{Bmatrix} 0 \\ 0 \\ 0 \end{Bmatrix} \quad \cdots\cdots\cdots\cdots\cdots\cdots \quad (9.3.5)$$

３質点系の減衰自由振動の振動方程式が得られる。

(2) ３質点系の減衰強制振動（その１）

9.3 節 (1) と同様に（7.1.25）式に散逸関数を付

加し、さらに（9.2.1）式を3変数に置き換えて

$$\left.\begin{array}{l} \dfrac{\partial U}{\partial y_1} + \dfrac{d}{dt}\left(\dfrac{\partial T}{\partial \dot{y}_1}\right) + \dfrac{\partial D}{\partial \dot{y}_1} = 0 \\[2mm] \dfrac{\partial U}{\partial y_2} + \dfrac{d}{dt}\left(\dfrac{\partial T}{\partial \dot{y}_2}\right) + \dfrac{\partial D}{\partial \dot{y}_2} = 0 \\[2mm] \dfrac{\partial U}{\partial y_3} + \dfrac{d}{dt}\left(\dfrac{\partial T}{\partial \dot{y}_3}\right) + \dfrac{\partial D}{\partial \dot{y}_3} = 0 \end{array}\right\}$$

$$\cdots\cdots\cdots\cdots\cdots\cdots \quad (9.3.1)$$

を適用する。地震による地盤の移動量を y_G とす

ると

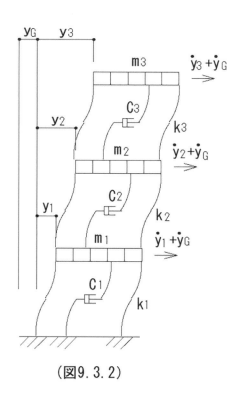

（図9.3.2）

$$T = \frac{1}{2} m_3(\dot{y}_3 + \dot{y}_G)^2 + \frac{1}{2} m_2(\dot{y}_2 + \dot{y}_G)^2$$

$$+ \frac{1}{2} m_1(\dot{y}_1 + \dot{y}_G)^2$$

$$U = \frac{1}{2} k_3(y_3 - y_2)^2 + \frac{1}{2} k_2(y_2 - y_1)^2 + \frac{1}{2} k_1 y_1{}^2$$

$$D = \frac{1}{2} c_3(\dot{y}_3 - \dot{y}_2)^2 + \frac{1}{2} c_2(\dot{y}_2 - \dot{y}_1)^2 + \frac{1}{2} c_1 \dot{y}_1{}^2$$

変数 y_3 に対して

$$\frac{\partial U}{\partial y_3} + \frac{d}{dt}\left(\frac{\partial T}{\partial \dot{y}_3}\right) + \frac{\partial D}{\partial \dot{y}_3}$$

$$= k_3(y_3 - y_2) + \frac{d}{dt}\{m_3(\dot{y}_3 + \dot{y}_G)\} + c_3(\dot{y}_3 - \dot{y}_2)$$

$$= m_3(\ddot{y}_3 + \ddot{y}_G) + c_3(\dot{y}_3 - \dot{y}_2) + k_3(y_3 - y_2) = 0$$

$$m_3\ddot{y}_3 - c_3\dot{y}_2 + c_3\dot{y}_3 - k_3 y_2 + k_3 y_3 = - m_3\ddot{y}_G \quad \cdots\cdots\cdots\cdots\cdots\cdots \quad (9.3.6)$$

変数 y_2 に対して

$$\frac{\partial U}{\partial y_2} + \frac{d}{dt}\left(\frac{\partial T}{\partial \dot{y}_2}\right) + \frac{\partial D}{\partial \dot{y}_2}$$

$$= - k_3(y_3 - y_2) + k_2(y_2 - y_1) + \frac{d}{dt}\{m_2(\dot{y}_2 + \dot{y}_G)\} - c_3(\dot{y}_3 - \dot{y}_2) + c_2(\dot{y}_2 - \dot{y}_1)$$

$$= m_2(\ddot{y}_2 + \ddot{y}_G) - c_3\dot{y}_3 + (c_2 + c_3)\dot{y}_2 - c_2\dot{y}_1 - k_3 y_3 + (k_2 + k_3) y_2 - k_2 y_1 = 0$$

$$m_2\ddot{y}_2 - c_2\dot{y}_1 + (c_2 + c_3)\dot{y}_2 - c_3\dot{y}_3 - k_2 y_1 + (k_2 + k_3)y_2 - k_3 y_3 = - m_2\ddot{y}_G$$

$$\cdots\cdots\cdots\cdots\cdots\cdots\cdots\cdots \quad (9.3.7)$$

変数 y_1 に対して

$$\frac{\partial U}{\partial y_1} + \frac{d}{dt}\left(\frac{\partial T}{\partial \dot{y}_1}\right) + \frac{\partial D}{\partial \dot{y}_1}$$

$$= - k_2(y_2 - y_1) + k_1 y_1 + \frac{d}{dt}\{m_1(\dot{y}_1 + \dot{y}_G)\} - c_2(\dot{y}_2 - \dot{y}_1) + c_1\dot{y}_1$$

$$= m_1(\ddot{y}_1 + \ddot{y}_G) - c_2(\dot{y}_2 - \dot{y}_1) + c_1\dot{y}_1 - k_2(y_2 - y_1) + k_1 y_1 = 0$$

$$m_1\ddot{y}_1 + (c_1 + c_2)\dot{y}_1 - c_2\dot{y}_2 + (k_1 + k_2) y_1 - k_2 y_2 = - m_1\ddot{y}_G$$

$$\cdots\cdots\cdots\cdots\cdots\cdots\cdots \quad (9.3.8)$$

（9.3.6）式と（9.3.7）式と（9.3.8）式をマトリックス形式で書くと

$$
\begin{bmatrix} m_1 & 0 & 0 \\ 0 & m_2 & 0 \\ 0 & 0 & m_3 \end{bmatrix} \begin{Bmatrix} \ddot{y}_1 \\ \ddot{y}_2 \\ \ddot{y}_3 \end{Bmatrix} + \begin{bmatrix} c_1 + c_2 & -c_2 & 0 \\ -c_2 & c_2 + c_3 & -c_3 \\ 0 & -c_3 & c_3 \end{bmatrix} \begin{Bmatrix} \dot{y}_1 \\ \dot{y}_2 \\ \dot{y}_3 \end{Bmatrix}
$$

$$
+ \begin{bmatrix} k_1 + k_2 & -k_2 & 0 \\ -k_2 & k_2 + k_3 & -k_3 \\ 0 & -k_3 & k_3 \end{bmatrix} \begin{Bmatrix} y_1 \\ y_2 \\ y_3 \end{Bmatrix}
$$

$$
= - \begin{bmatrix} m_1 & 0 & 0 \\ 0 & m_2 & 0 \\ 0 & 0 & m_3 \end{bmatrix} \begin{Bmatrix} 1 \\ 1 \\ 1 \end{Bmatrix} \ddot{y}_G \quad \cdots\cdots\cdots\cdots\cdots\cdots \quad (9.3.9)
$$

３質点系の減衰強制振動の振動方程式が得られる。

(3) ３質点系の減衰強制振動（その２）

9.3 節 (1) と同様に（7.1.25）式に散逸関数を付加

し、さらに（9.2.1）式を３変数に置き換えて

$$
\left.\begin{aligned}
\frac{\partial U}{\partial y_1} + \frac{d}{dt}\left(\frac{\partial T}{\partial \dot{y}_1}\right) + \frac{\partial D}{\partial \dot{y}_1} &= 0 \\
\frac{\partial U}{\partial y_2} + \frac{d}{dt}\left(\frac{\partial T}{\partial \dot{y}_2}\right) + \frac{\partial D}{\partial \dot{y}_2} &= 0 \\
\frac{\partial U}{\partial y_3} + \frac{d}{dt}\left(\frac{\partial T}{\partial \dot{y}_3}\right) + \frac{\partial D}{\partial \dot{y}_3} &= 0
\end{aligned}\right\}
$$

$$
\cdots\cdots\cdots\cdots\cdots\cdots \quad (9.3.1)
$$

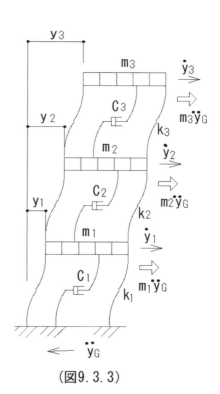

（図9.3.3）

を適用する。地震の加速度 $\ddot{y}_G$ をポテンシャルエネ

ルギーと考えると

$$
T = \frac{1}{2} m_3 \dot{y}_3^3 + \frac{1}{2} m_2 \dot{y}_2^2 + \frac{1}{2} m_1 \dot{y}_1^1
$$

$$
U = \frac{1}{2} k_3 (y_3 - y_2)^2 + \frac{1}{2} k_2 (y_2 - y_1)^2 + \frac{1}{2} k_1 y_1^2 + m_3 \ddot{y}_G y_3 + m_2 \ddot{y}_G y_2 + m_1 \ddot{y}_G y_1
$$

$$
D = \frac{1}{2} c_3 (\dot{y}_3 - \dot{y}_2)^2 + \frac{1}{2} c_2 (\dot{y}_2 - \dot{y}_1)^2 + \frac{1}{2} c_1 \dot{y}_1^2
$$

変数 y_3 に対して

$$
\frac{\partial U}{\partial y_3} + \frac{d}{dt}\left(\frac{\partial T}{\partial \dot{y}_3}\right) + \frac{\partial D}{\partial \dot{y}_3}
$$

130

$$= k_3(y_3 - y_2) + m_3\ddot{y}_G + \frac{d}{dt}(m_3\dot{y}_3) + c_3(\dot{y}_3 - \dot{y}_2)$$

$$= m_3(\ddot{y}_3 + \ddot{y}_G) + c_3(\dot{y}_3 - \dot{y}_2) + k_3(y_3 - y_2) = 0$$

$$m_3\ddot{y}_3 - c_3\dot{y}_2 + c_3\dot{y}_3 - k_3y_2 + k_3y_3 = - m_3\ddot{y}_G \quad\cdots\cdots\cdots\cdots\cdots\cdots \quad (9.3.6)$$

変数 y_2 に対して

$$\frac{\partial U}{\partial y_2} + \frac{d}{dt}\left(\frac{\partial T}{\partial \dot{y}_2}\right) + \frac{\partial D}{\partial \dot{y}_2}$$

$$= - k_3(y_3 - y_2) + k_2(y_2 - y_1) + m_2\ddot{y}_G + \frac{d}{dt}(m_2\dot{y}_2) - c_3(\dot{y}_3 - \dot{y}_2) + c_2(\dot{y}_2 - \dot{y}_1)$$

$$= m_2(\ddot{y}_2 + \ddot{y}_G) - c_3\dot{y}_3 + (c_2 + c_3)\dot{y}_2 - c_2\dot{y}_1 - k_3y_3 + (k_2 + k_3)y_2 - k_2y_1 = 0$$

$$m_2\ddot{y}_2 - c_2\dot{y}_1 + (c_2 + c_3)\dot{y}_2 - c_3\dot{y}_3 - k_2y_1 + (k_2 + k_3)y_2 - k_3y_3 = - m_2\ddot{y}_G$$

$$\cdots\cdots\cdots\cdots\cdots\cdots \quad (9.3.7)$$

変数 y_1 に対して

$$\frac{\partial U}{\partial y_1} + \frac{d}{dt}\left(\frac{\partial T}{\partial \dot{y}_1}\right) + \frac{\partial D}{\partial \dot{y}_1}$$

$$= - k_2(y_2 - y_1) + k_1y_1 + m_1\ddot{y}_G + \frac{d}{dt}(m_1\dot{y}_1) - c_2(\dot{y}_2 - \dot{y}_1) + c_1\dot{y}_1$$

$$= m_1(\ddot{y}_1 + \ddot{y}_G) - c_2(\dot{y}_2 - \dot{y}_1) + c_1\dot{y}_1 - k_2(y_2 - y_1) + k_1y_1 = 0$$

$$m_1\ddot{y}_1 + (c_1 + c_2)\dot{y}_1 - c_2\dot{y}_2 + (k_1 + k_2)y_1 - k_2y_2 = - m_1\ddot{y}_G$$

$$\cdots\cdots\cdots\cdots\cdots\cdots \quad (9.3.8)$$

9.3 節 (2) と同じ振動方程式が得られる。

§10　剛体の回転

前章までは質点系の運動についてハミルトンの原理を利用して運動方程式を組み立てたのであるが、一部、7章2節の例題18(2) で滑車の回転、及び例題19(2)(3)(4) で台車の車輪の回転による剛体の回転エネルギーも計算において考慮に入れてあった。

この章では剛体の回転について、もう少し詳しく考えてみる。

そこで、10.1 節ではオイラー角の定義を、10.2 節ではオイラー角と角速度の関係式を、そして、10.3 節ではベクトル外積にふれて角速度と速度ベクトルの関係式を明らかにする。

さらに、10.4 節では角運動量と力のモーメントの定義を、10.5 節では固定軸周りを回転する剛体の運動を、10.6 節では行列の対角化についてふれて、10.7 節でオイラーの運動方程式の導き方を説明し、剛体の回転について考察する。

また、具体的な例題として 10.8 節では対称コマの回転の運動方程式を組み立てて、解かれた式が回転によって起こる物理現象を忠実に表現されていることを確認する。

最後に、10.9 節の例題29 で床を剛床と仮定して、建物のねじれ振動についてとりあげて振動方程式を求めてみる。

10.1　オイラー角（Euler's angles）

まず、平面での剛体の回転を考える。

ここで、xy 座標の単位ベクトルを x 方向は $\overrightarrow{e_x}$ と

し、y 方向は $\overrightarrow{e_y}$ とする。そこで、xy 座標を、原点

を中心として角度 φ だけ回転させて回転後の $x'y'$

座標の単位ベクトルを x' 方向は $\overrightarrow{e_{x'}}$ とし、y' 方

向は $\overrightarrow{e_{y'}}$ とする。

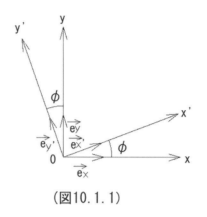

（図10.1.1）

（2.4.2）式より

$$\overrightarrow{e_{x'}} = \cos\varphi \cdot \overrightarrow{e_x} + \sin\varphi \cdot \overrightarrow{e_y}$$

$$\overrightarrow{e_{y'}} = -\sin\varphi \cdot \overrightarrow{e_x} + \cos\varphi \cdot \overrightarrow{e_y}$$

である。マトリックス形式で表現して

$$\left\{ \begin{matrix} \overrightarrow{e_{x'}} \\ \overrightarrow{e_{y'}} \end{matrix} \right\} = \begin{bmatrix} \cos\varphi & \sin\varphi \\ -\sin\varphi & \cos\varphi \end{bmatrix} \left\{ \begin{matrix} \overrightarrow{e_x} \\ \overrightarrow{e_y} \end{matrix} \right\}$$

次に、立体形の剛体の回転を考える。3次元の xyz

座標に拡張すると、上式の回転は z 軸を中心として

角度 φ だけ回転したことになり、Z 方向は変化しな

い。よって、次の (1) のように変換できる。

ここで回転軸の下方から上方向に平面座標を見ると

きは右手系の法則に従うこととする。

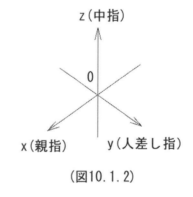

（図10.1.2）

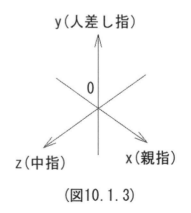

（図10.1.3）

(1) z軸周りの回転

まず、z軸を回転中心として反時計周りに角度 φ だ

け回転した場合を考える。座標 $0 - xyz$ から

$0 - x'y'z'$に移るときの座標の変換式は

$$\overrightarrow{e_{x'}} = \cos\varphi \cdot \overrightarrow{e_x} + \sin\varphi \cdot \overrightarrow{e_y}$$

$$\overrightarrow{e_{y'}} = -\sin\varphi \cdot \overrightarrow{e_x} + \cos\varphi \cdot \overrightarrow{e_y}$$

$$\overrightarrow{e_{z'}} = \overrightarrow{e_z}$$

となる。マトリックス形式で表現すると

$$\begin{Bmatrix} \overrightarrow{e_{x'}} \\ \overrightarrow{e_{y'}} \\ \overrightarrow{e_{z'}} \end{Bmatrix} = \begin{bmatrix} \cos\varphi & \sin\varphi & 0 \\ -\sin\varphi & \cos\varphi & 0 \\ 0 & 0 & 1 \end{bmatrix} \begin{Bmatrix} \overrightarrow{e_x} \\ \overrightarrow{e_y} \\ \overrightarrow{e_z} \end{Bmatrix}$$

$$\cdots\cdots\cdots\cdots\cdots\cdots (10.1.1)$$

(2) y'軸周りの回転

次に y'軸を中心として反時計周りに角度 θ だけ回

転した場合を考える。座標 $0 - x'y'z'$ から

$0 - x''y''z''$に移るときの座標の変換式は

$$\overrightarrow{e_{x''}} = \cos\theta \cdot \overrightarrow{e_{x'}} - \sin\theta \cdot \overrightarrow{e_{z'}}$$

$$\overrightarrow{e_{y''}} = \overrightarrow{e_{y'}}$$

$$\overrightarrow{e_{z''}} = \sin\theta \cdot \overrightarrow{e_{x'}} + \cos\theta \cdot \overrightarrow{e_{z'}}$$

となる。マトリックス形式で表現すると

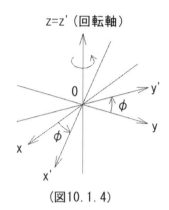

(図10.1.4)

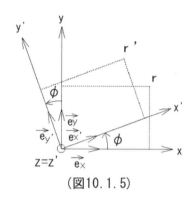

(図10.1.5)

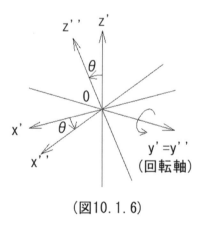

(図10.1.6)

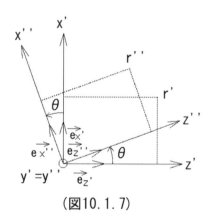

(図10.1.7)

$$\left\{\begin{array}{c} \overrightarrow{e_{x''}} \\ \overrightarrow{e_{y''}} \\ \overrightarrow{e_{z''}} \end{array}\right\} = \begin{bmatrix} \cos\theta & 0 & -\sin\theta \\ 0 & 1 & 0 \\ \sin\theta & 0 & \cos\theta \end{bmatrix} \left\{\begin{array}{c} \overrightarrow{e_{x'}} \\ \overrightarrow{e_{y'}} \\ \overrightarrow{e_{z'}} \end{array}\right\} \quad\cdots\cdots\cdots\cdots\cdots\cdots \quad (10.1.2)$$

(3) z''軸周りの回転

最後に、z''軸を中心として反時計周りに角度 ψ だ

け回転した場合を考える。

座標 $0-x''y''z''$ から $0-x'''y'''z'''$に移るときの座

標の変換式は

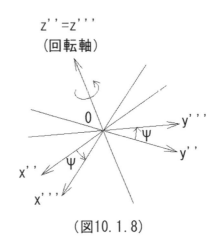

（図10.1.8）

$$\overrightarrow{e_{x'''}} = \cos\psi\cdot\overrightarrow{e_{x''}} + \sin\psi\cdot\overrightarrow{e_{y''}}$$

$$\overrightarrow{e_{y'''}} = -\sin\psi\cdot\overrightarrow{e_{x''}} + \cos\psi\cdot\overrightarrow{e_{y''}}$$

$$\overrightarrow{e_{z'''}} = \overrightarrow{e_{z''}}$$

となる。マトリックス形式で表現すると

$$\left\{\begin{array}{c} \overrightarrow{e_{x'''}} \\ \overrightarrow{e_{y'''}} \\ \overrightarrow{e_{z'''}} \end{array}\right\} = \begin{bmatrix} \cos\psi & \sin\psi & 0 \\ -\sin\psi & \cos\psi & 0 \\ 0 & 0 & 1 \end{bmatrix} \left\{\begin{array}{c} \overrightarrow{e_{x''}} \\ \overrightarrow{e_{y''}} \\ \overrightarrow{e_{z''}} \end{array}\right\}$$

$$\cdots\cdots\cdots\cdots\cdots\cdots\cdots\cdots \quad (10.1.3)$$

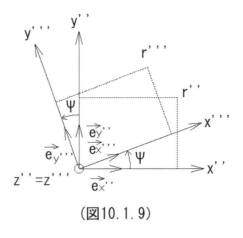

（図10.1.9）

以下、物理学の一般的に使用されている記号の $x''' \rightarrow \xi,\ y''' \rightarrow \eta,\ z''' \rightarrow \zeta$ に置き換えて

(1) と (2) と (3) の回転をこの順序で操作して、（10.1.1）式と（10.1.2）式と（10.1.3）式

を重ね合わせてみる。

$$\left\{\begin{array}{c} \overrightarrow{e_{\xi}} \\ \overrightarrow{e_{\eta}} \\ \overrightarrow{e_{\zeta}} \end{array}\right\} = \begin{bmatrix} \cos\psi & \sin\psi & 0 \\ -\sin\psi & \cos\psi & 0 \\ 0 & 0 & 1 \end{bmatrix} \begin{bmatrix} \cos\theta & 0 & -\sin\theta \\ 0 & 1 & 0 \\ \sin\theta & 0 & \cos\theta \end{bmatrix} \begin{bmatrix} \cos\varphi & \sin\varphi & 0 \\ -\sin\varphi & \cos\varphi & 0 \\ 0 & 0 & 1 \end{bmatrix} \left\{\begin{array}{c} \overrightarrow{e_{x}} \\ \overrightarrow{e_{y}} \\ \overrightarrow{e_{z}} \end{array}\right\}$$

$$= \begin{bmatrix} \cos\psi & \sin\psi & 0 \\ -\sin\psi & \cos\psi & 0 \\ 0 & 0 & 1 \end{bmatrix} \begin{bmatrix} \cos\varphi\cos\theta & \sin\varphi\cos\theta & -\sin\theta \\ -\sin\varphi & \cos\varphi & 0 \\ \cos\varphi\sin\theta & \sin\varphi\sin\theta & \cos\theta \end{bmatrix} \left\{\begin{array}{c} \overrightarrow{e_{x}} \\ \overrightarrow{e_{y}} \\ \overrightarrow{e_{z}} \end{array}\right\}$$

$$= \begin{bmatrix} \cos\varphi\cos\theta\cos\psi - \sin\varphi\sin\psi & \sin\varphi\cos\theta\cos\psi + \cos\varphi\sin\psi & -\sin\theta\cos\psi \\ -\cos\varphi\cos\theta\sin\psi - \sin\varphi\cos\psi & -\sin\varphi\cos\theta\sin\psi + \cos\varphi\cos\psi & \sin\theta\sin\psi \\ \cos\varphi\sin\theta & \sin\varphi\sin\theta & \cos\theta \end{bmatrix} \begin{Bmatrix} \overrightarrow{e_x} \\ \overrightarrow{e_y} \\ \overrightarrow{e_z} \end{Bmatrix}$$

$$\cdots\cdots\cdots\cdots\cdots\cdots\quad (10.1.4)$$

（10.1.4）式より ξ, η, ζ 各方向の単位ベクトルは

$$\left.\begin{array}{l} \overrightarrow{e_\xi} = (\cos\varphi\cos\theta\cos\psi - \sin\varphi\sin\psi)\,\overrightarrow{e_x} + (\sin\varphi\cos\theta\cos\psi + \cos\varphi\sin\psi)\,\overrightarrow{e_y} - \sin\theta\cos\psi\,\overrightarrow{e_z} \\ \overrightarrow{e_\eta} = (-\cos\varphi\cos\theta\sin\psi - \sin\varphi\cos\psi)\,\overrightarrow{e_x} + (-\sin\varphi\cos\theta\sin\psi + \cos\varphi\cos\psi)\,\overrightarrow{e_y} + \sin\theta\sin\psi\,\overrightarrow{e_z} \\ \overrightarrow{e_\zeta} = \cos\varphi\sin\theta\,\overrightarrow{e_x} + \sin\varphi\sin\theta\,\overrightarrow{e_y} + \cos\theta\,\overrightarrow{e_z} \end{array}\right\}$$

$$\cdots\cdots\cdots\cdots\cdots\cdots\quad (10.1.5)$$

となる。3次元の直交座標の場合は

$$\overrightarrow{e_x} \cdot \overrightarrow{e_y} = \overrightarrow{e_y} \cdot \overrightarrow{e_z} = \overrightarrow{e_z} \cdot \overrightarrow{e_x} = 0, \quad \overrightarrow{e_x} \cdot \overrightarrow{e_x} = \overrightarrow{e_y} \cdot \overrightarrow{e_y} = \overrightarrow{e_z} \cdot \overrightarrow{e_z} = 1$$

が成立しているので（10.1.5）式より、$\overrightarrow{e_\xi}$, $\overrightarrow{e_\eta}$, $\overrightarrow{e_\zeta}$ の各方向も同様に直交性が成立しているか

確認してみる。

$$\overrightarrow{e_\xi} \cdot \overrightarrow{e_\eta}$$

$$= (\cos\varphi\cos\theta\cos\psi - \sin\varphi\sin\psi)\,(-\cos\varphi\cos\theta\sin\psi - \sin\varphi\cos\psi)$$

$$+ (\sin\varphi\cos\theta\cos\psi + \cos\varphi\sin\psi)\,(-\sin\varphi\cos\theta\sin\psi + \cos\varphi\cos\psi) - \sin^2\theta\sin\psi\cos\psi$$

$$= -\cos^2\varphi\cos^2\theta\sin\psi\cos\psi - \sin\varphi\,\cos\varphi\cos\theta\cos^2\psi + \sin\varphi\,\cos\varphi\,\cos\theta\sin^2\psi$$

$$+ \sin^2\varphi\sin\psi\cos\psi - \sin^2\varphi\cos^2\theta\sin\psi\cos\psi + \sin\varphi\cos\varphi\,\cos\theta\cos^2\psi$$

$$- \sin\varphi\cos\varphi\cos\theta\sin^2\psi + \cos^2\varphi\sin\psi\cos\psi - \sin^2\theta\sin\psi\cos\psi$$

$$= -\cos^2\theta\sin\psi\cos\psi + \sin\psi\cos\psi - \sin^2\theta\sin\psi\cos\psi$$

$$= -\sin\psi\cos\psi + \sin\psi\cos\psi$$

$$= 0$$

$$\vec{e_\eta} \cdot \vec{e_\zeta}$$

$$= (-\cos\varphi \cos\theta \sin\psi - \sin\varphi \cos\psi) \cos\varphi \sin\theta + (-\sin\varphi \cos\theta \sin\psi + \cos\varphi \cos\psi) \sin\varphi \sin\theta$$

$$+ \; \sin\theta \cos\theta \sin\psi$$

$$= \; -\cos^2\varphi \sin\theta \cos\theta \sin\psi \; - \; \sin\varphi \cos\varphi \sin\theta \cos\psi \; - \; \sin^2\varphi \sin\theta \cos\theta \sin\psi$$

$$+ \; \sin\varphi \cos\varphi \sin\theta \cos\psi \; + \; \sin\theta \cos\theta \sin\psi$$

$$= \; - \sin\theta \cos\theta \sin\psi \; + \; \sin\theta \cos\theta \sin\psi$$

$$= \; 0$$

$$\vec{e_\zeta} \cdot \vec{e_\xi}$$

$$= \; (\cos\varphi \cos\theta \cos\psi - \sin\varphi \sin\psi) \cos\varphi \sin\theta \; + \; (\sin\varphi \cos\theta \cos\psi + \cos\varphi \sin\psi) \sin\varphi \sin\theta$$

$$- \; \sin\theta \cos\theta \cos\psi$$

$$= \; \cos^2\varphi \sin\theta \cos\theta \cos\psi \; - \; \sin\varphi \cos\varphi \sin\theta \sin\psi \; + \; \sin^2\varphi \sin\theta \cos\theta \cos\psi$$

$$+ \; \sin\varphi \cos\varphi \sin\theta \sin\psi \; - \; \sin\theta \cos\theta \cos\psi$$

$$= \; \sin\theta \cos\theta \cos\psi \; - \; \sin\theta \cos\theta \cos\psi$$

$$= \; 0$$

$$\vec{e_\xi} \cdot \vec{e_\xi}$$

$$= \; (\cos\varphi \cos\theta \cos\psi - \sin\varphi \sin\psi)^2 + \; (\sin\varphi \cos\theta \cos\psi + \cos\varphi \sin\psi)^2 + \; \sin^2\theta \cos^2\psi$$

$$= \; \cos^2\varphi \cos^2\theta \cos^2\psi \; - \; 2\sin\varphi \cos\varphi \cos\theta \sin\psi \cos\psi \; + \; \sin^2\varphi \sin^2\psi$$

$$+ \ \sin^2\varphi \cos^2\theta \cos^2\psi \ + \ 2\sin\varphi \cos\varphi \cos\theta \sin\psi \cos\psi \ + \ \cos^2\varphi \sin^2\psi \ + \ \sin^2\theta \cos^2\psi$$

$$= \ \cos^2\theta \cos^2\psi \ + \ \sin^2\psi \ + \ \sin^2\theta \cos^2\psi$$

$$= \ \cos^2\psi \ + \ \sin^2\psi$$

$$= \ 1$$

$$\vec{e_\eta} \cdot \vec{e_\eta}$$

$$= \ (-\cos\varphi \cos\theta \sin\psi \ - \ \sin\varphi \cos\psi)^2 + (-\sin\varphi \cos\theta \sin\psi \ + \ \cos\varphi \cos\psi)^2 + \sin^2\theta \sin^2\psi$$

$$= \ \cos^2\varphi \cos^2\theta \sin^2\psi \ + \ 2\sin\varphi \cos\varphi \cos\theta \sin\psi \cos\psi \ + \ \sin^2\varphi \cos^2\psi$$

$$+ \ \sin^2\varphi \cos^2\theta \sin^2\psi \ - \ 2\sin\varphi \cos\varphi \cos\theta \sin\psi \cos\psi \ + \ \cos^2\varphi\cos^2\psi \ + \ \sin^2\theta \sin^2\psi$$

$$= \ \cos^2\theta \sin^2\psi \ + \ \cos^2\psi \ + \ \sin^2\theta \sin^2\psi$$

$$= \ \sin^2\psi \ + \ \cos^2\psi$$

$$= \ 1$$

$$\vec{e_\zeta} \cdot \vec{e_\zeta}$$

$$= \ \cos^2\varphi \sin^2\theta \ + \ \sin^2\varphi \sin^2\theta \ + \ \cos^2\theta$$

$$= \ \sin^2\theta \ + \ \cos^2\theta$$

$$= \ 1$$

$\vec{e_\xi},\ \vec{e_\eta},\ \vec{e_\zeta}$ は $\vec{e_x},\ \vec{e_y},\ \vec{e_z}$ を単に座標を回転させただけなので、この様に各々直交しており、

かつ単位ベクトルであることが確認できる。

そこで原点より r の距離にある位置は回転平面図を参考にして順次次式によって表される。

$$
\left.\begin{array}{l}
\vec{r} = x\vec{e_x} + y\vec{e_y} + z\vec{e_z} \\
\vec{r'} = x\vec{e_{x'}} + y\vec{e_{y'}} + z\vec{e_{z'}}
\end{array}\right\} \quad \cdots\cdots\cdots\cdots\cdots \text{(1) の回転}
$$

$$
\left.\begin{array}{l}
\vec{r'} = x\vec{e_{x'}} + y\vec{e_{y'}} + z\vec{e_{z'}} \\
\vec{r''} = x\vec{e_{x''}} + y\vec{e_{y''}} + z\vec{e_{z''}}
\end{array}\right\} \quad \cdots\cdots\cdots\cdots\cdots \text{(2) の回転}
$$

$$
\left.\begin{array}{l}
\vec{r''} = x\vec{e_{x''}} + y\vec{e_{y''}} + z\vec{e_{z''}} \\
\vec{r'''} = x\vec{e_{x'''}} + y\vec{e_{y'''}} + z\vec{e_{z'''}}
\end{array}\right\} \quad \cdots\cdots\cdots\cdots\cdots \text{(3) の回転}
$$

よって、単位ベクトル記号の置き換えより

$$
\vec{r'''} = x\vec{e_\xi} + y\vec{e_\eta} + z\vec{e_\zeta} \quad \cdots\cdots\cdots\cdots\cdots \quad (10.1.6)
$$

（10.1.5）式を（10.1.6）式に代入して

$$
\vec{r'''}
$$

$$
= x\{(\cos\varphi \cos\theta \cos\psi - \sin\varphi \sin\psi)\,\vec{e_x} + (\sin\varphi \cos\theta \cos\psi + \cos\varphi \sin\psi)\,\vec{e_y} - (\sin\theta \cos\psi)\,\vec{e_z}\}
$$

$$
+ y\{(-\cos\varphi \cos\theta \sin\psi - \sin\varphi \cos\psi)\,\vec{e_x} + (-\sin\varphi \cos\theta \sin\psi + \cos\varphi \cos\psi)\,\vec{e_y} + (\sin\theta \sin\psi)\,\vec{e_y}\}
$$

$$
+ z\{(\cos\varphi \sin\theta)\,\vec{e_x} + (\sin\varphi \sin\theta)\,\vec{e_y} + (\cos\theta)\,\vec{e_z}\}
$$

$$
= \{(\cos\varphi \cos\theta \cos\psi - \sin\varphi \sin\psi)\,x + (-\cos\varphi \cos\theta \sin\psi - \sin\varphi \cos\psi)y + (\cos\varphi \sin\theta)\,z\}\vec{e_x}
$$

$$
+ \{(\sin\varphi \cos\theta \cos\psi + \cos\varphi \sin\psi)\,x + (-\sin\varphi \cos\theta \sin\psi + \cos\varphi \cos\psi)\,y + (\sin\varphi \sin\theta)\,z\}\vec{e_y}
$$

$$
+ \{(-\sin\theta \cos\psi)\,x + (\sin\theta \sin\psi)\,y + (\cos\theta)z\}\,\vec{e_z} \quad \cdots\cdots\cdots\cdots \quad (10.1.7)
$$

と表される。

ここで、3つの回転後の位置 r''' を

$$
\vec{r'''} = x'''\vec{e_x} + y'''\vec{e_y} + z'''\vec{e_z} \quad \cdots\cdots\cdots\cdots\cdots \quad (10.1.8)
$$

と表すと、（10.1.7）式と（10.1.8）式より x, y, z 方向の位置は

$$x''' = (\cos\varphi \cos\theta \cos\psi - \sin\varphi \sin\psi)\, x + (-\cos\varphi \cos\theta \sin\psi - \sin\varphi \cos\psi)\, y + (\cos\varphi \sin\theta)\, z$$

$$y''' = (\sin\varphi \cos\theta \cos\psi + \cos\varphi \sin\psi)\, x + (-\sin\varphi \cos\theta \sin\psi + \cos\varphi \cos\psi)\, y + (\sin\varphi \sin\theta)\, z$$

$$z''' = (-\sin\theta \cos\psi)\, x + (\sin\theta \sin\psi)\, y + (\cos\theta)\, z$$

$$\cdots\cdots\cdots\cdots\cdots\cdots\cdots\cdots \quad (10.1.9)$$

である。マトリックス形式で表現して

$$
\begin{Bmatrix} x''' \\ y''' \\ z''' \end{Bmatrix} =
\begin{bmatrix}
\cos\varphi \cos\theta \cos\psi - \sin\varphi \sin\psi & -\cos\varphi \cos\theta \sin\psi - \sin\varphi \cos\psi & \cos\varphi \sin\theta \\
\sin\varphi \cos\theta \cos\psi + \cos\varphi \sin\psi & -\sin\varphi \cos\theta \sin\psi + \cos\varphi \cos\psi & \sin\varphi \sin\theta \\
-\sin\theta \cos\psi & \sin\theta \sin\psi & \cos\theta
\end{bmatrix}
\begin{Bmatrix} x \\ y \\ z \end{Bmatrix}
$$

$$\cdots\cdots\cdots\cdots\cdots\cdots\cdots\cdots \quad (10.1.9a)$$

よって、（10.1.4）式と（10.1.9a）式の3行3列のマトリックスは互いに転置マトリックス

（transposed matrix）の関係にあることが分かる。

x, y, z は初期の位置の座標値であり、x''', y''', z''' は3つの回転後の位置である。

従って、（10.1.9a）式の変換式は3つの回転後の位置が初期の位置に対して、下に示す回転行

列が作用することによって得られることを表している。

$$
\begin{bmatrix}
\cos\varphi \cos\theta \cos\psi - \sin\varphi \sin\psi & -\cos\varphi \cos\theta \sin\psi - \sin\varphi \cos\psi & \cos\varphi \sin\theta \\
\sin\varphi \cos\theta \cos\psi + \cos\varphi \sin\psi & -\sin\varphi \cos\theta \sin\psi + \cos\varphi \cos\psi & \sin\varphi \sin\theta \\
-\sin\theta \cos\psi & \sin\theta \sin\psi & \cos\theta
\end{bmatrix}
$$

この3つの回転角 φ, θ, ψ をオイラー角（eulerian angles）という。

ここで、回転軸が z 軸 $\rightarrow$ y' 軸 $\rightarrow$ z'' 軸となっており、x 軸が回転軸に含まれていないこと

に注意が必要である。

この場合は z-y-z 系のオイラー角と呼ばれ、球座標の φ, θ と一致するので、より一般的である。

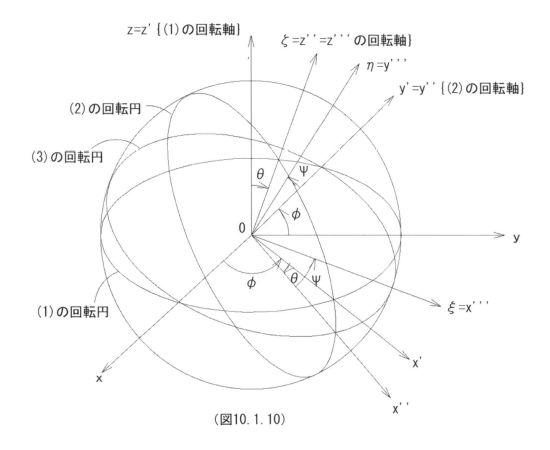

(図10.1.10)

回転軸はその回転順序によって以下の全部で 12 通りの表現法がある

$$\begin{pmatrix} x-y-z, & x-z-y, & x-y-x, & x-z-x \\ y-x-z, & y-z-x, & y-x-y, & y-z-y \\ z-x-y, & z-y-x, & z-x-z, & z-y-z \end{pmatrix}$$

最後の *z-y-z* がこの節の場合である。

x-x-x や *x-x-y* は回転軸が同じで重ねて回転するため除いてある。

10.2 角速度とオイラー角との関係式

角速度はその回転軸に沿って右ネジに進む方向と一致するベクトルで表される。

(1) $\omega_x,\,\omega_y,\,\omega_z$ とオイラー角 φ, θ, ψ との関係式

0-xyz 系における角速度ベクトルは

$$\vec{\omega} \;=\; \omega_x\overrightarrow{e_x} \;+\; \omega_y\overrightarrow{e_y} + \omega_z\overrightarrow{e_z}$$

と表現される。そこで角速度の各成分 $\omega_x, \omega_y, \omega_z$ とオイラー角 φ, θ, ψ との関係式を求めるために、オイラー角の角速度 $\dot{\varphi}, \dot{\theta}, \dot{\psi}$ を次のように定義する。

φ は z 軸周りの回転角であるので、$\dot{\varphi}$ は z 軸周りの角速度を表す。このとき x 軸と y 軸は、軸回転はしない。

次に、θ は y' 軸周りの回転角であるので、$\dot{\theta}$ は y' 軸周りの角速度を表す。このとき x' 軸と z' 軸は、軸回転はしない。

さらに、ψ は z'' 軸周りの回転角であるので、$\dot{\psi}$ は z'' 軸周りの角速度を表す。このとき x'' 軸と y'' 軸は軸回転しない。

以上のように取り決めをしておいて、角速度の各成分である $\omega_x, \omega_y, \omega_z$ を求めてみる。

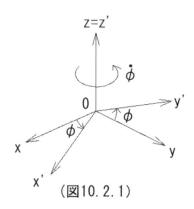

（図10.2.1）

(1 - 1) $\dot{\theta} = \dot{\psi} = 0$ のとき

図 10.2.1 より

$$\begin{Bmatrix}\omega_x \\ \omega_y \\ \omega_z\end{Bmatrix} = \begin{Bmatrix}0 \\ 0 \\ \dot{\varphi}\end{Bmatrix} \quad \cdots\cdots\cdots\cdots\cdots\cdots \quad (10.2.1)$$

である。

(1 – 2) $\dot{\varphi} = \dot{\psi} = 0$ のとき

図 10. 2. 2 より

$$\begin{Bmatrix} \omega_{x'} \\ \omega_{y'} \\ \omega_{z'} \end{Bmatrix} = \begin{Bmatrix} 0 \\ \dot{\theta} \\ 0 \end{Bmatrix} \quad \cdots\cdots\cdots\cdots\cdots \quad (10.2.2)$$

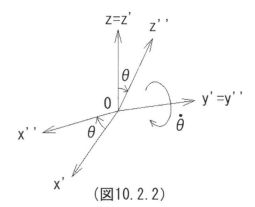

（図10. 2. 2）

である。また、(10. 1. 1) 式より

$$\begin{Bmatrix} \omega_{x'} \\ \omega_{y'} \\ \omega_{z'} \end{Bmatrix} = \begin{bmatrix} \cos\varphi & \sin\varphi & 0 \\ -\sin\varphi & \cos\varphi & 0 \\ 0 & 0 & 1 \end{bmatrix} \begin{Bmatrix} \omega_x \\ \omega_y \\ \omega_z \end{Bmatrix}$$

なので

$$\begin{Bmatrix} \omega_x \\ \omega_y \\ \omega_z \end{Bmatrix} = \begin{bmatrix} \cos\varphi & \sin\varphi & 0 \\ -\sin\varphi & \cos\varphi & 0 \\ 0 & 0 & 1 \end{bmatrix}^{-1} \begin{Bmatrix} \omega_{x'} \\ \omega_{y'} \\ \omega_{z'} \end{Bmatrix}$$

となる。

ここで $\begin{bmatrix} \cos\varphi & \sin\varphi & 0 \\ -\sin\varphi & \cos\varphi & 0 \\ 0 & 0 & 1 \end{bmatrix}$ の逆マトリックス（inverse matrix）を求めてみると、その行列式は

$\begin{vmatrix} \cos\varphi & \sin\varphi & 0 \\ -\sin\varphi & \cos\varphi & 0 \\ 0 & 0 & 1 \end{vmatrix} = 1$ なので、逆マトリックスは単に転置マトリックスになる。

よって、(10. 2. 2) 式を代入して

$$\begin{Bmatrix} \omega_x \\ \omega_y \\ \omega_z \end{Bmatrix} = \begin{bmatrix} \cos\varphi & -\sin\varphi & 0 \\ \sin\varphi & \cos\varphi & 0 \\ 0 & 0 & 1 \end{bmatrix} \begin{Bmatrix} 0 \\ \dot{\theta} \\ 0 \end{Bmatrix}$$

$$= \begin{Bmatrix} -\dot{\theta}\sin\varphi \\ \dot{\theta}\cos\varphi \\ 0 \end{Bmatrix} \quad \cdots\cdots\cdots\cdots \quad (10.2.3)$$

(1 – 3) $\dot{\varphi} = \dot{\theta} = 0$ のとき

図 10. 2. 3 より

$$\begin{Bmatrix} \omega_{x''} \\ \omega_{y''} \\ \omega_{z''} \end{Bmatrix} = \begin{Bmatrix} 0 \\ 0 \\ \dot{\psi} \end{Bmatrix} \quad \cdots\cdots\cdots\cdots\cdots\cdots \quad (10.2.4)$$

（図10. 2. 3）

また、(10.1.2) 式より

$$\begin{Bmatrix} \omega_{x''} \\ \omega_{y''} \\ \omega_{z''} \end{Bmatrix} = \begin{bmatrix} \cos\theta & 0 & -\sin\theta \\ 0 & 1 & 0 \\ \sin\theta & 0 & \cos\theta \end{bmatrix} \begin{Bmatrix} \omega_{x'} \\ \omega_{y'} \\ \omega_{z'} \end{Bmatrix}$$

なので

$$\begin{Bmatrix} \omega_{x'} \\ \omega_{y'} \\ \omega_{z'} \end{Bmatrix} = \begin{bmatrix} \cos\theta & 0 & -\sin\theta \\ 0 & 1 & 0 \\ \sin\theta & 0 & \cos\theta \end{bmatrix}^{-1} \begin{Bmatrix} \omega_{x''} \\ \omega_{y''} \\ \omega_{z''} \end{Bmatrix}$$

$$= \begin{bmatrix} \cos\theta & 0 & \sin\theta \\ 0 & 1 & 0 \\ -\sin\theta & 0 & \cos\theta \end{bmatrix} \begin{Bmatrix} 0 \\ 0 \\ \dot{\psi} \end{Bmatrix} = \begin{Bmatrix} \dot{\psi}\sin\theta \\ 0 \\ \dot{\psi}\cos\theta \end{Bmatrix}$$

さらに、(10.1.1) 式に戻って

$$\begin{Bmatrix} \omega_x \\ \omega_y \\ \omega_z \end{Bmatrix} = \begin{bmatrix} \cos\varphi & \sin\varphi & 0 \\ -\sin\varphi & \cos\varphi & 0 \\ 0 & 0 & 1 \end{bmatrix}^{-1} \begin{Bmatrix} \omega_{x'} \\ \omega_{y'} \\ \omega_{z'} \end{Bmatrix}$$

$$= \begin{bmatrix} \cos\varphi & -\sin\varphi & 0 \\ \sin\varphi & \cos\varphi & 0 \\ 0 & 0 & 1 \end{bmatrix} \begin{Bmatrix} \dot{\psi}\sin\theta \\ 0 \\ \dot{\psi}\cos\theta \end{Bmatrix} = \begin{Bmatrix} \dot{\psi}\cos\varphi\sin\theta \\ \dot{\psi}\sin\varphi\sin\theta \\ \dot{\psi}\cos\theta \end{Bmatrix} \quad \cdots\cdots\cdots\cdots\cdots\cdots \quad (10.2.5)$$

従って、3つの回転後の角速度の各成分は (10.2.1) 式と (10.2.3) 式と (10.2.5) 式を重ね

合わせることにより

$$\begin{Bmatrix} \omega_x \\ \omega_y \\ \omega_z \end{Bmatrix} = \begin{Bmatrix} -\dot{\theta}\sin\varphi + \dot{\psi}\cos\varphi\sin\theta \\ \dot{\theta}\cos\varphi + \dot{\psi}\sin\varphi\sin\theta \\ \dot{\varphi} + \dot{\psi}\cos\theta \end{Bmatrix} \quad \cdots\cdots\cdots\cdots\cdots\cdots \quad (10.2.6)$$

このようにして、$\vec{\omega}$ の各成分である $\omega_x, \omega_y, \omega_z$ とオイラー角 φ, θ, ψ との各関係式が求まる。

次に、3つの回転後の角速度の各成分 $\omega_\xi, \omega_\eta, \omega_\zeta$ とオイラー角 φ, θ, ψ との関係式を求めてみ

る。

(2) $\omega_\xi, \omega_\eta, \omega_\zeta$ とオイラー角 φ, θ, ψ との関係式

0-$\xi\eta\zeta$ 系における角速度ベクトルは

$$\vec{\omega} = \omega_\xi \vec{e_\xi} + \omega_\eta \vec{e_\eta} + \omega_\zeta \vec{e_\zeta}$$

と表される。

(2 - 1) $\dot{\varphi} = \dot{\theta} = 0$ のとき

最後の第3段階で行なう z'' 軸を回転軸として角度 ψ の角速度はそのまま z'' 軸周りの角速度

となるので

$$\begin{Bmatrix} \omega_\xi \\ \omega_\eta \\ \omega_\zeta \end{Bmatrix} = \begin{Bmatrix} 0 \\ 0 \\ \dot{\psi} \end{Bmatrix} \cdots\cdots\cdots\cdots\cdots\cdots \quad (10.2.7)$$

(2 - 2) $\dot{\varphi} = \dot{\psi} = 0$ のとき

その前の第2段階で行なう y' 軸を回転軸として角度 θ の回転の角速度 $\dot{\theta}$ が、その後 z'' 軸周り

に角度 ψ だけ回転させられるので

$$\begin{Bmatrix} \omega_\xi \\ \omega_\eta \\ \omega_\zeta \end{Bmatrix} = \begin{bmatrix} \cos\psi & \sin\psi & 0 \\ -\sin\psi & \cos\psi & 0 \\ 0 & 0 & 1 \end{bmatrix} \begin{Bmatrix} 0 \\ \dot{\theta} \\ 0 \end{Bmatrix} = \begin{Bmatrix} \dot{\theta}\sin\psi \\ \dot{\theta}\cos\psi \\ 0 \end{Bmatrix} \cdots\cdots\cdots\cdots\cdots \quad (10.2.8)$$

(2 - 3) $\dot{\theta} = \dot{\psi} = 0$ のとき

さらに、その前の第1段階で行なう z 軸を回転軸として角度 φ の回転の角速度 $\dot{\varphi}$ がその後 θ

と ψ による回転が加えられるため

$$\begin{Bmatrix} \omega_\xi \\ \omega_\eta \\ \omega_\zeta \end{Bmatrix} = \begin{bmatrix} \cos\psi & \sin\psi & 0 \\ -\sin\psi & \cos\psi & 0 \\ 0 & 0 & 1 \end{bmatrix} \begin{bmatrix} \cos\theta & 0 & -\sin\theta \\ 0 & 1 & 0 \\ \sin\theta & 0 & \cos\theta \end{bmatrix} \begin{Bmatrix} 0 \\ 0 \\ \dot{\varphi} \end{Bmatrix}$$

$$= \begin{bmatrix} \cos\psi & \sin\psi & 0 \\ -\sin\psi & \cos\psi & 0 \\ 0 & 0 & 1 \end{bmatrix} \begin{Bmatrix} -\dot{\varphi}\sin\theta \\ 0 \\ \dot{\varphi}\cos\theta \end{Bmatrix}$$

$$= \begin{Bmatrix} -\dot{\varphi}\sin\theta\cos\psi \\ \dot{\varphi}\sin\theta\sin\psi \\ \dot{\varphi}\cos\theta \end{Bmatrix} \cdots\cdots\cdots\cdots\cdots \quad (10.2.9)$$

従って、3つの回転後の角速度の各成分は（10.2.7）式と（10.2.8）式と（10.2.9）式を重ね

合わせることにより

$$
\begin{Bmatrix} \omega_\xi \\ \omega_\eta \\ \omega_\zeta \end{Bmatrix} = \begin{Bmatrix} \dot{\theta}\sin\psi - \dot{\varphi}\sin\theta\cos\psi \\ \dot{\theta}\cos\psi + \dot{\varphi}\sin\theta\sin\psi \\ \dot{\varphi}\cos\theta + \dot{\psi} \end{Bmatrix} \quad \cdots\cdots\cdots\cdots\cdots\cdots \quad (10.2.10)
$$

このようにして各成分 $\omega_\xi, \omega_\eta, \omega_\zeta$ とオイラー角 φ, θ, ψ との関係式が求められる。

別解として（10.1.4）式と（10.2.6）式を利用すると

$$
\begin{Bmatrix} \omega_\xi \\ \omega_\eta \\ \omega_\zeta \end{Bmatrix} =
$$

$$
\begin{bmatrix} \cos\varphi\cos\theta\cos\psi - \sin\varphi\sin\psi & \sin\varphi\cos\theta\cos\psi + \cos\varphi\sin\psi & -\sin\theta\cos\psi \\ -\cos\varphi\cos\theta\sin\psi - \sin\varphi\cos\psi & -\sin\varphi\cos\theta\sin\psi + \cos\varphi\cos\psi & \sin\theta\sin\psi \\ \cos\varphi\sin\theta & \sin\varphi\sin\theta & \cos\theta \end{bmatrix} \begin{Bmatrix} -\dot{\theta}\sin\varphi + \dot{\psi}\cos\varphi\sin\theta \\ \dot{\theta}\cos\varphi + \dot{\psi}\sin\varphi\sin\theta \\ \dot{\varphi} + \dot{\psi}\cos\theta \end{Bmatrix}
$$

であるから、この式を直接計算してみる。

$$\omega_\xi$$

$$
= (\cos\varphi\cos\theta\cos\psi - \sin\varphi\sin\psi)(-\dot{\theta}\sin\varphi + \dot{\psi}\cos\varphi\sin\theta)
$$

$$
+ (\sin\varphi\cos\theta\cos\psi + \cos\varphi\sin\psi)(\dot{\theta}\cos\varphi + \dot{\psi}\sin\varphi\sin\theta) - \sin\theta\cos\psi(\dot{\varphi} + \dot{\psi}\cos\theta)
$$

$$
= \dot{\theta}(-\sin\varphi\cos\varphi\cos\theta\cos\psi + \sin^2\varphi\sin\psi + \sin\varphi\cos\varphi\cos\theta\cos\psi + \cos^2\varphi\sin\psi)
$$

$$
+ \dot{\psi}(\cos^2\varphi\sin\theta\cos\theta\cos\psi - \sin\varphi\cos\varphi\sin\theta\sin\psi + \sin^2\varphi\sin\theta\cos\theta\cos\psi
$$

$$
+ \sin\varphi\cos\varphi\sin\theta\sin\psi - \sin\theta\cos\theta\cos\psi) - \dot{\varphi}\sin\theta\cos\psi
$$

$$
= \dot{\theta}\sin\psi + \dot{\psi}(\sin\theta\cos\theta\cos\psi - \sin\theta\cos\theta\cos\psi) - \dot{\varphi}\sin\theta\cos\psi
$$

$$
= \dot{\theta}\sin\psi - \dot{\varphi}\sin\theta\cos\psi \quad \cdots\cdots\cdots\cdots\cdots\cdots \quad (10.2.11)
$$

$$\omega_\eta$$

$$
= (-\cos\varphi\cos\theta\sin\psi - \sin\varphi\cos\psi)(-\dot{\theta}\sin\varphi + \dot{\psi}\cos\varphi\sin\theta)
$$

$$
+ (-\sin\varphi\cos\theta\sin\psi + \cos\varphi\cos\psi)(\dot{\theta}\cos\varphi + \dot{\psi}\sin\varphi\sin\theta) + \sin\theta\sin\psi(\dot{\varphi} + \dot{\psi}\cos\theta)
$$

$$= \dot{\theta} \, (\sin\varphi \cos\varphi \cos\theta \sin\psi + \sin^2\varphi \cos\psi - \sin\varphi \cos\varphi \cos\theta \sin\psi + \cos^2\varphi \cos\psi)$$

$$+ \dot{\psi} \, (- \cos^2\varphi \sin\theta \cos\theta \sin\psi - \sin\varphi \cos\varphi \sin\theta \cos\psi - \sin^2\varphi \sin\theta \cos\theta \sin\psi$$

$$+ \sin\varphi \cos\varphi \sin\theta \cos\psi + \sin\theta \cos\theta \sin\psi) + \dot{\varphi} \sin\theta \sin\psi$$

$$= \dot{\theta} \cos\psi + \dot{\psi} \, (- \sin\theta \cos\theta \sin\psi + \sin\theta \cos\theta \sin\psi) + \dot{\varphi} \sin\theta \sin\psi$$

$$= \dot{\theta} \cos\psi + \dot{\varphi} \sin\theta \sin\psi \quad \cdots\cdots\cdots\cdots\cdots\cdots\cdots \quad (10.2.12)$$

ω_ζ

$$= \cos\varphi \sin\theta \left(- \dot{\theta} \sin\varphi + \dot{\psi} \cos\varphi \sin\theta\right) + \sin\varphi \sin\theta \left(\dot{\theta} \cos\varphi + \dot{\psi} \sin\varphi \sin\theta\right)$$

$$+ \cos\theta \, (\dot{\varphi} + \dot{\psi} \cos\theta)$$

$$= \dot{\theta} \, (- \sin\varphi \cos\varphi \sin\theta + \sin\varphi \cos\varphi \sin\theta) + \dot{\psi} \, (\cos^2\varphi \sin^2\theta + \sin^2\varphi \sin^2\theta + \cos^2\theta) + \dot{\varphi} \cos\theta$$

$$= \dot{\psi} + \dot{\varphi} \cos\theta \quad \cdots\cdots\cdots\cdots\cdots\cdots\cdots \quad (10.2.13)$$

従って、（10.2.11）式と（10.2.12）式と（10.2.13）式より

$$\begin{Bmatrix} \omega_\xi \\ \omega_\eta \\ \omega_\zeta \end{Bmatrix} = \begin{Bmatrix} \dot{\theta} \sin\psi - \dot{\varphi} \sin\theta \cos\psi \\ \dot{\theta} \cos\psi + \dot{\varphi} \sin\theta \sin\psi \\ \dot{\varphi} \cos\theta + \dot{\psi} \end{Bmatrix} \quad \cdots\cdots\cdots\cdots\cdots\cdots \quad (10.2.10)$$

このように、始めに行なった解法と同じ解が得られる。

10. 3　ベクトルの外積

２つのベクトル $\vec{A}$, $\vec{B}$を考え、その交角を $\theta\,(0<\theta<\pi)$ とする。ただし $\vec{A} \neq 0$, $\vec{B} \neq 0$とする。

$$\vec{C} \;=\; \vec{A} \times \vec{B} \;=\; (|\vec{A}| \cdot |\vec{B}| \sin\theta)\,\vec{e}$$

と定義し、$\vec{C}$ を $\vec{A}$ と $\vec{B}$ の外積（outer product）またはベクトル積（vector product）という。ベクトルの内積はスカラーであるが、外積はベクトルである。

図形的には $|\vec{A}| \cdot |\vec{B}| \sin\theta$ は $|\vec{A}|$ と $|\vec{B}|$ を２辺とする平行四辺形の面積 S であり、この平行四辺形に垂直な方向（右ねじの軸に進む方向）の単位クトルを $\vec{e}$ とすると、**図 10. 3. 1** のように表すことができる。

従って、$\vec{A} \times \vec{A}$ 及び $\vec{B} \times \vec{B}$ は面積が 0 なので

$$\vec{A} \times \vec{A} \;=\; 0$$

$$\vec{B} \times \vec{B} \;=\; 0$$

$$\vec{A} \times \vec{B} \;=\; -\,\vec{B} \times \vec{A}$$

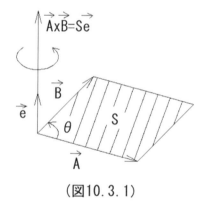

（図10.3.1）

である。そこで、$\vec{A}$ と $\vec{B}$ を x, y, z 方向の各成分に分解して

$$\vec{A} \;=\; A_x\vec{e_x} \;+\; A_y\vec{e_y} \;+\; A_z\vec{e_z}$$

$$\vec{B} \;=\; B_x\vec{e_x} \;+\; B_y\vec{e_y} \;+\; B_z\vec{e_z}$$

と置く。**図 10. 3. 1** より、右ねじの法則を利用して

$$\vec{e_x} \times \vec{e_x} \;=\; \vec{e_y} \times \vec{e_y} \;=\; \vec{e_z} \times \vec{e_z} \;=\; 0$$

$$\vec{e_y} \times \vec{e_z} \;=\; \vec{e_x}, \qquad \vec{e_z} \times \vec{e_x} \;=\; \vec{e_y}, \qquad \vec{e_x} \times \vec{e_y} \;=\; \vec{e_z}$$

148

$$\overrightarrow{e_z} \times \overrightarrow{e_y} = -\overrightarrow{e_x}, \qquad \overrightarrow{e_x} \times \overrightarrow{e_z} = -\overrightarrow{e_y}, \qquad \overrightarrow{e_y} \times \overrightarrow{e_x} = -\overrightarrow{e_z}$$

である。従って、その外積を計算すると

$$\vec{C} = \vec{A} \times \vec{B}$$

$$= (A_x\overrightarrow{e_x} + A_y\overrightarrow{e_y} + A_z\overrightarrow{e_z}) \times (B_x\overrightarrow{e_x} + B_y\overrightarrow{e_y} + B_z\overrightarrow{e_z})$$

$$= (A_yB_z - A_zB_y)\,\overrightarrow{e_x} - (A_xB_z - A_zB_x)\,\overrightarrow{e_y} + (A_xB_y - A_yB_x)\,\overrightarrow{e_z}$$

$$\cdots\cdots\cdots\cdots\cdots\cdots\cdots \quad (10.3.1)$$

となる。（10.3.1）式を行列式で表すと

$$\vec{A} \times \vec{B} = \begin{vmatrix} A_y & A_z \\ B_y & B_z \end{vmatrix}\overrightarrow{e_x} - \begin{vmatrix} A_x & A_z \\ B_x & B_z \end{vmatrix}\overrightarrow{e_y} + \begin{vmatrix} A_x & A_y \\ B_x & B_y \end{vmatrix}\overrightarrow{e_z} = \begin{vmatrix} \overrightarrow{e_x} & \overrightarrow{e_y} & \overrightarrow{e_z} \\ A_x & A_y & A_z \\ B_x & B_y & B_z \end{vmatrix}$$

$$\cdots\cdots\cdots\cdots\cdots\cdots\cdots \quad (10.3.1a)$$

となる。以上の準備をしておいて、剛体の回転する

場合の速度ベクトル（velocity vector）を考える。

点Oを通る直線ℓの周りに回転している剛体内の1

点Pの速度ベクトルを $\vec{V}$ とし、また、$\vec{r} = \overrightarrow{OP}$ とし、

剛体の角速度ベクトル（anguler velocity vector）を

$\vec{\omega}$とすると、**図10.3.2** より $V = \omega r \sin\theta$ なので、

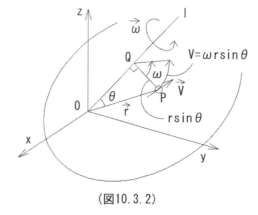

（図10.3.2）

$$\vec{V} = \vec{\omega} \times \vec{r} \quad \cdots\cdots\cdots\cdots\cdots \quad (10.3.2)$$

となっている。

また、位置ベクトル $\vec{r}$ を時間で微分したものが速度ベクトル $\vec{V}$ であるから、$\dot{\vec{r}} = \vec{V}$ と置け

る。よって、（10.3.2）式は

$$\vec{r} \;=\; \vec{\omega} \times \vec{r} \quad\cdots\cdots\cdots\cdots\cdots\cdots\cdots\quad (10.3.3)$$

とも表現できる。

ここで、$\vec{V},\,\vec{\omega},\,\vec{r}$ を x,y,z 方向の各成分に分解すると

$$\left.\begin{aligned}
\vec{V} &= V_x\vec{e_x} + V_y\vec{e_y} + V_z\vec{e_z} \\
\vec{\omega} &= \omega_x\vec{e_x} + \omega_y\vec{e_y} + \omega_z\vec{e_z} \\
\vec{r} &= x\vec{e_x} + y\vec{e_y} + z\vec{e_z}
\end{aligned}\right\} \quad\cdots\cdots\cdots\cdots\cdots\cdots\cdots\quad (10.3.4)$$

と表現できるので（10.3.1）式の

$$\vec{A} \to \vec{\omega}, \quad \vec{B} \to \vec{r}, \quad \vec{C} \to \vec{V}$$

と置き換えて、（10.3.4）式を（10.3.1）式に代入すると

$$\left.\begin{aligned}
V_x &= \omega_y z - \omega_z y \\
V_y &= \omega_z x - \omega_x z \\
V_z &= \omega_x y - \omega_y x
\end{aligned}\right\} \quad\cdots\cdots\cdots\cdots\cdots\cdots\cdots\quad (10.3.5)$$

このように、速度ベクトルと角速度の関係式が得られる。

10.4 角運動量と力のモーメント

まずベクトル積の微分を考える。ベクトル積 $\vec{A} \times \vec{B}$ を時間 t で微分すると（10.3.1）式より

$$\frac{d}{dt}(\vec{A} \times \vec{B})$$

$$= \frac{d}{dt}(A_y B_z - A_z B_y)\vec{e_x} - \frac{d}{dt}(A_x B_z - A_z B_x)\vec{e_y} + \frac{d}{dt}(A_x B_y - A_y B_x)\vec{e_z}$$

$$= (\dot{A}_y B_z - \dot{A}_z B_y)\vec{e_x} - (\dot{A}_x B_z - \dot{A}_z B_x)\vec{e_y} + (\dot{A}_x B_y - \dot{A}_y B_x)\vec{e_z}$$

$$+ (A_y \dot{B}_z - A_z \dot{B}_y)\vec{e_x} - (A_x \dot{B}_z - A_z \dot{B}_x)\vec{e_y} + (A_x \dot{B}_y - A_y \dot{B}_x)\vec{e_z}$$

$$= \dot{\vec{A}} \times \vec{B} + \vec{A} \times \dot{\vec{B}} \quad \cdots\cdots\cdots\cdots\cdots\cdots \quad (10.4.1)$$

となる。そこで（10.4.1）式を利用すると

$$\frac{d}{dt}(\vec{r} \times \dot{\vec{r}}) = \dot{\vec{r}} \times \dot{\vec{r}} + \vec{r} \times \ddot{\vec{r}} = \vec{r} \times \ddot{\vec{r}}$$

である。従って、$m\ddot{\vec{r}} = \vec{F}$ の両辺に $\vec{r}$ を前から外積掛けすると $\vec{r} \times m\ddot{\vec{r}} = \vec{r} \times \vec{F}$ となるから

$$\frac{d}{dt}(\vec{r} \times m\dot{\vec{r}}) = \vec{r} \times m\ddot{\vec{r}} = \vec{r} \times \vec{F} \quad \cdots\cdots\cdots\cdots\cdots\cdots \quad (10.4.2)$$

ここで、下式を点 O 周りの角運動量（angular momentum）と定義し

$$\vec{L} = \vec{r} \times m\dot{\vec{r}} \quad \cdots\cdots\cdots\cdots\cdots\cdots \quad (10.4.3)$$

下式を点 O 周りの力のモーメント（moment of force）と定義する。またはトルク（torque）とも呼ばれる。

$$\vec{N} = \vec{r} \times \vec{F} \quad \cdots\cdots\cdots\cdots\cdots\cdots \quad (10.4.4)$$

このとき、（10.4.2）式より

$$\frac{d}{dt}\vec{L} = \dot{\vec{L}} = \vec{N} \quad \cdots\cdots\cdots\cdots\cdots\cdots \quad (10.4.5)$$

すなわち角運動量の時間変化が力のモーメントとなる。

（10.4.3）式を各々x, y, z成分に分解して、改めて方向別に計算しなおすと

$$\left.\begin{array}{l} \vec{L} = L_x\vec{e_x} + L_y\vec{e_y} + L_z\vec{e_z} \\ \vec{r} = x\vec{e_x} + y\vec{e_y} + z\vec{e_z} \\ \dot{\vec{r}} = \dot{x}\vec{e_x} + \dot{y}\vec{e_y} + \dot{z}\vec{e_z} \end{array}\right\} \quad \cdots\cdots\cdots\cdots\cdots \quad (10.4.6)$$

（10.4.3）式と（10.4.6）式より

$$\vec{L} = \vec{r} \times m\dot{\vec{r}}$$

$$= (x\vec{e_x} + y\vec{e_y} + z\vec{e_z}) \times m(\dot{x}\vec{e_x} + \dot{y}\vec{e_y} + \dot{z}\vec{e_z})$$

$$= m(y\dot{z} - z\dot{y})\vec{e_x} + m(z\dot{x} - x\dot{z})\vec{e_y} + m(x\dot{y} - y\dot{x})\vec{e_z} \quad \cdots\cdots\cdots\cdots \quad (10.4.7)$$

従って、（10.4.6）式と（10.4.7）式より

$$\left.\begin{array}{l} L_x = m(y\dot{z} - z\dot{y}) \\ L_y = m(z\dot{x} - x\dot{z}) \\ L_z = m(x\dot{y} - y\dot{x}) \end{array}\right\} \quad \cdots\cdots\cdots\cdots\cdots \quad (10.4.8)$$

と書き表され、さらに（10.4.8）式を時間で微分すると

$$\left.\begin{array}{l} \dot{L}_x = m(y\ddot{z} - z\ddot{y}) \\ \dot{L}_y = m(z\ddot{x} - x\ddot{z}) \\ \dot{L}_z = m(x\ddot{y} - y\ddot{x}) \end{array}\right\} \quad \cdots\cdots\cdots\cdots\cdots \quad (10.4.9)$$

となる。次に（10.4.4）式を各々x, y, z成分に分解すると

$$\left.\begin{array}{l} \vec{N} = N_x\vec{e_x} + N_y\vec{e_y} + N_z\vec{e_z} \\ \vec{r} = x\vec{e_x} + y\vec{e_y} + z\vec{e_z} \\ \vec{F} = F_x\vec{e_x} + F_y\vec{e_y} + F_z\vec{e_z} \end{array}\right\} \quad \cdots\cdots\cdots\cdots\cdots \quad (10.4.10)$$

（10.4.4）式と（10.4.10）式より

$$\vec{N} = \vec{r} \times \vec{F}$$

$$= (x\vec{e_x} + y\vec{e_y} + z\vec{e_z}) \times (F_x\vec{e_x} + F_y\vec{e_y} + F_z\vec{e_z})$$

$$= (yF_z - zF_y)\vec{e_x} + (zF_x - xF_z)\vec{e_y} + (xF_y - yF_x)\vec{e_z} \quad \cdots\cdots\cdots\cdots \quad (10.4.11)$$

従って、（10.4.10）式と（10.4.11）式より

$$\left.\begin{array}{l} N_x = yF_z - zF_y \\ N_y = zF_x - xF_z \\ N_z = xF_y - yF_x \end{array}\right\} \quad \cdots\cdots\cdots\cdots\cdots\cdots \quad （10.4.12）$$

と書き表される。

始めに戻って、剛体の並進運動式 $m\ddot{\vec{r}} = \vec{F}$ より

$$\left.\begin{array}{l} m\ddot{x} = F_x \\ m\ddot{y} = F_y \\ m\ddot{z} = F_z \end{array}\right\} \quad \text{であるから}$$

（10.4.9）式と（10.4.12）式は各々等号が成立して

$$\left.\begin{array}{l} \dot{L}_x = N_x \\ \dot{L}_y = N_y \\ \dot{L}_z = N_z \end{array}\right\} \quad \cdots\cdots\cdots\cdots\cdots\cdots \quad （10.4.13）$$

の式が得られる。

この式は（10.4.5）式の x, y, z の方向別に表現したものである。

10.5 固定軸周りに回転する剛体の運動

剛体を細かく分割した一部を質点 m_i として、その集合体である剛体を固定された回転軸である z 軸周りに回転する場合を考える。

（10.4.8）式より

$$L_z = \sum_{i=1}^{n} m_i(x_i\dot{y}_i - y_i\dot{x}_i)$$

$$\cdots\cdots\cdots\cdots\cdots \quad (10.5.1)$$

また、（10.4.12）式より

$$N_z = \sum_{i=1}^{n}(x_i F_{yi} - y_i F_{xi})$$

$$\cdots\cdots\cdots\cdots\cdots \quad (10.5.2)$$

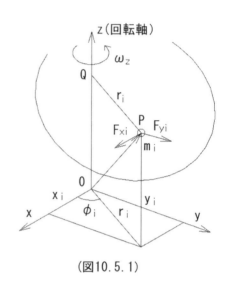

（図10.5.1）

このとき、r_i は一定で、かつ $\dot{\varphi}_i = \omega_z$ であるので、

$$\left.\begin{array}{l} x_i = r_i\cos\varphi_i \\ y_i = r_i\sin\varphi_i \end{array}\right)\text{を時間微分して}$$

$$\left.\begin{array}{l} \dot{x}_i = -r_i\omega_z\sin\varphi_i \\ \dot{y}_i = r_i\omega_z\cos\varphi_i \end{array}\right) \cdots\cdots\cdots\cdots\cdots \quad (10.5.3)$$

（10.5.1）式に（10.5.3）式を代入して

$$L_z = \sum_{i=1}^{n} m_i\{r_i\cos\varphi_i \cdot r_i\omega_z\cos\varphi_i - r_i\sin\varphi_i(-r_i\omega_z\sin\varphi_i)\}$$

$$= \sum_{i=1}^{n} m_i r_i^2 \omega_z$$

ここで

$$I_z = \sum_{i=1}^{n} m_i r_i^2 = \sum_{i=1}^{n} m_i(x_i^2 + y_i^2) \cdots\cdots\cdots\cdots\cdots \quad (10.5.4)$$

と定義する。I_z は z 軸周りの慣性モーメント（moment of inertia）という。

従って、

$$L_z = I_z \omega_z \quad \cdots\cdots\cdots\cdots\cdots \quad (10.5.5)$$

となる。

I_z は時間によって変化しない数量なので、（10.4.13）式と（10.5.5）式より

$$\frac{d}{dt}(L_z) = \frac{d}{dt}(I_z \omega_z) = I_z \dot{\omega}_z = N_z \quad \cdots\cdots\cdots\cdots\cdots \quad (10.5.6)$$

となる。ここで $\dot{\omega}_z$ は角加速度（angular acceleration）という。

（10.5.6）式で I_z 質量であり、$\dot{\omega}_z$ は加速度であり、N_z は力であるから、ニュートンの第2法則と同じ表現の回転による運動方程式であることを意味する。

また、（10.5.3）式より

$$\dot{x}_i^2 + \dot{y}_i^2 = (-r_i \omega_z \sin\varphi_i)^2 + (r_i \omega_z \cos\varphi_i)^2 = r_i^2 \omega_z^2$$

であるので、質点 m_i の運動エネルギーは

$$\frac{1}{2} m_i(\dot{x}_i^2 + \dot{y}_i^2) = \frac{1}{2} m_i r_i^2 \omega_z^2$$

である。従って、剛体の回転による運動エネルギーK は（10.5.4）式より

$$K = \frac{1}{2}\sum_{i=1}^{n} m_i r_i^2 \omega_z^2 = \frac{1}{2} I_z \omega_z^2 \quad \cdots\cdots\cdots\cdots\cdots \quad (10.5.7)$$

（10.5.7）式で I_z は質量であり、ω_z は速度であり、K は回転による運動エネルギーであるから、質点の運動エネルギーの式に帰着される。

（10.5.7）式が例題 18 (2) の滑車の回転エネルギーの式に、そして例題 20〜22 の台車の車輪の回転エネルギーの式として使用されている。

10.6　行列の対角化

この節では、物理式の展開によく応用される線形代数学の公式である行列の対角化

（diagonalization）について少し説明する。

n 次正方行列 $[A]$ に対して、ある正則行列 $[P]$ によって対角化することが可能である場合、

すなわち

$$[P]^{-1}[A][P] = \begin{bmatrix} \lambda_1 & \cdots & 0 \\ \vdots & \ddots & \vdots \\ 0 & \cdots & \lambda_n \end{bmatrix} \quad \cdots\cdots\cdots\cdots\cdots\cdots\cdots \quad (10.6.1)$$

が成立するとき、$[A]$ は対角化可能であるといい、$[P]$ は対角化行列という。

ここで、正則行列 $[P]$ とは、

$$[P][P]^{-1} = \begin{bmatrix} 1 & \cdots & 0 \\ \vdots & \ddots & \vdots \\ 0 & \cdots & 1 \end{bmatrix} = [E]$$

となる行列、すなわち逆行列が存在する場合に限られる。

次の例題で具体的に計算してみる。

〔例題 25〕行列の対角化

$$[A] = \begin{bmatrix} 2 & -1 & -1 \\ -1 & 2 & 1 \\ 1 & -1 & 0 \end{bmatrix}$$ を対角化してみる。

ここで、det は行列式（determinant）を意味し、$[E]$ は単位行列（unit matrix）を表す。

そして、$[A]$ の固有方程式を計算すると

$$\det([A] - \lambda[E])$$

$$= \begin{bmatrix} 2 - \lambda & -1 & -1 \\ -1 & 2 - \lambda & 1 \\ 1 & -1 & -\lambda \end{bmatrix} = 0$$

$$- \lambda (2 - \lambda)^2 - 1 - 1 + (2 - \lambda) + \lambda + (2 - \lambda) = 0$$

$$(2 - \lambda)\{1 - \lambda (2 - \lambda)\} = 0$$

$$(\lambda - 2)(\lambda - 1)^2 = 0$$

よって、固有値は $\lambda_1 = 1$（重解）, $\lambda_2 = 2$ である。

(1) $\lambda = 1$ のとき

$$\begin{bmatrix} 1 & -1 & -1 \\ -1 & 1 & 1 \\ 1 & -1 & -1 \end{bmatrix} \begin{Bmatrix} x \\ y \\ z \end{Bmatrix} = 0$$

$$\left. \begin{array}{l} x - y - z = 0 \\ -x + y + z = 0 \\ x - y - z = 0 \end{array} \right\} \to z = x - y \ (x, y \text{ は任意の整数である。})$$

そこで、$(x, y) = (1, 0)$ と置くと、$z = 1$ であるから

$$P_1 = \begin{pmatrix} 1 \\ 0 \\ 1 \end{pmatrix} \text{ となる。}$$

また、$(x, y) = (0, 1)$ と置くと、$z = -1$ であるから

$$P_2 = \begin{pmatrix} 0 \\ 1 \\ -1 \end{pmatrix} \text{ となる。}$$

P_1 と P_2 は一次独立なベクトルである。

(2) $\lambda = 2$ のとき

$$\begin{bmatrix} 0 & -1 & -1 \\ -1 & 0 & 1 \\ 1 & -1 & -2 \end{bmatrix} \begin{Bmatrix} x \\ y \\ z \end{Bmatrix} = 0$$

$$\left. \begin{array}{l} -y - z = 0 \\ -x + z = 0 \\ x - y - 2z = 0 \end{array} \right\} \to z = 1 \text{ のとき}$$

$x = 1, y = -1$ であるから、

$$P_3 = \begin{pmatrix} 1 \\ -1 \\ 1 \end{pmatrix} \text{ となる。}$$

P_3 も P_1, P_2 とは一次独立なベクトルである。

よって、対角化行列として $[P] = [P_1 \quad P_2 \quad P_3]$ をとれば

$$[P] = \begin{bmatrix} 1 & 0 & 1 \\ 0 & 1 & -1 \\ 1 & -1 & 1 \end{bmatrix}$$

となり、（10.6.1）式に固有値 λ を入れて

$$[P]^{-1}[A][P] = \begin{bmatrix} 1 & 0 & 0 \\ 0 & 1 & 0 \\ 0 & 0 & 2 \end{bmatrix}$$

と対角化できる。

確認のため、（10.6.1）式に $[P]$ を前掛けして

$$[P][P]^{-1}[A][P] = [P]\begin{bmatrix} \lambda_1 & \cdots & 0 \\ \vdots & \ddots & \vdots \\ 0 & \cdots & \lambda_n \end{bmatrix}$$

$$[A][P] = [P]\begin{bmatrix} \lambda_1 & \cdots & 0 \\ \vdots & \ddots & \vdots \\ 0 & \cdots & \lambda_n \end{bmatrix}$$

このように式を変形してから具体的に計算してみる。

$$[A][P] = \begin{bmatrix} 2 & -1 & -1 \\ -1 & 2 & 1 \\ 1 & -1 & 0 \end{bmatrix}\begin{bmatrix} 1 & 0 & 1 \\ 0 & 1 & -1 \\ 1 & -1 & 1 \end{bmatrix}$$

$$= \begin{bmatrix} 1 & 0 & 2 \\ 0 & 1 & -2 \\ 1 & -1 & 2 \end{bmatrix}$$

$$[P]\begin{bmatrix} \lambda_1 & \cdots & 0 \\ \vdots & \ddots & \vdots \\ 0 & \cdots & \lambda_n \end{bmatrix} = \begin{bmatrix} 1 & 0 & 1 \\ 0 & 1 & -1 \\ 1 & -1 & 1 \end{bmatrix}\begin{bmatrix} 1 & 0 & 0 \\ 0 & 1 & 0 \\ 0 & 0 & 2 \end{bmatrix}$$

$$= \begin{bmatrix} 1 & 0 & 2 \\ 0 & 1 & -2 \\ 1 & -1 & 2 \end{bmatrix}$$

よって、等号が成立し解が合っていることが分かる。

10.7 固定軸がない剛体の運動

この節では固定軸がなく剛体の一点Oが空間に固定され剛体が定点0の周りで回転する場合を

考える。このとき、回転軸は時間と共に変化していくため、角速度ベクトルと慣性主軸は時間

の関数となる。

（10.4.8）式より、点Oの周りにもつ剛体の角運動量は

$$
\left.\begin{aligned}
L_x &= \sum_{i=1}^{n} m_i(y_i \dot{z}_i - z_i \dot{y}_i) \\
L_y &= \sum_{i=1}^{n} m_i(z_i \dot{x}_i - x_i \dot{z}_i) \\
L_z &= \sum_{i=1}^{n} m_i(x_i \dot{y}_i - y_i \dot{x}_i)
\end{aligned}\right\}
$$

$$\cdots\cdots\cdots\cdots\cdots\cdots\quad (10.7.1)$$

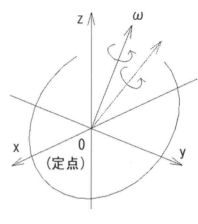

（図10.7.1）

と表現される。ここで（10.3.5）式を再掲して

$$
\left.\begin{aligned}
V_{xi} &= \dot{x}_i = \omega_y z_i - \omega_z y_i \\
V_{yi} &= \dot{y}_i = \omega_z x_i - \omega_x z_i \\
V_{zi} &= \dot{z}_i = \omega_x y_i - \omega_y x_i
\end{aligned}\right\} \quad \cdots\cdots\cdots\cdots\cdots\cdots\quad (10.3.5 再掲)
$$

であるから、（10.7.1）式に（10.3.5）式を代入すると

$$
L_x = \sum_{i=1}^{n} m_i\{y_i(\omega_x y_i - \omega_y x_i) - z_i(\omega_z x_i - \omega_x z_i)\}
$$

$$
= \sum_{i=1}^{n} m_i(y_i^2 + z_i^2)\,\omega_x - \sum_{i=1}^{n} m_i x_i y_i \omega_y - \sum_{i=1}^{n} m_i z_i x_i \omega_z \quad\cdots\cdots\cdots\cdots\quad (10.7.2)
$$

同様にして

$$
L_y = \sum_{i=1}^{n} m_i\{z_i(\omega_y z_i - \omega_z y_i) - x_i(\omega_x y_i - \omega_y x_i)\}
$$

$$
= -\sum_{i=1}^{n} m_i x_i y_i \omega_x + \sum_{i=1}^{n} m_i(z_i^2 + x_i^2)\,\omega_y - \sum_{i=1}^{n} m_i y_i z_i \omega_z \quad\cdots\cdots\cdots\cdots\quad (10.7.3)
$$

$$
L_z = \sum_{i=1}^{n} m_i\{x_i(\omega_z x_i - \omega_x z_i) - y_i(\omega_y z_i - \omega_z y_i)\}
$$

$$
= -\sum_{i=1}^{n} m_i z_i x_i \omega_x - \sum_{i=1}^{n} m_i y_i z_i \omega_y + \sum_{i=1}^{n} m_i(x_i^2 + y_i^2)\,\omega_z \quad\cdots\cdots\cdots\cdots\quad (10.7.4)
$$

（10.7.2）式と（10.7.3）式と（10.7.4）式をまとめて、

全角運動量ベクトルと角速度ベクトルの関係式を行列で表現すると、

$$
\begin{Bmatrix} L_x \\ L_y \\ L_z \end{Bmatrix} = \begin{bmatrix} \sum_{i=1}^{n} m_i(y_i^2 + z_i^2) & -\sum_{i=1}^{n} m_i x_i y_i & -\sum_{i=1}^{n} m_i z_i x_i \\ -\sum_{i=1}^{n} m_i x_i y_i & \sum_{i=1}^{n} m_i(z_i^2 + x_i^2) & -\sum_{i=1}^{n} m_i y_i z_i \\ -\sum_{i=1}^{n} m_i z_i x_i & -\sum_{i=1}^{n} m_i y_i z_i & \sum_{i=1}^{n} m_i(x_i^2 + y_i^2) \end{bmatrix} \begin{Bmatrix} \omega_x \\ \omega_y \\ \omega_z \end{Bmatrix}
$$
$$\cdots\cdots\cdots\cdots\cdots\cdots\text{（10.7.5）}$$

となる。ここで（10.5.4）式と軸の対称性により

$$
\left. \begin{aligned}
I_x &= \sum_{i=1}^{n} m_i(y_i^2 + z_i^2) \\
I_y &= \sum_{i=1}^{n} m_i(z_i^2 + x_i^2) \\
I_z &= \sum_{i=1}^{n} m_i(x_i^2 + y_i^2)
\end{aligned} \right\} \cdots\cdots\cdots\cdots\cdots\cdots\quad\text{（10.7.6）}
$$

と置ける。I_x, I_y, I_z はそれぞれ x 軸、y 軸、z 軸周りの慣性モーメントである。

また、I_{xy}, I_{yz}, I_{zx} を下式のように定義する。

$$
\left. \begin{aligned}
I_{xy} &= \sum_{i=1}^{n} m_i x_i y_i \\
I_{yz} &= \sum_{i=1}^{n} m_i y_i z_i \\
I_{zx} &= \sum_{i=1}^{n} m_i z_i x_i
\end{aligned} \right\} \cdots\cdots\cdots\cdots\cdots\cdots\quad\text{（10.7.7）}
$$

これらの量を慣性乗積（product of inertia）という。ここで、式の定義から

$$
I_{xy} = I_{yx}, \quad I_{yz} = I_{zy}, \quad I_{zx} = I_{xz}
$$

といった対称性が成立する。

従って、（10.7.5）式は（10.7.6）式と（10.7.7）式を代入して

$$
\begin{Bmatrix} L_x \\ L_y \\ L_z \end{Bmatrix} = \begin{bmatrix} I_x & -I_{xy} & -I_{zx} \\ -I_{xy} & I_y & -I_{yz} \\ -I_{zx} & -I_{yz} & I_z \end{bmatrix} \begin{Bmatrix} \omega_x \\ \omega_y \\ \omega_z \end{Bmatrix} \quad\cdots\cdots\cdots\cdots\cdots\cdots\quad\text{（10.7.8）}
$$

と表現できる。

（10.7.8）式の 3 行 3 列の行列を $[I]$ と置き、（10.7.9）式で定義すると

$$
[I] = \begin{bmatrix} I_x & -I_{xy} & -I_{zx} \\ -I_{xy} & I_y & -I_{yz} \\ -I_{zx} & -I_{yz} & I_z \end{bmatrix} \quad\cdots\cdots\cdots\cdots\cdots\cdots\quad\text{（10.7.9）}
$$

この [I] を慣性テンソル（tensor of inertia）という。（10.7.8）式は（10.7.9）式を使って

$$\begin{Bmatrix} L_x \\ L_y \\ L_z \end{Bmatrix} = [I] \begin{Bmatrix} \omega_x \\ \omega_y \\ \omega_z \end{Bmatrix} \quad \cdots\cdots\cdots\cdots\cdots\cdots\cdots \quad (10.7.10)$$

となる。すなわち（10.5.5）式で示した

$$\vec{L} = [I]\,\vec{\omega} \quad \cdots\cdots\cdots\cdots\cdots\cdots\cdots \quad (10.7.11)$$

と同じ式となる。

（10.7.9）式の [I] を 10.6 節の行列の公式を利用して対角化すると

$$[P]^{-1} \begin{bmatrix} I_x & -I_{xy} & -I_{zx} \\ -I_{xy} & I_y & -I_{yz} \\ -I_{zx} & -I_{yz} & I_z \end{bmatrix} [P] = \begin{bmatrix} I_{x0} & 0 & 0 \\ 0 & I_{y0} & 0 \\ 0 & 0 & I_{z0} \end{bmatrix} = [I_0] \quad \cdots\cdots\cdots\cdots \quad (10.7.12)$$

と [I] を対角化された [I_0] に変換することができる。

各成分で示すと（10.7.8）式の変換式として

$$\begin{Bmatrix} L_{x0} \\ L_{y0} \\ L_{z0} \end{Bmatrix} = \begin{bmatrix} I_{x0} & 0 & 0 \\ 0 & I_{y0} & 0 \\ 0 & 0 & I_{z0} \end{bmatrix} \begin{Bmatrix} \omega_{x0} \\ \omega_{y0} \\ \omega_{z0} \end{Bmatrix} \quad \cdots\cdots\cdots\cdots\cdots\cdots \quad (10.7.13)$$

となる。従って

$$\vec{L_0} = [I_0]\,\vec{\omega_0} \quad \cdots\cdots\cdots\cdots\cdots\cdots \quad (10.7.14)$$

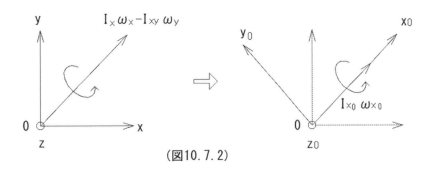

（図10.7.2）

対角化行列 [P] による変換は**図 10.7.2** に示すような回転軸と座標が重なるように座標系を

161

変換する操作である。従って、$x \to x_0,\ \ y \to y_0,\ z \to z_0$ という変換によって

$$L_x = \sum_{i=1}^n m_i(y_i^2 + z_i^2)\,\omega_x - \sum_{i=1}^n m_i x_i y_i \omega_y - \sum_{i=1}^n m_i z_i x_i \omega_z$$

$$\to L_{x0} = \sum_{i=1}^n m_i(y_{0i}^2 + z_{0i}^2)\,\omega_{x0}$$

という変換を行なっていることになる。

ここで、新たな直交座標系を慣性主軸（inertia principal axis）と呼ぶ。

以降は煩雑さを避けるため添え字の 0 を省いて $x_0 \to \xi,\ y_0 \to \eta,\ z_0 \to \zeta$ の符号に置き換える。

すると、角運動量ベクトルと角速度ベクトルの関係式は（10.7.13）式より

$$\begin{Bmatrix} L_\xi \\ L_\eta \\ L_\zeta \end{Bmatrix} = \begin{bmatrix} I_\xi & 0 & 0 \\ 0 & I_\eta & 0 \\ 0 & 0 & I_\zeta \end{bmatrix} \begin{Bmatrix} \omega_\xi \\ \omega_\eta \\ \omega_\zeta \end{Bmatrix} \quad \cdots\cdots\cdots\cdots\cdots\cdots \quad (10.7.14)$$

となる。このときの I_ξ, I_η, I_ζ を主慣性モーメント（principal moment of inertia）と呼ぶ。

（10.7.14）式より

$$\begin{Bmatrix} L_\xi \\ L_\eta \\ L_\zeta \end{Bmatrix} = \begin{Bmatrix} I_\xi \omega_\xi \\ I_\eta \omega_\eta \\ I_\zeta \omega_\zeta \end{Bmatrix} \quad \cdots\cdots\cdots\cdots\cdots\cdots \quad (10.7.15)$$

となり、慣性主軸である ξ軸、η軸、ζ軸の単位ベクトルを $\vec{e_\xi}, \vec{e_\eta}, \vec{e_\zeta}$ とすると

$$\vec{L} = I_\xi \omega_\xi \vec{e_\xi} + I_\eta \omega_\eta \vec{e_\eta} + I_\zeta \omega_\zeta \vec{e_\zeta} \quad \cdots\cdots\cdots\cdots\cdots\cdots \quad (10.7.16)$$

となる。今、求めようとする式は（10.4.5）式の $\dfrac{d\vec{L}}{dt} = \vec{N}$ という運動方程式である。

そこで、（10.7.16）式を時間で微分すると、慣性モーメントは剛体の形状で定まるため、時間変化しない定数であるが、剛体は固定点 O の周りを自由に回転するので、角速度ベクトルだけでなく慣性主軸も時間と共に変化する関数である。従って、

$$\frac{d\vec{L}}{dt} = I_\xi \frac{d\,(\omega_\xi \vec{e_\xi})}{dt} + I_\eta \frac{d\,(\omega_\eta \vec{e_\eta})}{dt} + I_\zeta \frac{d\,(\omega_\zeta \vec{e_\zeta})}{dt}$$

$$= I_\xi \left(\frac{d\omega_\xi}{dt} \vec{e_\xi} + \omega_\xi \frac{d\vec{e_\xi}}{dt} \right) + I_\eta \left(\frac{d\omega_\eta}{dt} \vec{e_\eta} + \omega_\eta \frac{d\vec{e_\eta}}{dt} \right) + I_\zeta \left(\frac{d\omega_\zeta}{dt} \vec{e_\zeta} + \omega_\zeta \frac{d\vec{e_\zeta}}{dt} \right)$$

$$\cdots\cdots\cdots\cdots\cdots\cdots\cdots \quad (10.7.17)$$

ここで、(10.3.2) 式を再掲すると

$$\vec{V} = \frac{d\vec{r}}{dt} = \vec{\omega} \times \vec{r} \quad \cdots\cdots\cdots\cdots\cdots\cdots \quad (10.3.2 \text{再掲})$$

であるから、単位ベクトルの各成分について

$$\left. \begin{array}{l} \frac{d\vec{e_\xi}}{dt} = \vec{\omega} \times \vec{e_\xi} \\ \frac{d\vec{e_\eta}}{dt} = \vec{\omega} \times \vec{e_\eta} \\ \frac{d\vec{e_\zeta}}{dt} = \vec{\omega} \times \vec{e_\zeta} \end{array} \right\} \quad \cdots\cdots\cdots\cdots\cdots \quad (10.7.18)$$

である。さらに (10.7.18) 式の外積を計算すると

$$\frac{d\vec{e_\xi}}{dtn} = \vec{\omega} \times \vec{e_\xi}$$

$$= (\omega_\xi \vec{e_\xi} + \omega_\eta \vec{e_\eta} + \omega_\zeta \vec{e_\zeta}) \times \vec{e_\xi}$$

$$= \omega_\xi (\vec{e_\xi} \times \vec{e_\xi}) + \omega_\eta (\vec{e_\eta} \times \vec{e_\xi}) + \omega_\zeta (\vec{e_\zeta} \times \vec{e_\xi})$$

$$= \omega_\zeta \vec{e_\eta} - \omega_\eta \vec{e_\zeta} \quad \cdots\cdots\cdots\cdots\cdots \quad (10.7.19)$$

同様に計算して

$$\frac{d\vec{e_\eta}}{dt} = \vec{\omega} \times \vec{e_\eta}$$

$$= (\omega_\xi \vec{e_\xi} + \omega_\eta \vec{e_\eta} + \omega_\zeta \vec{e_\zeta}) \times \vec{e_\eta}$$

$$= \omega_\xi (\vec{e_\xi} \times \vec{e_\eta}) + \omega_\eta (\vec{e_\eta} \times \vec{e_\eta}) + \omega_\zeta (\vec{e_\zeta} \times \vec{e_\eta})$$

$$= - \omega_\zeta \vec{e_\xi} + \omega_\xi \vec{e_\zeta} \quad \cdots\cdots\cdots\cdots\cdots \quad (10.7.20)$$

$$\frac{d\vec{e_\zeta}}{dt} = \vec{\omega} \times \vec{e_\zeta}$$

$$= (\omega_\xi \vec{e_\xi} + \omega_\eta \vec{e_\eta} + \omega_\zeta \vec{e_\zeta}) \times \vec{e_\zeta}$$

$$= \omega_\xi (\overrightarrow{e_\xi} \times \overrightarrow{e_\zeta}) + \omega_\eta (\overrightarrow{e_\eta} \times \overrightarrow{e_\zeta}) + \omega_\zeta (\overrightarrow{e_\zeta} \times \overrightarrow{e_\zeta})$$

$$= \omega_\eta \overrightarrow{e_\xi} - \omega_\xi \overrightarrow{e_\eta} \quad \cdots\cdots\cdots\cdots\cdots\cdots \quad (10.7.21)$$

を得る。従って（10.7.19）式と（10.7.20）式と（10.7.21）式を（10.7.17）式に代入すると

$$\frac{d\vec{L}}{dt} = I_\xi \left\{ \frac{d\omega_\xi}{dt} \overrightarrow{e_\xi} + \omega_\xi (\omega_\zeta \overrightarrow{e_\eta} - \omega_\eta \overrightarrow{e_\zeta}) \right\} + I_\eta \left\{ \frac{d\omega_\eta}{dt} \overrightarrow{e_\eta} + \omega_\eta (-\omega_\zeta \overrightarrow{e_\xi} + \omega_\xi \overrightarrow{e_\zeta}) \right\}$$

$$+ I_\zeta \left\{ \frac{d\omega_\zeta}{dt} \overrightarrow{e_\zeta} + \omega_\zeta (\omega_\eta \overrightarrow{e_\xi} - \omega_\xi \overrightarrow{e_\eta}) \right\}$$

$$= \left\{ I_\xi \frac{d\omega_\xi}{dt} + (I_\zeta - I_\eta) \omega_\eta \omega_\zeta \right\} \overrightarrow{e_\xi} + \left\{ I_\eta \frac{d\omega_\eta}{dt} + (I_\xi - I_\zeta) \omega_\zeta \omega_\xi \right\} \overrightarrow{e_\eta}$$

$$+ \left\{ I_\zeta \frac{d\omega_\zeta}{dt} + (I_\eta - I_\xi) \omega_\xi \omega_\eta \right\} \overrightarrow{e_\zeta} \quad \cdots\cdots\cdots\cdots\cdots\cdots \quad (10.7.22)$$

ここで、（10.4.10）式より力のモーメントは

$$\vec{N} = N_\xi \overrightarrow{e_\xi} + N_\eta \overrightarrow{e_\eta} + N_\zeta \overrightarrow{e_\zeta} \quad \cdots\cdots\cdots\cdots\cdots\cdots \quad (10.7.23)$$

と分解できるから（10.7.22）式と（10.7.23）式の各成分ごとに等しいと置くと

$$\left. \begin{aligned} I_\xi \frac{d\omega_\xi}{dt} + (I_\zeta - I_\eta) \omega_\eta \omega_\zeta = N_\xi \\ I_\eta \frac{d\omega_\eta}{dt} + (I_\xi - I_\zeta) \omega_\zeta \omega_\xi = N_\eta \\ I_\zeta \frac{d\omega_\zeta}{dt} + (I_\eta - I_\xi) \omega_\xi \omega_\eta = N_\zeta \end{aligned} \right\} \quad \cdots\cdots\cdots\cdots\cdots \quad (10.7.24)$$

という等式が得られる。

この方程式はオイラーの運動方程式（Euler's equation of motion）と呼ばれている。

N_ξ, N_η, N_ζ が分かっているとき、（10.7.24）式により $\overrightarrow{\omega_\xi}, \overrightarrow{\omega_\eta}, \overrightarrow{\omega_\zeta}$ の時間の経過と共に変化する値が決められる。

10.8　対称コマの回転運動

この節では対称コマを例にあげて、回転の運動についてハミルトンの原理及びオイラーの運動

方程式を利用して具体的に計算してみる。

例題 26 で回転する対称コマのジャイロ効果について考え、例題 27 と例題 28 は回転する対称

コマの歳差運動する運動方程式を導く。

同じ例題であるが、例題 27 ではハミルトンの原理を利用して解いてみる。

一方、例題 28 ではオイラーの運動方程式を利用して解いてみて、全く同じ解になることを確

認する。

このような対称コマを通して、静止状態では直立出来ない剛体が高速回転することにより、安

定した釣り合い状態になるという不思議な現象を考えてみる。

対称コマの回転はロケットの直進する技術にも応用されていて、ジャイロスコープ

（gyroscope）あるいはジャイロセンサー（gyro sensor）と呼ばれる装置に利用されている。

〔例題 26〕対称コマの回転運動

点 O を原点として z 軸を中心に回転している対称コマを考える。

ここで、点 A に x 軸方向に力 F_x を加えたときの力のモーメントを求めてみる。ただし、$OA =$

ℓ とする。

（10.5.5）式より、角運動量ベクトルは z 成分のみであり、$L_z = I_z\omega_z$, $L_x = 0$, $L_y = 0$ とな

る。

回転に関する運動方程式は $\dfrac{d\vec{L}}{dt} = \vec{N}$ で与えられる

ので、力のモーメント（トルク）は

$$\vec{N} = \vec{r} \times \vec{F}$$

$$= (\ell\vec{e_z}) \times (F_x\vec{e_x})$$

$$= \ell F_x(\vec{e_z} \times \vec{e_x})$$

$$= \ell F_x\vec{e_y}$$

よって

$$\frac{d\vec{L}}{dt} = \vec{N} = \begin{Bmatrix} 0 \\ \ell F_x \\ 0 \end{Bmatrix}$$

従って、トルクは意外にも y 方向に働くので Y 方向

に回転軸が傾く。この現象をジャイロ効果（gyro

effect）と呼んでいる。

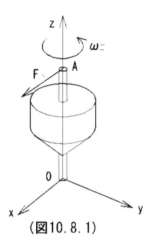

（図10.8.1）

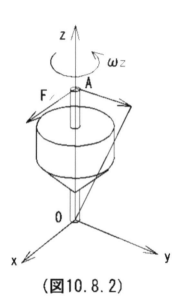

（図10.8.2）

〔例題 27〕 対称コマの歳差運動（その１）

まず、ハミルトンの原理を利用して運動方程式を求めてみる。点 O を原点として、コマの対

称軸である ζ 軸を中心として回転しながら、z 軸と θ の角度を保って、ζ 軸が z 軸の周りを回

転するとき、この運動を歳差運動（motion of procession）という。ここで、$OG = \ell$ とし、コ

マの質量は M とする。そして、対称コマの主慣性モーメントを

$$I_\xi = I_\eta = I_1 \ (= I_2), I_\zeta = I_3$$

と置くと、回転する対称コマの運動エネルギーは（10.5.7）式より

$$T = \frac{1}{2}\{I_1(\omega_\xi^2 + \omega_\eta^2) + I_3\omega_\zeta^2\}\ \cdots\cdots\cdots\cdots\cdots\quad (10.8.1)$$

である。また、角速度とオイラー角との関係式は

（10.2.10）式を再掲して

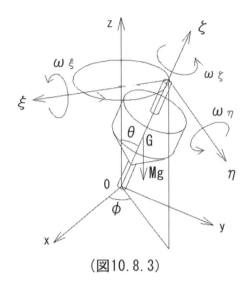

（図10.8.3）

$$\begin{Bmatrix}\omega_\xi \\ \omega_\eta \\ \omega_\zeta\end{Bmatrix} = \begin{Bmatrix}\dot\theta\sin\psi - \dot\varphi\sin\theta\cos\psi \\ \dot\theta\cos\psi + \dot\varphi\sin\theta\sin\psi \\ \dot\varphi\cos\theta + \dot\psi\end{Bmatrix}$$

$$\cdots\cdots\cdots\cdots\cdots\cdots\quad (10.2.10\ 再掲)$$

であるから

$$\omega_\xi^2 + \omega_\eta^2 = (\dot\theta\sin\psi - \dot\varphi\sin\theta\cos\psi)^2 + (\dot\theta\cos\psi + \dot\varphi\sin\theta\sin\psi)^2$$

$$= \dot\theta^2 + \dot\varphi^2\sin^2\theta$$

従って、

$$T = \frac{1}{2}I_1(\dot\theta^2 + \dot\varphi^2\sin^2\theta) + \frac{1}{2}I_3(\dot\varphi\cos\theta + \dot\psi)^2\ \cdots\cdots\cdots\cdots\quad (10.8.2)$$

となる。また、対称コマのポテンシャルエネルギーは

$$U = Mg\ell\cos\theta\ \cdots\cdots\cdots\cdots\cdots\quad (10.8.3)$$

なので、7.1節で定義したラグランジュ関数は

$$L = T - U$$

$$= \frac{1}{2}I_1(\dot\theta^2 + \dot\varphi^2\sin^2\theta) + \frac{1}{2}I_3(\dot\varphi\cos\theta + \dot\psi)^2 - Mg\ell\cos\theta\ \cdots\cdots\quad (10.8.4)$$

となる。そこで、まず変数 φ, ψ に対しては

$$\frac{\partial L}{\partial\varphi} = \frac{\partial L}{\partial\psi} = 0$$

であるから、(7.1.24) 式のラグランジュの運動方程式に当てはめてみると、C_1, C_2 を定数と

して

$$\frac{\partial L}{\partial \varphi} - \frac{d}{dt}\left(\frac{\partial L}{\partial \dot{\varphi}}\right) = 0 \qquad \rightarrow \qquad \frac{\partial L}{\partial \dot{\varphi}} = C_1$$

$$\frac{\partial L}{\partial \psi} - \frac{d}{dt}\left(\frac{\partial L}{\partial \dot{\psi}}\right) = 0 \qquad \rightarrow \qquad \frac{\partial L}{\partial \dot{\psi}} = C_2$$

従って、

$$\frac{\partial L}{\partial \dot{\varphi}} = I_1 \dot{\varphi} \sin^2\theta + I_3(\dot{\varphi}\cos\theta + \dot{\psi})\cos\theta = C_1$$

$$\frac{\partial L}{\partial \dot{\psi}} = I_3(\dot{\varphi}\cos\theta + \dot{\psi}) = C_2$$

$\dot{\varphi}\cos\theta + \dot{\psi} = \omega_\zeta$ と元に戻して

$$I_1 \dot{\varphi} \sin^2\theta + I_3 \omega_\zeta \cos\theta = C_1 \quad \cdots\cdots\cdots\cdots\cdots\cdots\cdots \quad (10.8.5)$$

$$I_3 \omega_\zeta = C_2 \quad \cdots\cdots\cdots\cdots\cdots\cdots \quad (10.8.6)$$

となる。次に変数 θ に対しては

$$\frac{\partial L}{\partial \theta} = I_1 \dot{\varphi}^2 \sin\theta \cos\theta - I_3(\dot{\varphi}\cos\theta + \dot{\psi})\dot{\varphi}\sin\theta + Mg\ell\sin\theta$$

$$\frac{d}{dt}\left(\frac{\partial L}{\partial \dot{\theta}}\right) = \frac{d}{dt}(I_1 \dot{\theta}) = I_1 \ddot{\theta}$$

となるので

$$\frac{\partial L}{\partial \theta} - \frac{d}{dt}\left(\frac{\partial L}{\partial \dot{\theta}}\right) = I_1 \dot{\varphi}^2 \sin\theta \cos\theta - I_3(\dot{\varphi}\cos\theta + \dot{\psi})\dot{\varphi}\sin\theta + Mg\ell\sin\theta - I_1 \ddot{\theta} = 0$$

$$I_1 \ddot{\theta} = I_1 \dot{\varphi}^2 \sin\theta \cos\theta - I_3(\dot{\varphi}\cos\theta + \dot{\psi})\dot{\varphi}\sin\theta + Mg\ell\sin\theta$$

$\dot{\varphi}\cos\theta + \dot{\psi} = \omega_\zeta$ と元に戻して

$$I_1 \ddot{\theta} = I_1 \dot{\varphi}^2 \sin\theta \cos\theta - I_3 \omega_\zeta \dot{\varphi}\sin\theta + Mg\ell\sin\theta \quad \cdots\cdots\cdots\cdots\cdots\cdots \quad (10.8.7)$$

が得られる。従って、(10.8.5) 式と (10.8.6) 式と (10.8.7) 式をまとめて

$$\left.\begin{array}{c} I_1\ddot{\theta} = I_1\dot{\varphi}^2\sin\theta\cos\theta - I_3\omega_\zeta\dot{\varphi}\sin\theta + Mg\ell\sin\theta \\ I_1\dot{\varphi}\sin^2\theta + I_3\omega_\zeta\cos\theta = C_1 \\ I_3\omega_\zeta = C_2 \end{array}\right) \quad \cdots\cdots\cdots\cdots\cdots\cdots\cdots \quad (10.8.8)$$

が回転する対称コマの運動方程式である。

（10 .8. 6）式より ω_ζ＝一定と当然の結果が得られる。

そこで（10. 8. 5）式の意味を考えてみると、**図 10. 8. 3** の体系は、ζ 軸の周りで軸対称性を持つので、３次元の極座標において**図 10. 8. 4** のようにオイラー角は z 軸を中心として φ だけ回転し、次に y' 軸を中心として θ だけ回転し、最後に ψ＝ 0 と置いた座標に相当する。

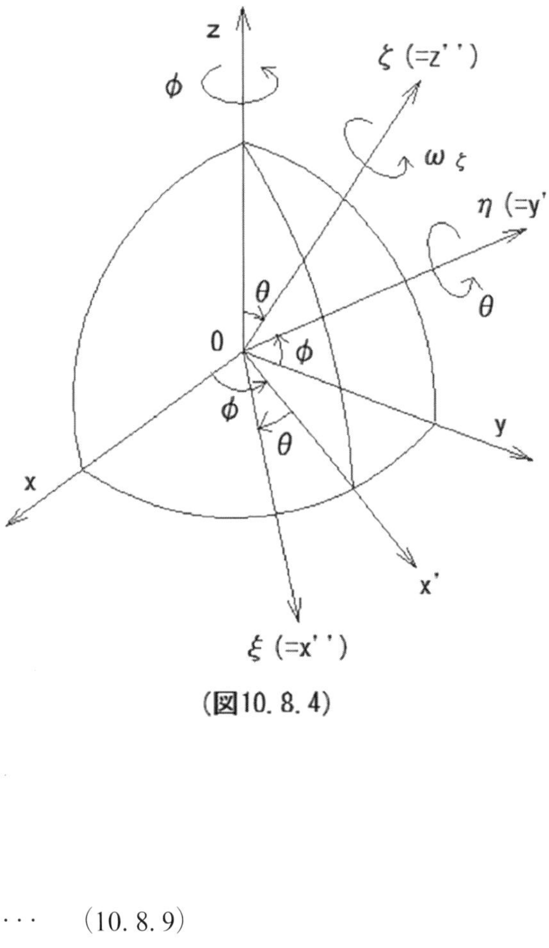

(図10. 8. 4)

ξ 軸、η 軸と ζ 軸を慣性主軸にとってみると、まず、（10 .7. 15）式より、角運動量の ζ（＝ z''）軸方向成分は

$L_\zeta = I_3\omega_\zeta$ である。

これの z 方向成分は

$$L_\zeta\cos\theta = I_3\omega_\zeta\cos\theta \quad \cdots\cdots\cdots\cdots\cdots\cdots\cdots \quad (10.8.9)$$

となる。また、$\eta\,(=\ y')$ 軸は xy 平面にあって z 軸と垂直となる。従って、この方向の角運動量は寄与しない。

最後に、角速度ベクトルの $\xi\,(=\ x'')$ 軸方向成分を考えると（10. 2. 10）式で ψ ＝ 0 と置いて

$\omega_\xi = -\dot{\varphi}\sin\theta$ で与えられ、この方向の角運動量の成分は

$$L_\xi = -I_1\dot{\varphi}\sin\theta$$

と書ける。これの z 方向成分は

$$-L_\xi\sin\theta = I_1\dot{\varphi}\sin^2\theta \quad \cdots\cdots\cdots\cdots\cdots\cdots \quad (10.8.10)$$

となる。

（10.8.9）式と（10.8.10）式を加えると

$$I_1\dot{\varphi}\sin^2\theta + I_3\omega_\zeta\cos\theta = L_z = 一定 (= C_1) \quad \cdots\cdots\cdots\cdots\cdots\cdots \quad (10.8.11)$$

となる。これは z 方向の角運動量保存則が成立していることを示している。すなわち、質点に中心力のみが働くとき、角運動量は一定に保たれる。

（10.8.8）式の運動方程式で $\theta = 0$ は3つのいずれの式も満足するので、一つの解として $\theta = 0$ の場合を考えてみる。このとき、回転軸である ζ 軸が z 軸と一致し、（10.2.10）式で $\theta = 0$ と置くと

$$\omega_\xi = 0$$

$$\omega_\eta = 0$$

$$\omega_\zeta = \omega_z = \dot{\varphi} + \dot{\psi} = 一定$$

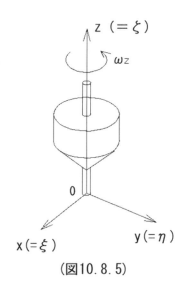

（図10.8.5）

と書ける。すなわち、図 10.8.5 のように対称コマは直立したまま z 軸の周りで、一定の角速度をもって回転を続ける。この状態を眠りコマ（sleeping top）という。

〔例題 28〕対称コマの歳差運動 (その2)

例題 27 と同じ問題を、今度はオイラーの運動方程

式を利用して解いてみる。(ただし $OG = \ell$ とす

る。) まず、O 点を中心として重力のモーメントは

$Mg\ell\sin\theta$ であるから ξ 軸と η 軸と ζ 軸各方向の力

のモーメントは図 10.8.6 より

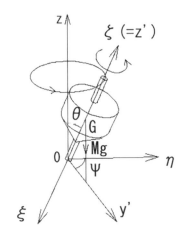

$$\left.\begin{array}{r}N_\xi = Mg\ell\sin\theta\sin\psi \\ N_\eta = Mg\ell\sin\theta\cos\psi \\ N_\zeta = 0\end{array}\right\}$$

$$\cdots\cdots\cdots\cdots\cdots\cdots \quad (10.8.12)$$

と置ける。また、角速度とオイラー角の関係式は

(10.2.10) 式を再掲して

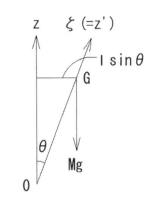

$$\begin{Bmatrix}\omega_\xi \\ \omega_\eta \\ \omega_\zeta\end{Bmatrix} = \begin{Bmatrix}\dot{\theta}\sin\psi - \dot{\varphi}\sin\theta\cos\psi \\ \dot{\theta}\cos\psi + \dot{\varphi}\sin\theta\sin\psi \\ \dot{\varphi}\cos\theta + \dot{\psi}\end{Bmatrix}$$

$$\cdots\cdots\cdots\cdots\cdots\cdots \quad (10.2.10\,\text{再掲})$$

であるので (10.8.12) 式と (10.2.10) 式を (10.7.

24) 式のオイラーの運動方程式に代入すると

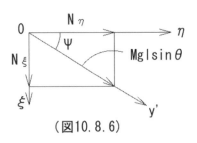

(図10.8.6)

$$I_1\frac{d}{dt}(\dot{\theta}\sin\psi - \dot{\varphi}\sin\theta\cos\psi) + (I_3 - I_1)(\dot{\theta}\cos\psi + \dot{\varphi}\sin\theta\sin\psi)(\dot{\varphi}\cos\theta + \dot{\psi})$$

$$= Mg\ell\sin\theta\sin\psi \quad\cdots\cdots\cdots\cdots\cdots\cdots \quad (10.8.13)$$

$$I_1\frac{d}{dt}(\dot{\theta}\cos\psi + \dot{\varphi}\sin\theta\sin\psi) + (I_1 - I_3)(\dot{\theta}\sin\psi - \dot{\varphi}\sin\theta\cos\psi)(\dot{\varphi}\cos\theta + \dot{\psi})$$

$$= Mg\ell\sin\theta\cos\psi \quad\cdots\cdots\cdots\cdots\cdots\cdots \quad (10.8.14)$$

$$I_3 \frac{d}{dt}(\dot{\varphi}\cos\theta + \dot{\psi}) = 0 \quad \cdots\cdots\cdots\cdots\cdots\cdots \quad (10.8.15)$$

となる。ここで、まず（10.8.15）式より

$$I_3(\dot{\theta}\cos\theta + \dot{\psi}) = C_2 であるので$$

$$\dot{\theta}\cos\theta + \dot{\psi} = \omega_\zeta = 一定 \quad \cdots\cdots\cdots\cdots\cdots\cdots \quad (10.8.16)$$

である。そこで（10.8.13）式の左辺の微分部分を計算してみると

$$I_1(\ddot{\theta}\sin\psi + \dot{\theta}\dot{\psi}\cos\psi - \ddot{\varphi}\sin\theta\cos\psi - \dot{\varphi}\dot{\theta}\cos\theta\cos\psi + \dot{\varphi}\dot{\psi}\sin\theta\sin\psi)$$

$$- (I_1 - I_3)(\dot{\theta}\cos\psi + \dot{\varphi}\sin\theta\sin\psi)(\dot{\varphi}\cos\theta + \dot{\psi})$$

$$= Mg\ell\sin\theta\sin\psi \quad \cdots\cdots\cdots\cdots\cdots\cdots \quad (10.8.17)$$

同様に、（10.8.14）式の左辺の微分部分を計算してみて

$$I_1(\ddot{\theta}\cos\psi - \dot{\theta}\dot{\psi}\sin\psi + \ddot{\varphi}\sin\theta\sin\psi + \dot{\varphi}\dot{\theta}\cos\theta\sin\psi + \dot{\varphi}\dot{\psi}\sin\theta\cos\psi)$$

$$+ (I_1 - I_3)(\dot{\theta}\sin\psi - \dot{\varphi}\sin\theta\cos\psi)(\dot{\varphi}\cos\theta + \dot{\psi})$$

$$= Mg\ell\sin\theta\cos\psi \quad \cdots\cdots\cdots\cdots\cdots\cdots \quad (10.8.18)$$

（10.8.17）式と（10.8.18）式を整理するため、（10.8.17）× $\sin\psi$ ＋（10.8.18）× $\cos\psi$ とすると

$$I_1(\ddot{\theta} + \dot{\varphi}\dot{\psi}\sin\theta) - (I_1 - I_3)\dot{\varphi}\sin\theta(\dot{\varphi}\cos\theta + \dot{\psi}) = Mg\ell\sin\theta$$

$$I_1\ddot{\theta} + I_1(\dot{\varphi}\dot{\psi}\sin\theta - \dot{\varphi}^2\sin\theta\cos\theta - \dot{\varphi}\dot{\psi}\sin\theta) + I_3\dot{\varphi}\sin\theta(\dot{\varphi}\cos\theta + \dot{\psi}) = Mg\ell\sin\theta$$

$$I_1\ddot{\theta} = I_1\dot{\varphi}^2\sin\theta\cos\theta - I_3\omega_\zeta\dot{\varphi}\sin\theta + Mg\ell\sin\theta \quad \cdots\cdots\cdots\cdots\cdots\cdots \quad (10.8.19)$$

となる。また、（10.8.17）× $\cos\psi$ −（10.8.18）× $\sin\psi$ とすると

$$I_1(\dot{\theta}\dot{\psi} - \ddot{\varphi}\sin\theta - \dot{\varphi}\dot{\theta}\cos\theta) - (I_1 - I_3)\dot{\theta}(\dot{\varphi}\cos\theta + \dot{\psi}) = 0$$

$$I_1(\dot{\theta}\dot{\psi} - \ddot{\varphi}\sin\theta - \dot{\varphi}\dot{\theta}\cos\theta - \dot{\varphi}\dot{\theta}\cos\theta - \dot{\theta}\dot{\psi}) + I_3\dot{\theta}(\dot{\varphi}\cos\theta + \dot{\psi}) = 0$$

$$I_1(\ddot{\varphi}\sin\theta + 2\dot{\varphi}\dot{\theta}\cos\theta) - I_3\omega_\zeta\dot{\theta} = 0$$

上式に $\sin\theta$ を掛けると

$$I_1(\ddot{\varphi}\sin^2\theta + 2\dot{\varphi}\dot{\theta}\sin\theta\cos\theta) - I_3\omega_\zeta\dot{\theta}\sin\theta = 0$$

$$I_1\frac{d}{dt}(\dot{\varphi}\sin^2\theta) + I_3\omega_\zeta\frac{d}{dt}\cos\theta = 0$$

時間で積分して

$$I_1\dot{\varphi}\sin^2\theta + I_3\omega_\zeta\cos\theta = C_1 \quad\cdots\cdots\cdots\cdots\cdots\cdots \quad (10.8.20)$$

以上（10.8.16）式と（10.8.19）式と（10.8.20）式をまとめて、

$$\left.\begin{array}{c} I_1\ddot{\theta} = I_1\dot{\varphi}^2\sin\theta\cos\theta - I_3\omega_\zeta\dot{\varphi}\sin\theta + Mg\ell\sin\theta \\ I_1\dot{\varphi}\sin^2\theta + I_3\omega_\zeta\cos\theta = C_1 \\ I_3\omega_\zeta = C_2 \end{array}\right\} \quad\cdots\cdots\cdots\cdots\cdots \quad (10.8.8)$$

このように、例題 27 とまったく同じ運動方程式が得られる。

しかし、式の組み立て方やその後の式の展開を比較すると、例題 27 のハミルトンの原理を利用した解法の方がかなり機械的で計算も簡単であることが分かる。

次に、（10.8.8）式の一般解を求めるため、ここで力学的エネルギー保存則を利用する。すなわち（10.8.2）式の運動エネルギー T と（10.8.3）式のポテンシャルエネルギー U の和は一定なので、$T + U = E = $ 一定　の式が成立している。従って、

$$E = \frac{1}{2}I_1(\dot{\theta}^2 + \dot{\varphi}^2\sin^2\theta) + \frac{1}{2}I_3(\dot{\varphi}\cos\theta + \dot{\psi})^2 + Mg\ell\cos\theta$$

$$\cdots\cdots\cdots\cdots\cdots\cdots\cdots \quad (10.8.21)$$

である。

（10.2.10）式より

$$\omega_\zeta = \dot{\varphi}\cos\theta + \dot{\psi} = 一定$$

（10.8.11）式より

$$\dot{\varphi}^2 = \left(\frac{L_z - I_3\omega_\zeta\cos\theta}{I_1\sin^2\theta}\right)^2 \qquad (L_z = 一定)$$

上の2式を（10.8.21）式に代入すると

$$E = \frac{1}{2}I_1\dot{\theta}^2 + \frac{(L_z - I_3\omega_\zeta\cos\theta)^2}{2I_1\sin^2\theta} + \frac{1}{2}I_3\omega_\zeta^2 + Mg\ell\cos\theta \ \cdots\cdots\cdots\cdots \quad (10.8.22)$$

ここで

$$V(\theta) = \frac{(L_z - I_3\omega_\zeta\cos\theta)^2}{2I_1\sin^2\theta} + \frac{1}{2}I_3\omega_\zeta^2 + Mg\ell\cos\theta \ \cdots\cdots\cdots\cdots\cdots \quad (10.8.23)$$

と定義すると

$$E = \frac{1}{2}I_1\dot{\theta}^2 + V(\theta) \ \cdots\cdots\cdots\cdots\cdots\cdots \quad (10.8.24)$$

と書ける。よって、運動は $E \geq V(\theta)$ を満たす領域で起こる。

そこで、$V(\theta)$ の値の範囲を調べるために（10.8.23）式を θ で微分して、$V'(\theta) = 0$ と置くと

$$V'(\theta)$$

$$= \frac{2I_3\omega_\zeta\sin^3\theta\,(L_z - I_3\omega_\zeta\cos\theta) - 2\sin\theta\cos\theta\,(L_z - I_3\omega_\zeta\cos\theta)^2}{2I_1\sin^4\theta} - Mg\ell\sin\theta = 0$$

$$\frac{(L_z - I_3\omega_\zeta\cos\theta)\,(I_3\omega_\zeta\sin^2\theta - L_z\cos\theta + I_3\omega_\zeta\cos^2\theta)}{I_1\sin^3\theta} = Mg\ell\sin\theta$$

$$\frac{(L_z - I_3\omega_\zeta\cos\theta)\,(I_3\omega_\zeta - L_z\cos\theta)}{I_1\sin^3\theta} = Mg\ell\sin\theta$$

$$L_zI_3\omega_\zeta\left(\frac{L_z}{I_3\omega_\zeta} - \cos\theta\right)\left(\frac{I_3\omega_\zeta}{L_z} - \cos\theta\right) = Mg\ell I_1\sin^4\theta$$

$$L_zI_3\omega_\zeta\left(\frac{L_z}{I_3\omega_\zeta} - \cos\theta\right)\left(\frac{I_3\omega_\zeta}{L_z} - \cos\theta\right) = Mg\ell I_1(1 - \cos^2\theta)^2$$

$$L_z I_3 \omega_\zeta \left(\frac{L_z}{I_3 \omega_\zeta} - \cos\theta \right) \left(\frac{I_3 \omega_\zeta}{L_z} - \cos\theta \right) = Mg\ell I_1(1 + \cos\theta)^2(1 - \cos\theta)^2$$

$$\cdots\cdots\cdots\cdots\cdots\cdots\cdots \quad (10.8.25)$$

（10.8.25）式の左辺を $f(\cos\theta)$ と置き、右辺を $g(\cos\theta)$ と置くと、

$$f(\cos\theta) = L_z I_3 \omega_\zeta \left(\frac{L_z}{I_3 \omega_\zeta} - \cos\theta \right) \left(\frac{I_3 \omega_\zeta}{L_z} - \cos\theta \right)$$

$$g(\cos\theta) = Mg\ell I_1(1 + \cos\theta)^2(1 - \cos\theta)^2$$

$f(\cos\theta)$ と $g(\cos\theta)$ のグラフは**図10.8.7**の

ようになる。

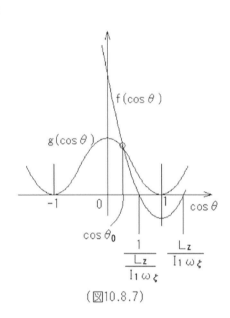

（図10.8.7）

従って、$-1 \leq \cos\theta \leq 1$ の範囲で（10.8.25）

式は唯一の解が存在することが分かる。

その解を $\cos\theta_0$ とすると、$0 \leq \theta \leq \pi$ の範囲で

は（10.8.23）式より

$$\lim_{\theta \to 0} V(\theta) = \infty, \qquad \lim_{\theta \to \pi} V(\theta) = \infty$$

$$\lim_{\theta \to 0} V'(\theta) = -\infty, \qquad \lim_{\theta \to \pi} V'(\theta) = \infty$$

である。従って、$V(\theta)$ の増減表を書くと、

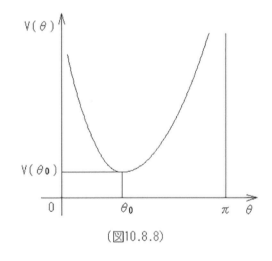

（図10.8.8）

θ	0	～	θ_0	～	π
$V'(\theta)$	$-\infty$	$-$	0	$+$	∞
$V(\theta)$	∞	↘	極小	↗	∞

となるので、$V(\theta)$ のグラフを描くと**図10.8.8**のようになり $\theta = \theta_0$ のとき、$V(\theta_0)$ は極小値

となる。

175

力学的エネルギーEがちょうど$V(\theta_0)$に等しいと（10.8.24）式より$\dot{\theta} = 0$となり、θの値はθ_0に保たれる。また、$\ddot{\theta} = 0$となるので（10.8.7）式より

$$I_1\dot{\varphi}^2\sin\theta_0\cos\theta_0 - I_3\omega_\zeta\dot{\varphi}\sin\theta_0 + Mg\ell\sin\theta_0 = 0$$

上式の$\dot{\varphi}$の２次方程式の係数は全て定数となる。従って、$\dot{\varphi} =$一定となり、この値をΩと置くと

$$I_1\Omega^2\cos\theta_0 - I_3\omega_\zeta\Omega + Mg\ell = 0 \quad\cdots\cdots\cdots\cdots\cdots\cdots\quad（10.8.26）$$

が成立する。

コマの回転が高速であるとすると、$\omega_\zeta \gg \Omega$なのでΩ^2の項は無視できる。よって

$$\Omega \fallingdotseq \frac{Mg\ell}{I_3\omega_\zeta} \quad\cdots\cdots\cdots\cdots\cdots\cdots\quad（10.8.27）$$

従って、z軸周りに等角速度Ωでもって回転することになり、対称コマの回転速度ω_ζとΩとは反比例することが分かる。

（10.8.27）式は回転する対称コマが回転軸の摩擦により回転が遅くなって、停止する直前には歳差運動による傾いた回転速度が速くなる現象を想像すると理解できる。

次に、眠りコマの状態を保つための条件を求めてみる。

眠りコマの状態であるときはまず$\theta = 0$であること、かつ$V(\theta)$が極小であることが必要であるから、（10.8.23）式の右辺の第１項が$\theta = 0$のとき、発散しないためには分子が0でなければならない。すなわち$L_z = I_3\omega_\zeta$が成立することである。

この式は10.5節の固定軸周りに回転する剛体の運動のなかで出てきた（10.5.5）式である。

この条件が満たされたとき

$$V(\theta) = \frac{I_3^2 \omega_\zeta^2}{2I_1} \frac{(1-\cos\theta)^2}{\sin^2\theta} + \frac{1}{2} I_3 \omega_\zeta^2 + Mg\ell\cos\theta$$

$$= \frac{I_3^2 \omega_\zeta^2}{2I_1} \frac{1-\cos\theta}{1+\cos\theta} + \frac{1}{2} I_3 \omega_\zeta^2 + Mg\ell\cos\theta \quad\cdots\cdots\cdots\cdots\cdots\cdots \quad (10.8.28)$$

となる。

そこで $\cos\theta$ を、原点を中心としてマクローリン展開（Maclaurin series）してみる。

このとき θ の値は限りなく 0 に近いので、 $\theta^4,\ \theta^6,\ \theta^8,\ \cdots$ の項は、全て 0 と置けて

$$\cos\theta = 1 - \frac{\theta^2}{2!} + \frac{\theta^4}{4!} - \cdots\cdots \fallingdotseq 1 - \frac{\theta^2}{2!}$$

$$\cdots\cdots\cdots\cdots\cdots\cdots \quad (10.8.29)$$

$$1 - \cos\theta = \frac{\theta^2}{2!} - \frac{\theta^4}{4!} + \cdots\cdots\cdots \fallingdotseq \frac{\theta^2}{2!}$$

$$1 + \cos\theta = 2 - \frac{\theta^2}{2!} + \frac{\theta^4}{4!} - \cdots\cdots\cdots \fallingdotseq 2 - \frac{\theta^2}{2!}$$

$$\frac{1-\cos\theta}{1+\cos\theta} = \frac{\frac{\theta^2}{2}}{2-\frac{\theta^2}{2}} = \frac{\theta^2}{4-\theta^2} \fallingdotseq \frac{\theta^2}{4} \quad\cdots\cdots\cdots\cdots\cdots \quad (10.8.30) \qquad (4 \gg \theta^2)$$

となるので、（10.8.28）式に（10.8.29）式と（10.8.30）式を代入すると

$$V(\theta) = \frac{I_3^2 \omega_\zeta^2}{8I_1} \theta^2 + \frac{1}{2} I_3 \omega_\zeta^2 + Mg\ell\left(1 - \frac{\theta^2}{2}\right)$$

$$= \left(\frac{I_3^2 \omega_\zeta^2}{8I_1} - \frac{Mg\ell}{2}\right) \theta^2 + \frac{1}{2} I_3 \omega_\zeta^2 + Mg\ell \quad\cdots\cdots\cdots\cdots\cdots \quad (10.8.31)$$

$\theta = 0$ で $V(\theta)$ が極小となるためには θ^2 の係数が正でなければならないので

$$\frac{I_3^2 \omega_\zeta^2}{8I_1} - \frac{Mg\ell}{2} > 0$$

が必要である。従って、求める条件は

$$\omega_\zeta > \frac{2\sqrt{Mg\ell I_1}}{I_3} \quad\cdots\cdots\cdots\cdots\cdots \quad (10.8.32)$$

ω_ζ が（10.8.32）式以上の角速度を保つと眠りコマの状態が続くことになる。

10.9　建物のねじれ振動

この節では建物の床は剛床であると仮定し、10.1節から10.8節までの剛体の回転を利用して

建物の重心と剛心の位置がずれたときのねじれ振動について考える。

〔例題29〕剛床を有する系のねじれ振動

1質点系の x, y 方向ともに1スパンの骨組みを考え、地震によるねじりを伴った振動方程式を

求めてみる。

まず、符号は次のように定める。

M：建物の全質量

I_G：重心周りの回転慣性モーメント

y：重心位置Gにおける建物の変形量

θ：重心位置Gにおける建物の回転角

$\dot{\theta}$：重心位置Gにおける建物の回転角

　　速度

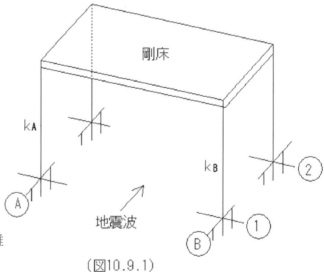

（図10.9.1）

L_A：重心位置GからA通りまでの距離

L_B：重心位置GからB通りまでの距離

k_A：A通りのばね定数

k_B：B通りのばね定数

y_G：地震による地盤の移動変位量

$\ddot{y}_G$：地震波の加速度

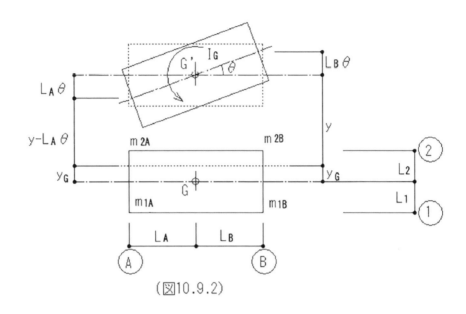

（図10.9.2）

各柱の質量を**図 10.9.2** のように決めると質量の合計は M なので

$$M \;=\; m_{1A} + m_{1B} + m_{2A} + m_{2B} \quad \cdots\cdots\cdots\cdots\cdots\cdots\cdots \quad (10.9.1)$$

であり、また（10.5.4）式の回転慣性モーメントの定義より

$$I_G \;=\; m_{1A}(L_A^2 + L_1^2) \;+\; m_{1B}(L_B^2 + L_1^2) \;+\; m_{2A}(L_A^2 + L_2^2) \;+\; m_{2B}(L_B^2 + L_2^2)$$

$$\cdots\cdots\cdots\cdots\cdots\cdots\cdots\cdots \quad (10.9.2)$$

と置ける。

重心位置での釣り合い条件より

$$(m_{1A} + m_{2A})\,L_A = (m_{1B} + m_{2B})\,L_B \quad \cdots\cdots\cdots\cdots\cdots\cdots \quad (10.9.3)$$

$$(m_{1A} + m_{1B})\,L_1 = (m_{2A} + m_{2B})\,L_2 \quad \cdots\cdots\cdots\cdots\cdots\cdots \quad (10.9.4)$$

以上、4式が成立するが、計算が複雑になるので以後、$M,\ I_G,\ L_A,\ L_B,\ k_A,\ k_B$ の符号のみを使

って計算を進める。

剛床の運動は重心位置で水平方向に $y + y_G$ だけ移動し、かつ θ の回転をしているのであるから、回転エネルギーを加味した運動エネルギーは

$$\mathrm{T} = \frac{1}{2} M (\dot{y} + \dot{y}_G)^2 + \frac{1}{2} I_G \dot{\theta}^2$$

また、θ を反時計周りに回転しているとすると、図 10.9.2 より

A 通りの架構の変形量は $y - L_A\theta$ であり、B 通りの架構の変形量は $y + L_B\theta$ である。

従って、ポテンシャルエネルギーは

$$U = \frac{1}{2} k_A (y - L_A\theta)^2 + \frac{1}{2} k_B (y + L_B\theta)^2$$

ラグランジュ関数は

$$L = T - U$$

$$= \frac{1}{2} M (\dot{y} + \dot{y}_G)^2 + \frac{1}{2} I_G \dot{\theta}^2 - \frac{1}{2} k_A (y - L_A\theta)^2 - \frac{1}{2} k_B (y + L_B\theta)^2$$

となる。

変数は重心位置での変位 y と回転角 θ の 2 つあるので、変数 y に対して

$$\frac{\partial L}{\partial y} - \frac{d}{dt}\left(\frac{\partial L}{\partial \dot{y}}\right)$$

$$= -k_A (y - L_A\theta) - k_B (y + L_B\theta) - M(\ddot{y} + \ddot{y}_G) = 0$$

$$M\ddot{y} + (k_A + k_B)\, y + (-k_A L_A + k_B L_B)\, \theta = -M\ddot{y}_G \quad \cdots\cdots\cdots\cdots\cdots\cdots\cdots \quad (10.9.5)$$

変数 θ に対して

$$\frac{\partial L}{\partial \theta} - \frac{d}{dt}\left(\frac{\partial L}{\partial \dot{\theta}}\right)$$

$$= k_A L_A (y - L_A\theta) - k_B L_B (y + L_B\theta) - I_G \ddot{\theta} = 0$$

$$I_G\ddot{\theta} + (-k_A L_A + k_B L_B)y + (k_A L_A^2 + k_B L_B^2)\theta = 0 \quad \cdots\cdots\cdots\cdots\cdots \quad (10.9.6)$$

（10.9.5）式と（10.9.6）式をマトリックス形式に書き直すと

$$\begin{bmatrix} M & 0 \\ 0 & I_G \end{bmatrix}\begin{Bmatrix} \ddot{y} \\ \ddot{\theta} \end{Bmatrix} + \begin{bmatrix} k_A + k_B & -k_A L_A + k_B L_B \\ -L_A + k_B L_B & k_A L_A^2 + k_B L_B^2 \end{bmatrix}\begin{Bmatrix} y \\ \theta \end{Bmatrix} = -\begin{bmatrix} M & 0 \\ 0 & I_G \end{bmatrix}\begin{Bmatrix} 1 \\ 0 \end{Bmatrix}\ddot{y}_G$$

$$\cdots\cdots\cdots\cdots\cdots \quad (10.9.7)$$

従って、（10.9.7）式が1質点系のねじれを伴った振動方程式となる。

ここで、$k_A L_A = k_B L_B$ のときは、（10.9.6）式に当てはめると第2項は0であるから

$$I_G\ddot{\theta} + (k_A L_A^2 + k_B L_B^2)\theta = 0$$

となる。係数は全て正の値なので $\theta = \ddot{\theta} = 0$ である。従って、（10.9.5）式のみが残り

$$M\ddot{y} + (k_A + k_B)y = -M\ddot{y}_G$$

と（8.1.2）式に戻る。

すなわち、重心と剛心が一致するためねじり振動は起こらず、ただの並進運動となる。

参考文献

寺沢寛一	『自然科学者のための数学概論（増訂版）』	岩波書店	1964年10月
寺沢寛一	『自然科学者のための数学概論（応用編）』	岩波書店	1967年3月
篠崎寿夫 他	『現代工学のための変分学入門』	現代工学社	2002年2月
石丸辰治	『応答性能に基づく耐震設計入門』	彰国社	2004年3月
原島 鮮	『力学II （解析力学）』	裳華房	2009年2月
植田邦男	『手計算で解けるやさしい建物の振動』	アットワークス	2009年7月
都筑卓司	『なっとくする解析力学』	講談社	2009年7月
小出昭一郎	『物理入門コース 解析力学』	岩波書店	2010年5月
安里光裕	『解析力学の基礎』	技術評論社	2010年8月
伊藤克司	『基礎物理学シリーズ5 解析力学』	講談社	2012年2月
田辺行人 他	『理工基礎解析力学』	裳華房	2013年2月
緒方秀教	『変分法』	コロナ社	2014年9月
村上雅人	『なるほど力学』	海鳴社	2015年9月
河辺哲次	『工学系のための解析力学』	裳華房	2016年1月
前野昌弘	『よくわかる解析力学』	東京図書	2017年1月
柴田正和	『変分法と変分原理』	森北出版	2017年3月
原島 鮮	『力学I （質点・剛体の力学）』	裳華房	2017年5月
副島雄児 他	『基礎物理学シリーズ1 力学』	講談社	2017年7月
村上雅人	『なるほど解析力学』	海鳴社	2018年8月
阿部龍蔵	『岩波基礎物理シリーズ1 力学・解析力学』	岩波書店	2018年11月
前野昌弘	『よくわかる初等力学』	東京図書	2019年5月

索　引

著者略歴

植田 邦男（うえだ・くにお）　　1966年　大阪大学工学部構築工学科卒業
　　　　　　　　　　　　　　　　1989年　植田設計設立
　　　　　　　　　　　　　　　　現在　　株式会社 国際確認検査センター 取締役

解析力学から見た建築構造力学

2021年9月15日　　発行

著　者　　植田 邦男
　　　　　㈱国際確認検査センター
発行者　　伊藤 由彦
発行所　　株式会社 梅田出版
　　　　　〒530-0003　大阪市北区堂島2-1-27
　　　　　電話 06-4796-8611
編集・制作　朝日カルチャーセンター
　　　　　〒530-0005　大阪市北区中之島2-3-18
　　　　　　　　　　　　中之島フェスティバルタワー18階
　　　　　電話 06-6222-5023　　Fax 06-6222-5221
　　　　　https://www.asahiculture.jp/nakanoshima
印刷所　　尼崎印刷株式会社